EXPOSITION

NATIONALE

DE NANTES

PAR

V. DE COURMACEUL,

Rédacteur en chef du Courrier de Nantes.

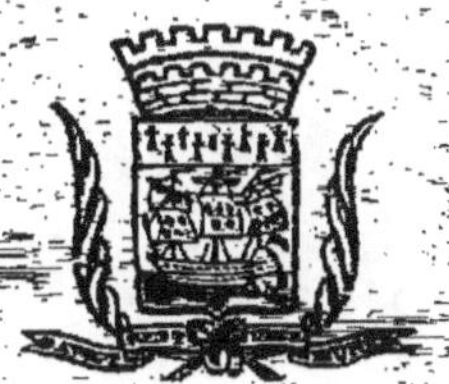

NANTES,

IMPRIMERIE V. DE COURMACEUL, RUE SANTEUIL, 8.

1861.

EXPOSITION NATIONALE

DE NANTES.

EXPOSITION

NATIONALE

DE NANTES

PAR

V. DE COURMACEUL,

Rédacteur en chef du Courrier de Nantes.

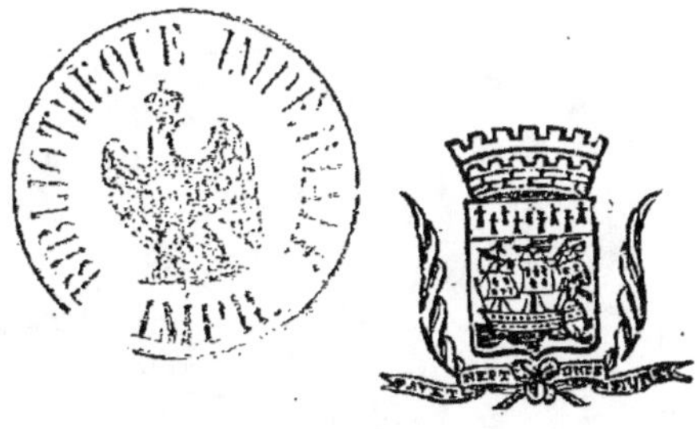

NANTES,

IMPRIMERIE V. DE COURMACEUL, RUE SANTEUIL, 8.

1861.

PRÉFACE.

Les Expositions Nationales ou Régionales se multiplient en province depuis quelques années. Les villes de Rouen, Bordeaux, Besançon et Metz ont réuni dans leurs murailles les produits des riches contrées dont elles sont le centre.

Ce sont de grandes manifestations de la vie active de la province ; ce sont d'heureuses tentations de décentralisation. Des hommes dévoués, intelligents et résolus se sont mis à la tête de ce mouvement, et ils ont réussi à fournir la preuve que sur les points les plus éloignés du centre gouvernemental, il existe une vitalité, un esprit de progrès dont les développements, protégés par l'administration supérieure, sont les plus éclatants témoignages des ressources infinies de la Nation.

Dans la situation faite à l'industrie française par la grande réforme économique qui s'accomplit, les Expositions présentent un intérêt tout particulier ; elles ont le caractère d'une enquête solennelle qui fixe l'état des choses et qui caractérise les éléments de la lutte que nos ateliers vont avoir à soutenir contre la concurrence étrangère.

Au lendemain de ces Expositions universelles qui se sont ouvertes dans les deux grandes capitales de l'Occident, à la veille de cette autre exhibition où Londres convie toutes les Nations du globe, les fêtes de l'industrie acquièrent dans nos départements une nouvelle importance. Elles consacrent les succès passés, elles ouvrent la voie aux triomphes à venir. Elles sont comme l'enseignement mutuel, l'école économique du peuple.

C'est sous l'empire de ces idées que le plan de l'Exposition Nationale de Nantes a été conçu et exécuté. Le Conseil Municipal de cette grande cité en arrêtait les bases et le principe dans ses délibérations des 9 février et 3 août 1860.

M. le sénateur Ferdinand Favre, Maire de Nantes, avait été le promoteur de cette pensée féconde en résultats. Grâce à son initiative et à sa persévérante activité, les dispositions réglementaires de ce tournois pacifique furent adoptées le 24 novembre, et tout aussitôt le comité d'action chargé de son organisation se mit à l'œuvre (1).

Ce réglement fixait l'ouverture de l'Exposition Nantaise au 1er juillet 1861 et sa fermeture au 30

---

(1) Ce comité dont le zèle a toujours été à la hauteur de la tâche, se composait de MM. Arnous-Rivière, adjoint, président ; comte Olivier de Sesmaisons et Fruchard, vices-présidents ; Voruz, Renoul, Couprie, Huette, Chenantais Ed. Doré, Ph. Doré et Gâche, membres ; A. Bobierre et Laurent, secrétaires.

septembre suivant. Elle devait comprendre les produits de l'industrie, de l'agriculture, des beaux-arts et de l'horticulture de tous les départements de la France, de l'Algérie et des Colonies. Elle était placée sous la présidence d'honneur de M. Henri Chevreau, conseiller d'Etat, préfet de la Loire-Inférieure, et sous le patronage de l'Impératrice.

Dans chaque chef-lieu de département, un comité nommé par le préfet fut appelé à statuer sur l'admission ou le rejet des produits industriels présentés à ce concours. Ils étaient, d'après le programme, divisés en neuf groupes, comprenant trente classes, savoir :

INDUSTRIE.

Premier Groupe. — *Industries ayant pour objet principal l'extraction ou la production des matières brutes.*

1re *classe.* — Art des mines et métallurgie. — 2^c *classe.* — Art forestier, chasse, pêche et récoltes des produits obtenus sans culture. — 3e *classe.* — Agriculture.

Deuxième Groupe. — *Industries ayant spécialement pour objet l'emploi des forces mécaniques.*

4^c *classe.* — Mécanique générale apppliquée à l'industrie et à l'agriculture. — 5e *classe.* — Mécanique spéciale et matériel des chemins de fer et des autres modes de transport. — 6e *classe.* — Mécanique spéciale et matériel des ateliers industriels. — 7e *classe.* — Mécanique spéciale et matériel des manufactures de tissus.

IV

TROISIÈME GROUPE. — *Industries spécialement fondées sur l'emploi des agents physiques et chimiques, et se rattachant aux sciences et à l'enseignement.*

8ᵉ *classe.* —Arts de précision, industries se rattachant aux sciences et à l'enseignement. — 9ᵉ *classe.* — Industries concernant la production économique et l'emploi de la chaleur, de la lumière et de l'électricité. —. 10ᵉ *classe.* — Arts chimiques, teintures et impressions, industries des papiers, des peaux, du caoutchouc, de la gutta-percha, etc. — 11ᵉ *classe.* — Préparation et conservation des substances alimentaires.

QUATRIÈME GROUPE. — *Industries se rattachant spécialement aux professions savantes.*

12ᵉ *classe.* — Hygiène, pharmacie, médecine et chirurgie. — 13ᵉ *classe.* — Marine et art militaire. — 14ᵉ *classe.* — Constructions civiles.

CINQUIÈME GROUPE. — *Manufacture de produits minéraux.*

15ᵉ *classe.* — Industrie des aciers bruts et ouvrés. — 16ᵉ *classe.* — Fabrication des ouvrages en métaux d'un travail ordinaire. — 17ᵉ *classe.* — Orfèvrerie, bijouterie, industrie des bronzes d'art. — 18ᵉ *classe.* — Industries de la verrerie et de la céramique.

SIXIÈME GROUPE. — *Manufacture de tissus.*

19ᵉ *classe.* — Industrie des cotons. — 20ᵉ *classe.* — Industrie des laines. — 21ᵉ *classe.* — Industrie des soies. — 22ᵉ *classe.* — Industrie des lins et chanvres. — 23ᵉ *classe.* — Industries de la bonnetterie, des tapis, de la passementerie, de la broderie et des dentelles.

Septième Groupe. — *Ameublement et décoration, modes, dessin industeiel, imprimerie, musique.*

24e *classe.* — Industries concernant l'ameublement et la décoration. — 25e *classe.* — Confections des articles de vêtement, fabrication des objets de mode et de fantaisie. — 26e *classe.* — Dessin et plastique appliqués à l'industrie, l'imprimerie en caractère et en taille-douce reliure. — 27e *classe.* — Fabrication des instruments de musique.

BEAUX-ARTS.

Huitième Groupe. — 28e *classe.* — Peinture, gravure, lithographie et photographie artistique. — 29e *classe.* — Sculpture et gravure en médailles. — 30e *classe.* — Architecture et peinture sur verre.

HORTICULTURE.

NEUVIÈME GROUPE.

La ville de Nantes avait pris à sa charge les frais de transport de tous les objets à *l'aller* et de ceux primés seulement au *retour.*

Telles étaient les conditions générales de l'exposition de Nantes. A son appel, plus de deux mille industriels et artistes ont répondu. Les immenses galeries disposées pour recevoir les produits attendus se sont trouvées insuffisantes et il a fallu se hâter de les compléter par des annexes qui sont elles-mêmes devenues trop étroites.

Enfin le jour solennel de l'ouverture était arrivé ; l'encombrement, le nombre toujours croissant des produits envoyés n'avaient cependant occasionné qu'un retard de quinze jours. Le 14 juillet 1861, l'inauguration du palais de l'industrie s'est faite avec pompe en présence des autorités, du clergé et d'une foule avide de contempler les merveilles accumulées dans les galeries.

Nous n'entreprendrons pas de décrire les bâtiments immenses élevés sur les cours St-Pierre et St-André, ni ce charmant jardin improvisé par les soins de la société d'horticulture.

Nous avons hâte d'arriver à la partie technique de l'œuvre que nous avons entreprise et nous ne nous arrêterons qu'à l'examen rapide des préliminaires.

Il y a dans de pareilles solennités, autre chose à considérer que les banderolles, les écussons, les guirlandes, les toiles peintes et les bâtis de bois et de carton. Il vaut mieux, tout en rendant justice au bon goût des organisateurs de ces fêtes, à leur dévouement infatigable, étudier le but qu'ils ont voulu atteindre et les conséquences qui découlent de leur œuvre.

Ce but et ces conséquences, M. le Sénateur Maire de Nantes les a exposés, avec l'autorité de sa parole et de son expérience dans le discours qu'il a prononcé à l'inauguration. Nous en extrairons les passages les plus saillants :

« Les expositions générales des produits de l'industrie et des arts, a-t-il dit, sont reconnues maintenant comme une des plus belles conquêtes de la civilisation moderne. Si, par les grandes idées dont elles découlent, on ne peut justement les considérer comme un des faits de l'immortelle révolution qui a changé la face de notre société, il serait injuste d'oublier que, dans l'application, elles prirent une remarquable extension sous le premier Empire, à cette époque admirablement organisatrice où le souffle d'un des plus grands génies sut faire éclore un ordre de choses nouveau des ténèbres et du chaos de la lutte des passions et des partis.

» Sous la Restauration et le gouvernement de Juillet, elles sont devenues quinquennales ; mais il appartenait au second Empire de reprendre les idées du premier, pour donner à ces solennités une plus grande extension, et même, dans ce but, de s'unir à l'Angleterre pour imprimer à ces éclatantes manifestations du travail humain le plus grand caractère qu'elles aient jamais revêtu, celui de l'universalité.

» Et qu'on ne s'y trompe point : les deux mémorables expositions qui ont successivement, et à si peu d'intervalle, réuni sur les bords de la Tamise et sur les rives de la Seine, les productions les plus variées des deux hémisphères, n'ont pas exercé moins d'influence sur les rapports internationaux qu'elles n'ont eu de retentissement pendant qu'on admirait leur magnifique spectacle.

» N'est-ce pas à leur suite que nous avons vu tomber les barrières fiscales qui entravaient les rapports commerciaux de nation à nation, qui substituent à un antagonisme stérile un émulation puissante et féconde ? N'est-ce pas en se rencontrant dans une arène ouverte à toutes, pour s'y disputer de glorieuses récompenses, que les nations ont pris l'habitude de s'y mesurer, de comparer leurs produits, et qu'elles ont pu enfin comprendre l'avantage qu'elles trouveraient à se rencontrer aussi librement sur les différents marchés du globe, pour y continuer, au point de vue des intérêts, la lutte qu'elles avaient commencée sous l'empire d'un mobile plus élevé.

» Telles furent, n'en doutez pas, Messieurs, les conséquences naturelles des deux magnifiques exhibitions dont j'évoque ici le souvenir, dangereux peut-être, pour l'œuvre plus modeste que nous allons dévoiler sous vos yeux ; mais si nous n'avons pu concevoir la prétention de convoquer, à Nantes, tous les peuples de l'univers et d'y ouvrir une lice assez vaste pour contenir le jeu de leurs ambitions, au moins n'avons-nous rien épargné pour donner à cette Exposition toute nationale le degré d'ampleur et d'étendue auquel elle pouvait légitimement aspirer.

» C'est, en effet, le propre de ces luttes pacifiques, ajouta encore M. le Sénateur Maire, que d'écarter les petites rivalités, les jalousies mesquines, pour en faire naître une émulation générale, une aspiration commune vers le progrès et le perfectionnement.

» Nous avons représenté tout à l'heure ces expositions universelles comme une des principales causes des rapprochements des peuples, de l'abdication de leur antagonisme au nom d'une solidarité humanitaire. Le même fait se reproduit dans un empire, par rapport à lui-même, sous l'influence des expositions nationales. En mettant en contact les régions productives qui forment la base de la richesse du pays, la sphère de l'action s'agrandit, l'esprit étroit des localités ou des individus brise ses barrières ; chacun vient s'instruire à la source de lumière qui luit pour tous : le monopole s'avoue vaincu ; la routine s'humilie devant les améliorations évidentes ; la concurrence s'élève à des armes plus nobles, et enfin au duel égoïste des intérêts privés succède une impulsion irrésistible vers l'intérêt général.

» Notre ancienne société n'entrevoyait qu'imparfaitement ces puissants mobiles qui fécondent le génie et remuent le cœur de la race humaine ; aussi n'y retrouvons nous qu'un embryon informe de la grande institution des Expositions des produits de l'industrie et du commerce. Cet embryon, ce sont les foires qui, à des époques périodiques, réunissaient dans telle ou telle contrée des industriels ou des marchands de pays plus ou moins éloignés. On peut même dire que quelques-unes de ces foires ont atteint une certaine hauteur d'expression et sont devenues des rendez-vous où l'on arrivait de tous les points, comme celles de Beaucaire, en France, de Leipzick, en Allemagne, de Sinigaglia, en Italie, et de Novogorod, en Russie.

» Mais quelle que soit l'importance de ces grands marchés, et celle des affaires qui s'y traitaient, qu'il y a loin encore de leur spectacle vénal à celui de nos solennelles Expositions, où, sous l'empire de la civilisation moderne, l'industrie se montre plus ambitieuse de récompenses morales que de profits matériels. »

Ces considérations de l'ordre le plus élevé inauguraient dignement l'Exposition de Nantes. Celle-ci répondait d'ailleurs à l'attente publique et au magnifique tableau que M. le sénateur-maire en avait tracé.

Nantes voulut faire largement les honneurs de ce grand concours national. Pendant trois mois les fêtes les plus splendides se succédèrent dans cette ville. Le Jardin d'Horticulture et le Jardin des Plantes furent transformés pendant des nuits entières en des palais de feu, où les yeux de trente mille spectateurs furent tour à tour éblouis et émerveillés.

La prairie de Mauves donna le spectacle de courses de chevaux qui réunirent cent mille âmes sur cet hippodrome unique en France.

Une cavalcade historique, dans laquelle figuraient toutes les illustrations bretonnes, parcourut les rues de la ville au milieu des applaudissements de

x

la foule, et recueillit sur son passage d'abondantes
aumônes.

Les nuits vénitiennes de l'Erdre, les régates de
la Loire offrirent les spectacles les plus charmants
et les plus intéressants.

Au jour de la clôture enfin un banquet réunissait
dans la salle Graslin quatre cents exposants qui,
à la veille de se séparer, avaient voulu se serrer
fraternellement la main.

Ce banquet était présidé par S A. Mme la princesse Bacciochi, cousine de l'Empereur, qui, le
lendemain encore, présidait la distribution solennelle des récompenses.

Dans cette cérémonie des adieux, M. le maire
de Nantes a adressé à l'assemblée d'élite qui l'en-
tourait ces paroles parties du cœur :

« MESSIEURS,

» Je ne sais vraiment à quel titre je prends la parole en
en cette circonstance ; mais les moments de la vie publique
me sont tellement comptés que je ne puis laisser échapper
aucune de ces occasions d'épanchement auprès de concitoyens
qui m'ont, dans le cours de ma longue carrière, honoré de
tant de marques de sympathie et d'affection. A l'ouverture de
cette Exposition je ne pus taire l'expression des sentiments
qui m'animaient: je me livrai tout entier au bonheur que
j'éprouvais de voir une ville aux destinées de laquelle je me
suis si étroitement identifié, suivre avec quelque éclat
l'exemple donné par les deux plus grandes capitales de l'Europe et devenir le théâtre d'un des plus imposants spectacles
que puisse offrir la civilisation moderne. Aujourd'hui que
cette Exposition est arrivée à son terme et laisse dans le sein

de notre population de profonds et d'ineffaçables souvenirs,
je cède encore à une impulsion irrésistible en essayant d'exprimer devant vous l'émotion qui me domine.

» Sans doute ce ne serait point moi que la multiplicité des
attributions municipales et les fonctions législatives ont tenu
trop longtemps éloigné des travaux de l'Exposition, qui devrais élever le premier la voix dans cette enceinte : il y a
au-dessus de moi un président d'honneur, à mes côtés des
présidents réels, effectifs, si je puis employer ce mot, qui se
sont succédés dans cette tâche difficile et ont, par conséquent,
bien plus de titres à vous entretenir aujourd'hui ; mais je
n'abuserai pas de votre attention : c'est au président d'honneur, à M. le conseiller d'Etat, préfet du département, c'est à
de pareilles autorités que je vais passer bientôt une parole
impuissante dans ma bouche.

» Cependant, Messieurs, j'ai auparavant un grand devoir à
remplir : c'est de féliciter publiquement tous ceux qui ont
répondu à notre appel et sont venus, enflammés d'une noble
émulation, prendre part à ce vaste concours ouvert aux plus
légitimes ambitions de la science, de l'industrie et des arts. Ils
vont recevoir tout à l'heure des récompenses bien méritées ;
puissent-elles les dédommager de leurs peines et les encourager à persévérer dans une voie qui est aujourd'hui la plus
large et la plus féconde de toutes celles ouvertes à l'activité
humaine. Puissent-ils aussi emporter un touchant souvenir de
l'hospitalité que nous leur avons donnée, du zèle avec lequel
nous nous sommes efforcés d'assigner à leurs produits le rang
qui leur appartenait, et enfin de l'impartialité scrupuleuse et
éclairée des décisions qui vont être rendues publiques.

» Ceci me conduit naturellement à remercier sincèrement
MM. les Membres du Jury des récompenses et des Jurys
d'examen des soins et du dévouement qu'ils ont apportés
dans l'exécution de leur mandat. Nous avions pu, grâce aux
notabilités de tout genre que renferme cette grande ville,

composer des réunions spéciales d'hommes compétents dans toutes les branches des connaissances humaines ; de sorte que les Exposants n'ont pas trouvé moins de garanties du côté des lumières que du côté de la justice. Appelés, du reste, dans le sein des Commissions, ils ont été mis à même de faire valoir le mérite de leurs œuvres, et aucun d'eux ne se plaindra, nous l'espérons, de l'accueil qui leur a été fait, ni de l'attention qui lui a été accordée. Enfin, Messieurs, laissez-moi réitérer au Comité d'action, sur lequel je m'étais reposé du soin de tout ce qui se rattachait à l'Exposition, l'expression de ma profonde gratitude que je lui témoignais déjà à la séance d'inauguration. Depuis la conception et la préparation de cette œuvre difficile, son zèle ne s'est pas refroidi un seul instant, et c'est à ce Comité, à l'ensemble de ses vues, comme à la sollicitude particulière de chacun, que nous devons les résultats obtenus et dont notre ville est justement fière. Nous ne devions pas moins attendre des hommes distingués qui le composaient, presque tous enfants de cette cité et jaloux de l'honneur de leur mère.

» Un mot encore, Messieurs, un mot aux lauréats de cette belle journée, et j'aurai fini. Ils vont recevoir de nos mains fraternelles des récompenses dont nous ne regrettons que d'avoir été forcés de limiter le nombre et la valeur ; mais nous espérons que la clôture de cette Exposition n'est pour eux qu'un ajournement. Déjà toutes les voix de la publicité les convient de l'autre côté de la Manche. Déjà le Palais de l'Industrie va rouvrir ses portes, et c'est là qu'ils pourront entrer en lice avec l'illustre rivale qui leur offre une courtoise hospitalité ainsi qu'aux autres nations de l'univers. Qu'ils nous permettent donc de faire l'office de ces hérauts d'armes de l'ancienne chevalerie, et de les exciter à ce défi où ils auront à soutenir l'honneur et la gloire de notre industrie nationale. Puissent ces modestes récompenses, que nous leur décernons aujourd'hui, leur être un encouragement et le gage de nou-

veaux succès sur le vaste champ de bataille qui les attend.
Ils emporteront nos vœux et nos espérances; ils recevront
nos félicitations au retour. »

M le Préfet a pris ensuite la parole, et a prononcé le discours suivant, qui est comme le cou-
ronnement de l'Exposition nantaise.

« MESSIEURS,

» Le Maire de Nantes, avec l'autorité de sa parole, de ses
services, de l'affection qu'il vous inspire, vient de rendre
justice à vos travaux. Comité, Présidents et membres du
Jury, Exposants, il n'a oublié personne, personne, Messieurs,
que lui-même. Et pourtant quel nom avant le sien devait être
prononcé dans cette enceinte? C'est à lui, à son administration, aux hommes qu'il a successivement investis de sa
confiance, à tous, sans exception, que la ville de Nantes
doit la réalisation de cette entreprise. Il peut l'oublier; vous,
Messieurs, vous vous le rappellerez, et vous ajouterez ce nouveau service à la liste déjà si longue des services qu'il vous
a rendus.

» Votre Exposition, Messieurs, comme toutes les Expositions universelles, offre un double aspect : elle frappe également l'économiste et l'homme d'Etat. Le premier y recherche les nouvelles machines, les produits perfectionnés,
tout ce qui améliore le bien-être des masses, tout ce qui
multiplie la richesse publique; le second se demande quelles
conditions d'ordre et de stabilité doivent offrir les sociétés
humaines pour faire naître ces grandes manifestations de
l'industrie?

» Vous n'attendez pas de moi que je passe en revue ces
mille produits de l'intelligence et du travail qui, depuis trois
mois, ont attiré dans vos murs une foule immense, avide de
voir, de comparer, de s'instruire? Cette tâche est au dessus

de mes forces ; si j'essayais de la remplir, mon insuffisance pratique m'empêcherait d'aller jusqu'au bout ; et, d'ailleurs, comment éviterais-je les redites, les lieux communs, les banalités de l'éloge ? La conscience de vos travaux et de votre valeur vous met au-dessus de vaines paroles, et puisque le maire de Nantes a traité l'un des côtés de la question, permettez-moi de traiter l'autre, le côté politique et social.

» Quand l'idée première d'une Exposition a surgi, la ville entière l'a adoptée. Pourquoi cet élan, cet enthousiasme, cette énergie de volonté, cette persévérance ? Le travail, je le sais, ne vit, ne progresse, ne se transforme que par la comparaison, par la concurrence ; mais pour que, sur tous les points d'un vaste empire, dans toutes les grandes villes, de pareilles entreprises se conçoivent et s'exécutent, il faut autre chose, soyez en sûrs : il faut le sentiment de la sécurité, la confiance dans l'avenir. Sous un gouvernement faible, sans racines dans le pays, vivant au jour le jour, rien de semblable ne se produirait ; voilà, Messieurs, la seule réponse à faire à ceux qui s'étonnent de la multiplicité des Expositions en France.

» Cette réponse, Messieurs, vous l'avez déjà faite et d'une manière éclatante, sous la forme la plus ingénieuse et la plus touchante. Quand vous vous êtes tournés vers l'Impératrice, quand vous l'avez suppliée de prendre votre entreprise sous sa protection, ce n'est pas seulement l'épouse de l'Empereur actuel, c'est encore, c'est surtout la mère du futur Empereur que vous avez voulu pour votre patronne. Vous avez associé l'idée de dynastie à l'idée de travail ; vous avez compris que tout, industrie, commerce, fortune publique et privée, est indissolublement lié à la stabilité de l'Empire, et, obéissant à la double logique de la reconnaissance et de l'intérêt, vous avez abrité toutes vos espérances individuelles sous l'espérance même de l'avenir de la France.

» Votre espoir, Messieurs, ne sera pas trompé. Cet avenir, je vous affirme que vous l'aurez. Et pourtant le dévouement ne m'aveugle pas. Je sais bien que toutes les passions ne sont pas découragées; si les partis ont tous vu diminuer leurs soldats, les chefs n'en sont pas moins restés debout. Les uns ne voient dans la royauté qu'un principe incarné dans une seule famille; les autres, à défaut de principes absolus, ont de récents souvenirs; les troisièmes ne nous offrent que leurs espérances; c'est au nom d'un passé dont la France n'a pas voulu, d'un avenir impossible dont elle ne veut pas, qu'on essaie d'attaquer le gouvernement que vous vous êtes donné.

» Messieurs, vous savez comme moi ce que la France répond depuis dix ans par son attitude et par ses votes.

» Pour moi, si je pouvais traduire sa pensée, voici ce que je dirais. Aux derniers, à ceux qui nous montrent des mains qu'ils disent pleines de promesses : « Vos mains, il y a treize ans, vous les avez ouvertes et vous n'avez laissé tomber sur nous que l'inquiétude et la misère. Je n'accuse ni vos intentions ni vos cœurs, mais votre rêve était impossible : ne nous parlez plus de ces chimères. »

» Aux seconds, qui affectent de nous rappeler avec dédain des joûtes oratoires, des luttes de l'esprit, dix-huit années de paix et de prospérité, je dirais que, pour avoir plus de gloire, nous n'en sommes pas moins prospères, et, quant au développement de l'esprit français, je n'aurais qu'à me souvenir des derniers débats de nos assemblées, et je demanderais si, à aucune époque, sous aucun gouvernement, plus d'éloquence, de la meilleure, de la plus haute, a jamais été mise au service d'une cause politique.

» L'intelligence ; ah ! Messieurs, personne ne l'honore, ne la respecte plus que moi ; et quand je la rencontre sur mon chemin, quelle que soit la cause qu'elle serve, je m'incline et je la salue humblement comme une reine ! mais il n'est pas défendu, je suppose, de préférer les esprits qui se traduisent en faits à ceux qui se dépensent en vaines paroles. La France, Messieurs, a ce goût-là ! Elle aime mieux la réalité que l'apparence, et elle met les grands triomphes de l'orgueil national au-dessus des petites satisfactions personnelles des amours-propres et des vanités.

» Enfin restent les premiers, ceux qui se disent les gardiens des principes et les défenseurs du droit; avec ceux-là pas de discussion possible. Rassasiez-les de gloire et de prospérité, soyez à la fois le bonheur et l'orgueil de tout un peuple; ils vous répondront toujours : Vous n'avez pas dans les veines quelques gouttes du sang que nous vénérons; nous ne sommes pas, nous ne serons jamais avec vous.

» Ah ! messieurs, laissez-moi leur répondre, à ceux là, au nom de la raison et de la foi. Je le ferai avec une conviction profonde, mais avec un respect égal à ma conviction; car il n'y a que du respect dans mon cœur pour cette grande et sainte chose qu'on appelle la fidélité. Mais j'ai bien le droit de défendre les principes que je sers et d'opposer à la légitimité, à la fidélité du passé, la légitimité, la fidélité de l'avenir.

» Je vais essayer de circonscrire ma pensée, mais si elle prend plus de développement que je ne voudrais, ne m'en veuillez pas; ces questions ne sont-elles pas les plus hautes que nous puissions discuter? Ne touchent-elles pas à nos intérêts, à nos croyances, à nos passions, à l'avenir même de la France?

» Voici, messieurs, ce que je leur dirais :

» De quel droit réclamez vous les priviléges de la perpétuité? Eh quoi ! il y a eu des empires qui ont possédé le monde et dont les noms sont à peine dans la mémoire des hommes, des villes immenses dont les voyageurs ne retrouvent plus la trace, des civilisations entières qui se sont éteintes; et vous voulez qu'une seule famille humaine soit éternelle !... Non, non, détrompez vous. Je reconnais avec vous que les races royales sont envoyées par Dieu, mais la Providence les crée selon ses desseins; elles sont comme les grands relais chargés de conduire l'humanité à travers les siècles. Elle les tient en réserve et les fait surgir à son heure ; cette heure, messieurs, ce sont les grands événements, les grands bouleversements sociaux qui la sonnent, tantôt sur un point du monde, tantôt sur un autre. En France, 89 a sonné l'heure des Napoléons ! Il y aura des Napoléons, comme il y a eu des Mérovingiens, des Carlovingiens, des Capétiens. Jetez les yeux sur un pays voisin : les Stuarts sont-ils bien morts ? pourra-t-on jamais les ressusciter ? N'est-elle pas légitime cette reine qui préside aux destinées d'un grand peuple ? Et ces autres souverains qui datent de deux, de trois siècles, sont-ils des usurpateurs ? Etait-ce un usurpateur le petit-fils de Charlemagne ? Où donc commence la légitimité, à la première ou à la dixième génération ? Ah ! messieurs, s'il ne nous faut que du temps, nous en aurons.

» Ouvrez l'histoire avec moi, voyez de quelle manière commencent les dynasties, et dites-moi ce qui manque à la quatrième ?

» Au milieu d'un bouleversement social paraît un homme doué de tous les génies et qui devait résumer en lui toutes les gloires. Il sauve son pays, il monte avec lui au sommet de la puissance et leurs destins sont tellement liés qu'ils ne peuvent tomber qu'ensemble et que la chute de l'un est la chute de l'autre ; il cherche la mort, mais la mort ne doit pas le prendre ; la Providence veut lui donner la seule chose qui manque à sa gloire, la consécration du martyre, et le voilà relégué au fond des mers, dans une petite île, immense piédestal où monte et grandit, grandit toujours sa colossale renommée. Pendant que sa gloire envahit le monde, en prend pour ainsi dire possession et devient légendaire, la race, que sa race doit remplacer, essaie par deux fois, dans des conditions différentes, de ressaisir le pouvoir, deux fois elle succombe dans cette tâche impossible, et alors un Napoléon n'a qu'à se montrer pour que la France toute entière se jette au-devant de lui et l'acclame pour son chef !

**

» Messieurs, si la Providence n'est pas là, je demande où elle est ?

» Ah! ne vous étonnez pas de ce qu'elle a fait pour lui ; si elle a doué son esprit des qualités les plus opposées, c'est qu'elle l'a chargé de contenir les impatients et d'entraîner les timides, c'est que, au milieu des incertitudes des sociétés qui se transforment, elle l'a choisi comme trait d'union entre le passé et l'avenir : et si, après lui avoir imposé toutes les épreuves, même celle de la captivité, elle a épuisé pour lui toutes les faveurs, c'est pour rendre son dessein plus visible, c'est qu'elle a voulu marquer de son doigt pour ainsi dire et sacrer la nouvelle race qu'elle a choisie, la nouvelle dynastie qu'elle veut fonder !...

» S'il y a quelque part un prétendant mieux désigné par la Providence, qu'on me le nomme, qu'on me le montre.

» Ah ! messieurs, je reste tranquille dans mon dévoûment et dans ma foi ; aucun raisonnement humain ne me prouvera que la légitimité que je sers n'est pas une vraie légitimité nationale et divine !

» Messieurs, je vous remercie de vos applaudissements : s'ils réveillent en vous des échos de sympathie, ils donnent plus de valeur encore à mes croyances et les enracinent plus profondément dans mon cœur !

» Quant au peuple, il n'a pas besoin de démonstration ; il sent d'instinct tout ce que je veux prouver ; il sait bien que cette dynastie est la sienne, qu'il l'a faite et qu'il la gardera. Aussi, quand on me parle d'inquiétudes semées dans les masses, de calomnies, de mensonges, je me sens pris d'une grande indifférence, d'un grand dédain. Voulez-vous, Messieurs, me permettre une comparaison qui me traverse l'esprit ? Parfois, sur les hauteurs, on marche dans les brouillards : une froide bise glace les plantes ; à mesure qu'on redescend, la chaleur et la vie reviennent, et dans la plaine on retrouve le calme, le travail, le soleil, la fécondité. Messieurs, c'est là l'image de la grande société française ; au sommet, des regrets, des souvenirs, des espérances déçues, des tentatives d'agitation stériles ; au bas, toute une immense population d'agriculteurs et d'ouvriers, fière de son souverain et de sa gloire, avide de repos, confiante dans l'avenir.

« Je n'ai plus, Messieurs, qu'à vous distribuer ces récompenses. Vous allez entendre retentir ici deux noms augustes, vous saluerez de vos acclamations deux princesses dont l'une consacre aux arts la vive et puissante originalité de son esprit, qui partage toutes les joies, toutes les émotions des vrais artistes et qui s'honore d'être comptée à juste titre parmi eux; dont l'autre a quitté les résidences princières pour venir parmi nous, dans nos landes, nous montrer de bons exemples, de nouvelles méthodes, donner à l'agriculture la plus féconde impulsion et répandre avec ses bienfaits la popularité de son nom. Et à côté de ces deux grands noms, vous entendrez les noms les plus modestes des ouvriers de nos manufactures ; ne vous étonnez pas, Messieurs, du contraste; votre protectrice et votre patronne, l'Impératrice l'a voulu ; c'est une marque particulière de sa bienveillance pour ceux qui d'ordinaire, sont exclus des récompenses Quand je lui demandais des médailles, quand je lui nommais les hommes importants de la cité, les industriels auxquels il fallait songer: « Vous ne me parlez pas,
» me dit-elle, de ceux qui viennent les premiers à ma pensée;
» tous ces riches produits, toutes ces machines ont passé par
» des mains obscures ; pourquoi ne pas récompenser ce
» travail ignoré; nommez-moi les contre-maîtres, les ouvriers
» de ceux qui obtiendront des récompenses ; je ne dois pas
» les oublier plus que les autres; je veux qu'ils conservent un
» bon souvenir de moi dans leurs familles ! »

« Messieurs, je vous ai bien souvent parlé de l'Empereur, de sa vive et ardente sympathie pour son peuple ; je vous le montrais, pendant les inondations, courant sur les traces du fléau, plus prompt que le malheur même, et l'effaçant sous ses bienfaits. Plus récemment, je disais à des milliers d'ouvriers qu'ils avaient un rare, un inestimable bonheur, celui d'avoir leur meilleur ami sur le trône. Maintenant qu'il m'a été donné d'approcher parfois Celle qu'il a choisie pour compagne, ouvriers qui m'écoutez, je vous le jure, vous avez deux protecteurs sur le même trône ; il y a là-haut deux mêmes cœurs pour vous aimer !...

» Je sens, Messieurs, que je suis bien long; je laisse tomber comme malgré moi devant vous tout ce qu'il y a dans mon esprit et dans mon cœur; Il faut pourtant que je m'arrête; je n'ai plus qu'à vous dire adieu; mais je veux que ma dernière parole soit une parole d'encouragement. Retournez à vos travaux avec confiance; vous avez devant vous un long avenir d'ordre et de paix publique; profitez-en pour persévérer dans la voie du progrès ; songez que, dans quelques mois, comme on vient de vous le dire, vous aurez à soutenir l'honneur du pavillon. Tous, ouvriers et fabricants, généraux et soldats , nous sommes associés à la grandeur du pays et à l'éclat du règne. Rendons à l'Empereur en dévouement ce qu'il nous donne en sollicitude ; nous ne sommes tous que les obscurs traducteurs de sa pensée, et pourtant aucun de nous n'est inutile à l'œuvre commune Sa grande main a reconstruit l'édifice; c'est à nos petites mains de le soutenir, de le consolider pour ses descendants ; et quand cette main puissante sera glacée, quand le temps aura brisé tous les instruments épars, il restera de ce règne, Messieurs, de bien grandes choses : un immense développement de travaux publics, des institutions de charité pour toutes les infortunes , le souvenir des disettes conjurées par la prévoyance impériale, des lois libérales qui auront doublé le commerce du monde ; et si alors une question imprudente était renouvelée, si quelqu'un osait redire : « Qu'avez-vous fait de la France » ce ne sont pas nos voix muettes qui pourraient parler, mais l'histoire, l'impartiale histoire se lèverait, et pour toute réponse elle montrerait un trône affermi, une capitale transformée, une gloire nationale refaite, une France agrandie !!!... »

Aux dernières paroles de M. le Préfet, les applaudissements qui, à plusieurs reprises, avaient interrompu son discours, ont éclaté sur tous les points de la salle et se sont prolongés pendant plusieurs minutes. Lorsque l'émotion de l'assemblée se fut un peu calmée, les secrétaires du Comité d'action ont donné lecture de la liste des lauréats, qui ont été appelés à recevoir les récompenses dans l'ordre suivant :

PREMIER GROUPE.

EXTRACTION OU PRODUCTION DE MATIÈRES BRUTES.

PREMIÈRE CLASSE. — ART DES MINES ET MÉTALLURGIE. — *Art des Mines.* — Médaille d'or : Caillaud, à Nantes, collection minéralogique et carte géologique. — Médailles d'argent : Compagnie de Blanzy, Blanzy, houille maigre à longue flamme et coke de bonne qualité ; Compagnie de Montrelais et Mouzeil, Montrelais, houille maigre à courte flamme pour la cuisson de la chaux ; Mines de Montjean, Montjean, houille maigre à courte flamme pour fours à chaux ; Mines de Languin, Nort, briquettes pour machines à vapeur ; Bickford et Davy, Rouen, fusées de sûreté pour tirage à la poudre.

Métallurgie. — *Forges.* — Diplômes d'honneur : Fourchambault, Fourchambault, fontes et fers à la houille ; Montataire, Creil, fers à la houille de tous échantillons et gabarits, spécialité de fers pour cornières, fers d'angles, fers à **T**. On admire ses fers blancs et ses tôles. — Médaille d'honneur : Langlois et Comp., Nantes, fers au bois pour les constructions maritimes, remarquables par leur qualité.

Fontes moulées. — Médailles d'argent : Roussel, Sarthe, poterie de fonte, grilles, vases et objets d'ornement dont le fini annonce une bonne qualité de fonte ; Besquéut, Morbihan, mêmes produits avec les mêmes qualités,

Métaux laminés. — Médaille d'honneur : Ernest Garnier et Comp., Paris, cuivre sous toutes formes. Usine à zinc importante dans l'Aveyron. — Médaille d'or : Société des Lamineurs. — Cuivres bonne qualité, belle fabrication. — Médaille d'argent : Létrange et Cᵉ, cuivres, tôles laminées, tuyaux, coupole ; Guichet et Russeil, Nantes, cuivres, tôles laminées, zinc. Usine de Couëron. — Production de plomb.

Meules. — Médaille d'argent . Chassaing et Perrot, Domme, meules à farine. Grain régulier, composition homogène, bonne disposition des fragments assemblés pour former la meule.

CLASSE MIXTE. — Produits naturels et de cultures de l'Algérie et des colonies. — Médaille d'honneur : Le Ministère de la marine et des colonies. Pour l'ensemble des produits de l'Algérie et des colonies provenant de l'Exposition permanente établie à Paris pour l'Algérie et les colonies.

Produits divers de l'Algérie. — Médaille d'or : Ferré, Saint-Denys-du-Sig, coton longue soie. — Médailles d'argent : Lavie, Constantine, minoteries importantes. Beaux échantillons ; Masquelier, Sain-Denys-du-Sig, culture du coton ; Cheviron aîné, Médéah, pâtes d'Italie ; Chazelet-Redon, Alger, éducation des vers à soie ; Coulangeon, Alger, grande variété de produits naturels ou fabriqués ; Bakry, Alger, tabacs. Cigares, fabrication importante ; Barbier, Alger, tabacs. Cigarettes. Cigare néogène.

Vins. — Médailles d'argent : Gaussen fils, Oran, vins rouges et blancs ; Rouire Mascara, vins rouges et blancs.

Liqueurs algériennes. — Médaille d'argent : Palliser, Alger, liqueurs diverses très remarquables.

Produits des autres colonies. — *La Réunion.* — Médaille d'argent : Deshayes (Théodore), sucres ; Bertin d'Avesne, vanille longue. Culture sur une assez grande échelle ; Rontaunay, sucres.

Mayotte. — Médaille d'argent : Compagnie des Comores, succès dans l'entreprise de colonisation après de grandes difficultés.

La Martinique. — Médaille d'argent : Guiollet et Quennesson, sucre.

La Guadeloupe. — Médaill'es d'argent : Usines centrales., sucres à grains fins ; Bonneville, grande variété de cotons.

Saint-Pierre de Miquelon. —Médaille d'argent : Riche, huile vierge de foie de morue.

DEUXIÈME CLASSE. — ART FORESTIER, CHASSE, PÊCHES, RÉCOLTES OBTENUES SANS CULTURE. — Médailles d'argent : Péan frères, Nantes, fils pour lignes, lignerolles, filets, etc. ; Guillet, appareils collecteurs pour la culture des huîtres.

TROISIÈME CLASSE. — AGRICULTURE. — *Mécanique agricole.*—Grande médaille d'honneur de l'Impératrice : Renaud et Lotz, Nantes.— Médaille d'honneur de l'Impératrice : Lotz fils aîné, Nantes.

Chacune de ces deux maisons, qui, depuis de longues années, consacrent les plus intelligents efforts à l'invention et à la fabrication des machines agricoles, a été classée hors ligne, par le jury du 1er groupe, qui leur avait décerné à chacune une mé laille d'honneur, pour l'ensemble de leurs expositions. La maison Renaud et Lotz, ayant obtenu, en outre, une médaille d'honneur dans le 2me groupe, a été portée sur la liste des concurrents à la grande médaille d'honneur de l'Impératrice, qui lui a été décernée après ballotage au scrutin secret. M. Lotz fi s aîné ayant obtenu, en outre, une médaille d'or dans le 2me groupe, la médaille d'honneur de l'Impératrice lui a été attribuée.

Locomobiles avec machines à battre. — Médaille d'or : Massonnet et Nassivet, Nantes, Locomobile à vapeur avec machine à battre bien combinée dans son ensemble et soignée dans les détails sans luxe superflu.— Médaille d'argent : Besnard, Nantes, dans de bonnes conditions, moins bien entendue dans son ensemble, moins soignée dans les détails.

Manéges en l'air. — Médaille d'or : Creuzé des Roches, Grandmaison (Indre), nouveau manége à transmission en l'air par courroie, avec poulie verticale, très bien entendu au point de vue de la symétrie des engrenages et de l'équilibre du système. Machine à battre aver contrebatteur mobile. — Médaille d'argent : Pinet, Abilly, Manége à transmission en l'air par courroie, bonne combinaison d'engrenages, connu par de longs services ainsi que la machine à battre; Passedoit, Saumur : Manége à transmission en l'air par courroie ; dispositions tout à fait analogues au précédent. Machine à battre en fonte et en fer.

Manéges par terre. — Médaille d'or : Cossard et Terrolle, très satisfaisant comme rapport d'engrenages, solidité, simplicité et bon marché ; bonne disposition pour éviter le porte-à-faux sur le pignon de l'arbre de couche. Machine à battre. — Médaille d'argent : Massonnet et Nassivet, citation pour mémoire. Analogue au précédent, avec sa machine à battre.

Machines à battre spéciales. — Médailles d'argent : Dupré, Châteaubriant, Machine à battre avec charrie-paille ; fabrication importante à Châteaubriant ; Fusellier, Montreuil-Bellay, Machine à battre et à vanner, simple, solide, remplissant bien son double objet.

Egreneurs de trèfle. — Médaille d'or : Fusellier, Montreuil-Bellay, résolvant très bien le problème difficile de battre, épurer et nettoyer la graine de trèfle. — Médaille d'argent : Chesnel, Nantes, moins parfait, mais séparant bien la graine de trèfle.

Tarares. — Médailles d'argent : Pialoux, Agen, très-bien construit, fonctionnant dans d'excellentes conditions; Vilcoq, Meaux, tararé avec trieur ; Lecalonnec, Landerneau, tarare de grenier avec ensacheur.

Trieurs de semences. — Médaille d'or : Marot, Niort, trieur ayant réalisé un immense progrès sur le trieur Pernollet, pour la séparation du froment des graines rondes et des graines rondes aplaties.

Coupe-Racines. — Médailles d'argent : Demetz, colonie de Mettray, disposé de manière à ne pas s'engorger et bonne combinaison de lames; Vilcoq, Meaux, bon coupe-racines.

Concasseurs de tourteaux. — Médaille d'argent : Demetz, colonie de Mettray, pour mémoire. Très bien construit pour réduire les tourteaux en poudre fine.

Broyeurs de pommes — Médaille d'argent : Cassard et Terrolle, de Nantes, broyeur dont les dents ont été bien étudiées et moulées avec soin.

Rapes à pommes. — Médaille d'argent: Tritschler, Limoges, râpe à pommes agissant après écrasement.

Déboureurs et laveurs de racines. — Médaille d'argent : Tritschler, Limoges, bien construit, facile nettoyage pour les dépôts provenant du lavage des racines.

Cuit-racines. — Médaille d'argent : Jusseaume, Nantes, bonnes dispositions pour cuire les racines au moyen de la vapeur ou pour utiliser au besoin l'appareil pour le lessivage.

Fouloirs pour vendanges. — Médaille d'argent : Hervé, Rouillac : fouloir et métal bien construit et à bas prix. Dezaunay, Nantes : cylindres avec baguettes en bois disposées en hélice, inventés par l'exposant.

Pressoirs. — Grands pressoirs. — Médaille d'or : Dezaunay, Nantes, pressoir produisant la pression au moyen d'une roue et d'un pignon d'angle et la terminant au moyen de leviers d'encliquetage. Pression très suffisante sans complications superflues et bonnes conditions de solidité. — Médaille d'argent : Cassard et Terrolle, pressoir à percussion ; grande simplicité et bon marché.

Petits pressoirs. — Médaille d'argent : Guilleux, Segré, pressoir d'un usage commode dans les petites exploitations.

Faucheuses et moissonneuses. — Médailles d'argent : Faure, Paris, faucheuse système Wood. Encoquillage en fonte protecteur des engrenages. Ajustage soigné, solidité et légèreté réunies ; Legendre, Saint-Jean-d'Angély, même système. Bon marché dans des conditions de solidité suffisantes ; Robin, Nantes, système de coupage à lames fixes. Le jury récompense l'idée de l'inventeur et non la disposition générale de la machine.

Semoirs. — Médailles d'argent : Lecomte, Rennes,

semoir en lignes, à alvéoles et à brosses ; Durand, Grand-Jouan, semoir en lignes, à palettes ; Calloch, Plouhinec, semoir à la volée.

Sécateurs. — Médaille d'argent : Aubert, Nantes, sécateurs à courbure nouvelle.

Barates. — Médaille d'argent : Neveu, Elie, Saumur, baratte à doubles ailettes tournant en sens inverse.

Charrues. — Médailles d'argent : Demetz, Mettray, araire défonceur ; Béléguic, Douarnenez, charrue à deux socs travaillant à deux profondeurs différentes ; Piard, Saint-Gildas, araire Dombasle ; Tritschler, Limoges, araire Dombasle ; Berg, Nozay, araire Dombasle ; Picherie, Nantes, charrue à avant-train ; Josso, la Roche-Bernard, charrue à avant-train.

Charrues double brabant et tourne-oreille. — Médailles d'argent : Mennechet, Maquigny, versant toujours la terre du même côté ; Guilleux, Segré, versant toujours la terre du même côté.

Buttoirs. — Médaille d'argent : Tritschler, Limoges.

Instruments spéciaux. — Médailles d'argent : Hidien, Déols (Indre) : butteur-draineur pour rigoles profondes ; Aubert, Nozay : roue à l'arrière de la charrue. Nouvelle disposition du coutre pour éviter l'engorgement.

Rouleaux. — Médaille d'argent : Derrien : rouleaux à disques indépendants sur le même axe.

Broyeuse pour le chanvre. Médailles d'or : Bouchard-Huzard, Paris : Traité des constructions rurales.

Produits agricoles. — Lizard, Guémené-Penfao, hors concours ; M. Liazard, qui a obtenu la prime d'honneur au concours régional de Nantes en 1859, a envoyé une belle exposition de ses produits. Il s'est mis de lui-même hors concours, et le jury ne peut que lui adresser ses éloges et ses remerciements. — Médaille d'argent : Beaumont, Amiens, belle exposition de céréales ; Maupas, Moric, exposition très complète de graines ; Porquet, Bourbourg, exposition de variétés de céréales et de lins.

Fromageries. — Médaille d'argent : Bonnemant, Toulon, Fromage de gruyère de sa fabrication.

Soies et Cocons. — Médaille d'or : Guérin Menneville, Paris, introduction des vers à soie de l'ailante. — Médaille d'argent : De Montval, Avignon, cocons de vers à soies.

Ruches. — Médailles d'or : Debeauvoys, Seiches, ruches et abeilles. Travaux sur l'agriculture ; Hamet, Paris, ruches à chapiteau ; Guillet, Nantes, ruches à chapiteau.

Miels et cires. — Médaille d'or : Pellegrin frères, Orléans, miels et cires. — Médailles d'argent : Mauget, Angers, miels et cires ; Foucaut-Daguet, Pithiviers, miels et cires.

Engrais. — Diplôme d'honneur : Derrien, Nantes, fabrication et exportation importante d'engrais artificiels. — Médaille d'honneur : Rohart, Paris, études remarquables sur la fabrication des engrais artificiels. — Médailles d'argent : Krafft, Paris, transformation des matières fécales ; Pichelin-Petit, La Motte-Beuvron, introduction en Sologne des engrais fabriqués, recherches des phosphates fossiles ; Demolon, Paris, travaux importants pour la propagation et l'emploi des phosphates fossiles ; Chazereau, Aubigny, Collection intéressante et analyses des marnes de la Sologne.

DEUXIÈME GROUPE.

INDUSTRIES AYANT SPÉCIALEMENT POUR OBJET L'EMPLOI DES FORCES MÉCANIQUES.

NOTA. — M. Voruz et M. Gâche, dont l'exposition aurait eu droit aux plus honorables récompenses, n'ont pas pris part au concours, comme membres du comité d'action.

Médaille d'honneur donnée par S. M. l'Impératrice : Legal, Nantes.

2. *Machines à vapeur locomobiles.* — Médaille d'honneur (rappel) : Renaud et Lotz, pour leur fabrication considérables de locomobiles parfaitement adoptées aux

besoins de l'agriculture. — Médailles d'or : Calla, Paris, pour une belle locomobile propre au service des grands ateliers ; Lotz aîné, Nantes (rappel), pour une locomobile de six chevaux d'une bonne et belle construction ; Massonet et Nassivet, Nantes (rappel), pour leurs locomobiles bien appropriées aux besoins des exploitations agricoles. — Médaille d'argent : Passedoit, Saumur (rappel), pour sa locomobile spécialement affectée au service des fermes.

5. *Organes de Machines.* — Médaille d'honneur : Achard, Paris, pour son embrayage électrique et notamment pour l'application à la conservation du niveau d'eau des chaudières. — Medaille d'or : Giffard, Paris, pour son injecteur exposé par M. Flaud. — Médailles d'argent : Durenne, Paris, pour son appareil dépurateur de l'eau des chaudières (hydratmo-purificateur).

QUATRIÈME CLASSE. — MÉCANIQUE GÉNÉRALE APPLIQUÉE A L'INDUSTRIE ET A L'AGRICULTURE. — 1. *Machines à vapeur fixes.* — Médaille d'argent : Drissonneau, pour une bonne machine horizontale attelée à un moulin à cannes ; Lebanneur et Petau, Paris, pour trois machines exposées par eux, notamment pour la machine à deux cylindres.

4. *Chaudières.* — Médailles d'argent : Moulin, Nantes, pour sa chaudière à bouilleurs construite à grandes tôles ; Martin, Nantes, pour une chaudière tubulaire d'une belle exécution ; Guillemet, Nantes, grilles fumivores.

5. *Machines outils.* — Médailles d'argent : Schmerber, Togolsheim, pour son marteau-pilon avec garnitures en caoutchouc ; Perrin, Paris, pour la scie continue, la machine à mortaiser et la machine à faire les moulures ; Dauphin et Fabriès, Nantes, pour leur machine à faire les cercles coniques ; Cochard, Paris, pour une belle collection d'outils, machines-outils et engrenages gradués ; Leroy, Nantes, pour son tour d'amateur à guillocher le bois et le cuivre ; Bouhey, Paris, pour sa collection de machines à raboter et à percer.

6. *Grues et machines à peser.* — Médailles d'argent :

Parent et Schaken, Oullins, pour leur grue roulante de 6000 kilog.; Fauconnier, Paris, pour une grue de bonne disposition ; Dayre-Niéto, Nantes, pour une collection perfectionnée de bascules et machines à peser.

7. *Moulins et machines agricoles.* — Médailles d'argent : Brisson, Orléans, pour ses moulins à meule inférieure mobile ; Perrigault, Rennes, pour son appareil d'aération graduée des meules.

CINQUIÈME CLASSE. — MÉCANIQUE SPÉCIALE ET MATÉRIEL DES CHEMINS DE FER ET AUTRES MODES DE TRANSPORT. — 8. *Matériel des chemins de fer.* — Médaille : Suc, Paris, pour un wagon de terrassements bien disposé pour verser de deux côtés.

9. *Carrosserie.* — Médaille d'or : Bras, Nantes, pour sa bonne et très-belle carrosserie.— Médailles d'argent : Vᵉ Bretonnière, Nantes, pour sa bonne et belle carrosserie ; Brunellière aîné, Nantes, pour sa bonne et belle carrosserie.

Essieux à patentes, harnais, colliers, équipements, etc. — Médaille d'or : Tessier, Nantes, pour son essieu à double patente dit essieu ingrippable.

SIXIÈME CLASSE. — MÉCANIQUE SPÉCIALE ET MATÉRIEL DES ATELIERS INDUSTRIELS. — 12. *Industrie des sucres.* — Diplôme d'honneur : Vᵉ de Coster, Paris, pour sa turbine et son palier graisseur. — Médaille d'or : Legal, Nantes, pour son magnifique appareil à cuire dans le vide. — Médaille d'argent : Danchot, Etampes, pour son granulateur à noir de raffinerie.

13. *Industrie des peaux.* — Médailles d'argent : Jarlot, pour sa machine à préparer le tan, exposée par M. Damourette; Landrin, Nantes, pour ses courroies et ses tuyaux soudés de qualité supérieure.

14. *Industrie des papiers.* — Médaille d'argent : Alauzet, Paris, pour deux belles presses typographiques perfectionnées.

15. *Industrie des pâtes.* — Médailles d'argent : Patrouilleau, Bordeaux, pour sa machine à fabriquer le biscuit

de mer ; Boland, Paris, pour son pétrisseur adopté par les manutentions militaires.

16. *Industrie des eaux gazeuses, chocolats, dragées, etc.* — Médaille d'argent : Hermann, Lachapelle et Glover, Paris, pour leurs machines à préparer l'eau de seltz et à la mettre en bouteilles.

18. *Pompes.* — Médailles d'argent : Flaud, Paris, pour ses belles pompes à incendie ; Malo et Belleville, pour leurs pompes rotatives de système Gowin ; Galpin, Nantes, pompes inengageables.

19. *Briques, drains, ardoises, plâtres.* — Médaille d'or : Jarlot, pour sa belle machine à fabriquer les briquettes de charbon. — Médailles d'argent : Jardin, Paris, pour sa machine à fabriquer les briques laminées ; Breton, Tours, pour sa collection d'appareils à briques, et notamment pour son malaxeur épurateur.

20. *Machines à coudre.* — Médailles d'argent : Callebaut, Paris, pour une fabrication considérable de machines bonnes, solides, mais d'un prix élevé ; Journaux-Leblond, Paris, pour une fabrication étendue de machines variées, à prix réduit.

21. *Machines diverses.* — Médaille d'argent : Lemercier, Paris, pour sa machine à visser la chaussure.

SEPTIÈME CLASSE. — MÉCANIQUE SPÉCIALE ET MATÉRIEL DES MANUFACTURES DE TISSUS. — **22.** *Machines diverses.* — Médailles d'argent : Ryo-Calteau, Roubaix, pour sa machine à doubler les fils ; Chenantais, Loches, pour sa machine à filer les poils de veau ; Caplain, Rouen, pour sa tondeuse et sa métreuse plieuse.

TROISIÈME GROUPE.

Médaille d'honneur donnée par S. M. l'Impératrice : Suzer, Nantes, très belle fabrication de cuirs à semelles et corroieries.

HUITIÈME CLASSE. — ARTS DE PRÉCISION; ENSEIGNEMENT. — 1ʳᵉ Section. — *Horlogerie de précision pour la marine.* — Diplôme d'honneur : Vinnerl, Paris, pour chronomètres. — Médaille d'or : Dumas, Paris, pour chronomètres.

Grosse Horlogerie pour l'usage civil. — Diplômes d'honneur : Detouches, Paris, pour l'ensemble de son exposition ; Gourdin Mayet (Sarthe), pour l'horloge de la ville de Nantes. — Médailles d'argent : Hiet, Nantes, belles horloges à prix modérés et à modifications nouvelles ; Girard, Tiffauges, Bonne confection de ses horloges.

Horlogerie de luxe. — Médaille d'argent : Anquetins Paris, cadrans mobiles pour pendules et montres.

4e section. — *Instruments de géodésie.* — Médaille d'argent : Gillet, Napoléon-Vendée, clymographe.

5e section. — *Enseignement.* — Médailles d'argent : Achille Comte, Nantes, planches murales pour l'enseignement de l'histoire naturelle ; Duvignau, Paris, céci-règle ; Blondel, Nantes, méthode de dessin.

NEUVIÈME CLASSE. — APPLICATION DE LA CHALEUR, DE L'ÉLECTRECITÉ, DE LA LUMIÈRE. — 1re section. — *Applications de la chaleur.* — 1° *Fourneaux pour grands établissements.* — Diplôme d'honneur : Rocher, Nantes, cuisine distillatoire pour la marine. — Médailles d'argent : Jusseaume, Nantes, exposition très remarquable d'appareils de chauffage, baignoires, lessiveuses, etc. ; Joniaux frères, Laval, fourneau pour grand établissement.

2° *Fourneaux pour cuisines.* — Médaille d'argent : Boutier et Ce, Lyon, poêles, calorifères et fourneaux de cuisine bien construits.

Cheminées pour salons. — Médaille d'argent : Loupe, Paris, cheminées calorifères de luxe.

Calorifères pour serres — Médaille d'argent : Gervais et Ce, Paris, chauffage des serres par circulation d'eau chaude.

Chauffage des bains — Médaille d'argent : Legal, Nantes, baignoire chauffée au gaz.

Blanchisseuses — Médaille d'argent : Bouillon-Muller, Paris, belle exposition de chauffe-linge, séchoirs, etc.

Fourneaux pour lingères. — Médaille d'argent : Chambon-Lacroisade, Paris, fourneaux très-remarquables.

Applications de l'électricité. — Médailles d'argent : Serrin, Paris, régulateur automatique pour lumière électrique ; Loiseau, Paris, belle fabrication d'instruments de physique et régulateur nouveau ; Gaiffe, Paris, appareils électro-médicaux ; Callaud, Nantes, nouvelles piles sans diaphragme ; remontoir électrique.

Applications de la lumière. — Médailles d'argent : Delaporte, Nantes, illuminations nouvelles de jets d'eau ; Marmet, Nevers, lampe à schiste perfectionnée.

DIXIÈME CLASSE. — 1re Section. — *Produits chimiques.* — 1° *Produits industriels dérivés des substances minérales et végétales.* — Diplômes d'honneur : Kuhlmann et Ce, Lille, grande et belle fabrication de produits chimiques ; Tissier aîné et fils, Le Conquet, produits retirés des varechs. — Médaille d'argent : Paisant, Pont-l'Abbé, produits retirés des varechs ; Carof et Ce, Ploudalmezean, produits retirés des varechs ; Lutton, Lolliot et Ce, Neuvy-sur-Loire, produits de la distillation du bois ; Chevallier, le Mans, sel de magnésie tiré des eaux mères des marais salants de la Méditerranée ; Mallet, Paris, sels ammoniacaux tirés des résidus du gaz de l'éclairage ; Desesprïngalle, Lille, produit dérivé de l'alcool de betteraves et du goudron ; sel de cadmium.

2° *Produits industriels dérivés des substances animales.* — Diplôme d'honneur : Coignet père et fils, Lyon, produits tirés des os. — Médailles d'argent : D'Enfer frères, Paris, gélatines très-remarquables ; Bocquet et Ce, Lotteville-lès-Rouen, gélatines très-remarquables ; Pilon père, Perthuy et Ce, Nantes, noirs pour raffinerie ; Derrien, Nantes, noirs pour raffinerie.

2me Section. — *Corps gras, allumettes, huiles, savons, enduits.* — Médaille d'or : Sepette, Lourmand et Ce, Nantes, savons rivalisant avec ceux de Marseille. — Médailles d'argent : Cusimberche et Ce, Paris, belle fabrication de stéarine et de savons d'oléine ; Thibault frères, Nantes, belle fabrication de bougies et chandelles ; Letarouilly et Ce, Rennes, belle blanchisserie de cire ; Coignet frères, Lyon, allumettes hygiéniques ;

Toyon et Delpit, Nantes, importante fabrication d'allumettes ; Robert-Galland, Dieppe, produits tirés des schistes bitumeux ; Pelletreau, Sainte-Hermine, belle fabrication d'huile ; Giraud frères, Grasse, essences pour parfumerie ; Albaret, Angers, bâches et vêtements imperméables ; Desbois-Richard, Angers, bâches pour fonds de bassin et serres ; Lecrosnier, Paris, belle exposition de toiles cirées.

3e section. — *Caoutchouc.* — Médailles d'argent : Rousseau de Lafarge, Persan (Oise), industrie du caoutchouc ; Maurel, Paris, vêtements en caoutchouc.

4me section. — *Cuirs.* — Diplômes d'honneur : Nys et Cie, Paris, cuirs vernis pour chaussures et sellerie ; Suzer, Nantes, bonne fabrication de ses cuirs à semelle et corroierie. — Médailles d'or : Leroux et Bastard, Rennes, cuirs à semelle ; Herbert, Nantes, cuirs jusés ; Vincent, Nantes, veaux cirés et tiges de bottes. — Médailles d'argent : Gallien, Lonjumeau, cuirs jusés et cuirs lissés ; Pinault-Brizon, Rennes, cuirs jusés et cuirs lissés ; Desbois, Nantes, cuirs jusés ; Latouche-Roger, Avranches, cuirs en croute ; Rivron, Nantes, cuirs à semelles et étraves, corroierie ; Giton, Rouillard, Damourette et Cie, Nantes, veaux cirés ; Raux, Nantes, cuirs pour sellerie, hongroierie et corroierie ; Douaud et Boutin, Nantes, veaux et moutons chamoisés de couleur ; Les fils Coppin jeune, Douai, cuirs pour filature ; Jacqz et Bunel, Paris, cuirs vernis pour sellerie.

5me section. — *Papiers et Cartons.* — Médailles d'argent : Tonnellier et Cie, La Flèche, belle fabrication de papiers ; Girard frères, Tiffauges, belle fabrication de papiers ; Ve Blanchard, Cugand (Vendée), belle fabrication de papiers ; Meyer, Cussel, papier de foin.

6me section. — *Teintures.* — Médaille d'or : Delamotte et Faille, Rheims. Etoffes teintes très-remarquables. — Médailles d'argent : Perraud et Martin, Nantes. Très-belle teinture de laines ; Philippe Schlumberger, Mulhouse. Très-belle teintures de laines.

7me section. — *Couleurs et encres.* — Médailles d'argent : Gauthier-Bouchard, Paris. Couleurs minérales et céruse ; Grignon, Nantes. Bois de teinture.

***

ONZIÈME CLASSE. — COMESTIBLES. — 1re section. — *Farines, biscuits, pâtes alimentaires, farines étuvées, biscuits de mer.* — Médaille d'argent : Thébaud, frères, Nantes, farines étuvées et principalement biscuits de mer. — *Pâtes alimentaires et vermicelles.* — Médaille d'argent : Actionnaires des moulins, Alby, pâtes et vermicelles. — *Riz décortiqué, orge perlée.* — Médaille d'argent : Levêque, Louis, Nantes. Décortication et nettoyage du riz. — *Amidons et fécules.* — Médailles d'argent : Morel, Saint-Denis, amidon aiguillé, grillé, gommeline ; Plauque, Pont-Saint-Maxence, fécule et carton de résidus.

2me section. — *Sucres et alcools.* — Médailles d'or : Etienne, Nantes, sucres raffinés ; Gouté-Massion, Nantes, sucres raffinés ; Nicolas-Cézard, Nantes, sucres raffinés ; Son Altesse Impériale la princesse Bacciochi, Teulan, alcool et eau-de-vie de pommes, grande exploitation agricole. — Médailles d'argent : Corenwinde, Quesnoy-sur-Deule. Sucre de betteraves, alcool, potasse ; Cossé-Duval, Nantes. Sucre candi, Gautier, Saffré. Alcool et eau-de-vie de betteraves.

3e Section. — *Vins, eaux-de-vie, bières, cidre, vinaigres.* — M. Prély, exposant, membre du jury, hors de concours, Nantes. Amélioration des vins muscadets de Vertou, par procédé alcoolique. — *Vins du vignoble nantais.* — Médaille d'or : Caillaud, Nantes, qualité de ses vins et propagation de nombreux cépages étrangers. — Médaille d'argent : Boistaaux, Gorges, muscadet de 1857. — *Vins de Bourgeuil et de Restigné.* — Médaille d'argent : Richer Richard, Restigné, vins rouges de 1857, 1846, 1834, 1825. — *Vins de Champagne.* — Médaille d'argent : Gibert Gustave, Rheims, vins d'Aï et Grand-Treman. — *Vins champanisés.* — Médaille d'argent : Fournier et Ce, Tours, vins ndiqués 2e et 3e qualités. — *Vins rouges de Bordeaux, de Bourgogne, du Rhône, etc.* — Médailles d'argent : Baron-Sarget, Bordeaux, vins de Larose, 2e grand crû, 1851, 1846 ; Chauvot-Labaumé, Meursault, vins de l'Omard, Chambertin 1858 et Meursault blanc. — *Eaux-de-vie, rhum, bitter.* — Médailles d'argent : Rochard et Boulleteau, Cognac, eau de vie fine Champagne 1860, 1840 ; Duroux, Châteauneuf (Charente), eaux-de-vie de Charente 1858, 1825, et liqueurs à l'eau-de-vie ; Rousseau, Martinique, rhum vieux et tafia. — *Vinaigres de Nantes.* — Médailles d'argent : Rigault, Orléans, maison à Nantes, vinaigre de fabrication nantaise, vieux et nouveau ; Toublanc, Nantes, vinaigre à 27 et 32 divisions. — *Vinaigres d'Orléans et autres.* — Médaille d'argent : Lacaze fils, Orléans, vinaigre d'Orléans.

4e Section. — *Conserves alimentaires.* — Médaille d'or : Philippe et Canaud, Nantes, conserves. — Médailles d'argent : Blon, Nantes, conserves ; Cornillier et Chauveau, Nantes, salaisons ; Aubelle-Menneval, Dijon, salaisons.

5e Section. — *Chocolats.* — Médailles d'argent : Poulain, Blois, très bonne fabrication ; Lherminier, Paris, très bonne fabrication.

6e Section. — *Confiseries.* — Médailles d'argent : Auvray, Orléans, confiserie et cotignac ; Cosnard, Bordeaux, fruits au sirop.

7e Section. — *Liqueurs.* — Médailles d'argent : Saintoin, Orléans, curaçao ; Combier, Saumur, Raspail ; Tarbe et Guillot, Bordeaux, anisette et crême de thé ; Gaudais, Nantes, marasquin et vanille ; Paradis, Nantes, curaçao et crême de cacao ; Tesson, Pantin, vermouth.

QUATRIÈME GROUPE.

DOUZIÈME CLASSE. — HYGIÈNE, PHARMACIE, MÉDECINE, CHIRURGIE. — § 2. *Pharmacie.* — Médailles d'argent : Duchesne, Nantes, chocolats médicamenteux ; Cormerais, Nantes, produits pharmaceutiques ; Marquet, La Rochelle, huile de foie de squale et raie.

§ 4. *Chirurgie.* — Diplôme d'honneur : Préterre, Paris, restaurations buccales, et appareils prothétiques exécutés pour les malades des hôpitaux et les blessés des armées. — Médaille d'or : Miquel et Plassan, Tours, bandage sans ressort et lit pour malades.

TREIZIÈME CLASSE. — § 1ᵉʳ. *Marine et art mili-taire.* — Diplôme d'honneur : Gouin et Cᵉ, Nantes, charpente et modèles de navires. — Médailles d'argent : Dabigeon, Nantes, modèle de navire ; Van-de-Zande, Dunkerque, modèle de navires ; David, Havre, cabestan ; Hardoy, Saint-Esprit (Bayonne), guindeau à quadruple effet ; La Hure, le Havre, bateau de sauvetage ; Brouard, le Havre, système diminue-voile ; Galpin., Nantes, pompes de navire ; Gouëzel, Belle-Ile, balisage. Conduite baromètrique ; Murié, Nantes, cordages.

QUATORZIÈME CLASSE. — *Constructions civiles.* — Médaille d'argent : Joret, Paris, ponts et passerelles en fers spéciaux.

Serrurerie d'art et autre. — Diplôme d'honneur : Baudrit, Paris, serrurerie monumentale et en tout genre. — Médailles d'argent : Hubert, Nantes, serrurerie artistique ; Bouhour, Nantes, serrurerie artistique ; Isambert, Paris, serrurerie pour serres.

Ardoisières et ardoises. — Diplôme d'honneur : Larivière, ardoisières d'Angers, industrie d'ardoises de toute sorte. — Médaille d'argent : Maire père et fils, Grand-Auverné, exploitation de carrières d'ardoises.

Bois découpés, moulures à la mécanique et parquets. — Médaille d'argent : Margot et Guibal, Nantes, bois découpés, parquets incrustés.

Robinetterie. — Médaille d'argent : Herdevin, Paris, robinetterie de toute nature.

Tuyaux de conduite. — Médaille d'argent : Zeller et Cᵒ, Ollwiller, tuyaux en terre cuite.

Chaux et ciments. — Médaille d'argent : Guignard et Cᵉ, Ile-de-Ré, ciment romain.

Inventions et industries diverses. — Médailles d'argent : Balan, Courbevoie, chemin de fer aérien pour transport de déblais ; Coignet, Paris, travaux en béton aggloméré.

CINQUIÈME GROUPE.

QUINZIÈME CLASSE. — Industrie des aciers bruts et ouvrés. — *Fabrications des aciers.* — Médailles d'argent : Tournier et C°, Rives (Isère), fabrication des aciers. — *Ressorts.* — Médaille d'argent : Passedoit, Fontevrault, ressorts de carrosserie.

Outils d'acier. — *Limes.* — Médailles d'argent : Mangin, Paris ; Boulland, Paris. — *Outils de menuiserie.* — Médaille d'argent : Abeillon, Toulouse. — *Sécateurs.* — Médaille d'argent : Aubert, Nozay.

Divers outils. — Médaille d'argent : Cochard, Paris, outils de précision très remarquables.

Menus objets. — Médaille d'or : Taillefer et C°, l'aigle, aiguilles, épingles. — Médaille d'argent : Monchicourt, Paris, plumes métalliques.

SEIZIÈME CLASSE. — Fabrication des ouvrages en métaux d'un travail ordinaire. — 1re Section. — Médaille d'or : Durenne, Paris, fonte de fer de 2e fusion. — Médaille d'argent : Guillaume-Besson, Angers, cloches et mode de suspension.

2e Section. — Diplômes d'honneur : Estivant frères, Givet, tuyaux en cuivre martelé ; Gandillot frères, Paris, tuyaux en fer. — Médaille d'argent : Weiller, tissus métalliques.

3e Section. — *Chaudronnerie et élaboration diverses des feuilles de métaux.* — Médaille d'argent : Boucher-Fumay (Ardennes), fonte hygénique argentine ; Ergot fils, Paris, appareils distillatoires.

5e Section. — *Petite serrurerie et quincaillerie.* — Médaille d'argent : Delarue et Grangoir, Paris, coffres-forts ; Petit, Mroyes, serrurerie et cuivrerie.

6e Section. — *Elaboration du plomb.* — Médaille d'honneur de l'Impératrice : Sébille, Nantes, tuyaux en plomb étamés.

7e Section. — *Elaboration de l'étain.* — Médaille d'or : Lepan, Lille, tuyaux d'étain étirés. — Médaille d'argent : Massière, Paris, étain en feuilles.

8ᵉ Section. — *Articles divers.* — Médailles d'argent : Enfer et fils, Paris, instruments de forge.

DIX-SEPTIÈME CLASSE. — Orfévrerie, bijouterie, industrie des bronzes d'art. — Iʳᵉ Section. — *Orfévrerie.* — Diplôme d'honneur : Cristofle, Paris, argenterie galvano-plastique. — Médaille d'argent : Turquet, Paris, orfévrerie de table.

2ᵉ Section. — *Bijouterie.* — Médaille d'argent : Coffignon frères, Paris, bijouterie et joaillerie.

3ᵉ Section. — *Bronzes d'art.* — Médailles d'or : Charpentier, Paris, bronzes d'art ; Poilleux, Paris, bronzes d'art. — Médailles d'argent : Galopin, Paris, lampes en bronze et porcelaine ; Gonon, Nantes, fonte en bronze d'un seul jet ; Morisot, Paris, feux de cheminée.

DIX-HUITIÈME CLASSE. — Industrie de la verrerie et de la céramique. — 1ʳᵉ Section. — *Procédés généraux.* — Médaille d'argent : Lacroix, Paris, préparation des couleurs.

2ᵉ Section. — *Verre à vitres et à glaces.* — Diplôme d'honneur : manufacture de St-Gobain (Aisne), glaces et dalles en verre. — Médaille d'or : Drion, Patoux, Quérité et Cie, Aniche, glaces. — Médailles d'argent : Richarme, Rive-de Giers et Valence, verre à vitres et bouteilles ; Delhaye, Aniche, verre à vitre.

4ᵉ Section. — *Poterie, grès.* — Médailles d'argent : Deyeux, Liancourt, creusets et cornues ; Bossot, Cirey, grands vases en grès ; Pajot, Saône-et-Loire, vases en grès.

6ᵉ Section. — *Faïences.* — Médailles d'argent : Derivas, Nantes, poteries usuelles à très bas prix ; Lyons, Nevers, faïences usuelles et de luxe ; Signoret, Nevers, belles faïences.

7ᵉ Section. — *Porcelaines.* — Médailles d'or : Sindicat de Limoges ; Gilles, Paris, bisuit de porcelaine. — Médailles d'argent : Nappel, Nevers, porcelaine à feu et de table ; Gosse, Bayeux, porcelaine à feu et de table ; Létu et Mauger, Ile-Adam, biscuit de porcelaine.

8me section. — *Objets de céramique et verrerie ayant spécialement une valeur artistique.* — Médailles d'or : Devers, Paris, faïences variées ; Avisseau, Tours, poterie émaillée. — Médailles d'argent : Jean, Paris, bel emploi de l'émail ; Laurin, Bourg-la-Reine ; Echappé, Nantes, peinture sur verre ; Denis, Nantes, peinture sur verre ; De Monestrol, Paris, pierres artificielles.

SIXIÈME GROUPE.

MANUFACTURE DES TISSUS.

DIX-NEUVIÈME CLASSE. — INDUSTRIE DES COTONS. — Diplôme d'honneur : Chambre consultative de la fabrique de Cholet, Cholet, filature et tissage. — Médailles d'or : Humbert, Gamaches (Somme), filature de coton, belle qualité des produits ; Bureau jeune, Nantes, bonne filature, supériorité dans la fabrication des futaines. — Médailles d'argent : Duret, Brionne (Eure), beaux produits en filature de chaînes continues et mull-jenny ; Charles Bulan et C°, Amiens, velours de coton ; Colombier frères, Saint-Quentin, belle fabrication de piqués et couvertures ; Casimir Moreau, Evreux, coutils excellents ; Bernier frères, La Ferté-Macé (Orne), coutils, fabrication régulière, prix bien établis ; A. Ancel, Sainte-Marie (Haut-Rhin), Madras, beauté du tissage et des dispositions.

VINGTIÈME CLASSE. — INDUSTRIES DES LAINES. — Diplôme d'honneur : Adrien Lenormand, Vire (Calvados, draperies, nouveautés et surtout les velours. — Médailles d'or : Fournet et Duchesne, Lisieux, belle et bonne draperie, prix très avantageux ; Delacour et Poulet, Paris, étoffes de crin pour ameublement. — Médailles d'argent : Leduc, Nantes, création à Nantes d'une filature de laines peignées, filées d'une régularité parfaite ; Perraud et Martin, Nantes, laines filées et teintes, soins particuliers dans le choix des matières ; Honoré, Gohin, draperie bien dégraissée, bonne nuance, prix très doux ; Méry Samson et Fleuriot, Lisieux, draperie, velours articulés, bonne fabrication et prix avantageux ; V° Bordeaux et Fournet, Lisieux, initiative pour la création des nouveautés en draperie ; Juhel Demars, Vire, draperie, castor, nouveautés, prix convenables ; V⁰ Laporte et fils, Limoges, drap dit cuir-laine bien fait, solide et de très bas prix ; Lacambre, Rheims, reps tout laine, fabrication supérieure ; Robert-Galland, Rheims, mérinos, spécimen de l'excellente fabrication de cette ville ; Justin Willamy frères, Paris, laine filée pour passementerie et tissus divers.

VINGT UNIÈME CLASSE. — INDUSTRIES DES SOIES. — Diplôme d'honneur : Pillet Mauzé et fils, Tours, étoffes de soie damassées pour ameublement. Très belle exposition, maintenant la réputation bien acquise de cette maison. — Médailles d'argent : Hermann aîné, Thann (Haut-Rhin), soieries et velours ; introduction par cette maison de l'industrie des soies dans son département ; articles appréciés pour leurs qualités et leurs prix ; Jules Gasse, Tours, pour l'ensemble de son exposition de soies à coudre ; Col et Lefranc, Amiens, filature de déchets de soie, très-bons produits.

VINGT-DEUXIÈME CLASSE. — INDUSTRIE DES LINS ET CHANVRE. — Médaille d'honneur de l'Impératrice : Joubert-Bonnaire, Angers, progrès dans la filature, dans la fabrication des toiles pour la marine. Introduction des métiers mécaniques au tissage des toiles à voiles. — Médailles d'or : L. Cornilleau aîné et Cⁱᵉ, fabrication remarquable de toile de ménage. Tissage mécanique ; Péan frères, Nantes, produits remarquables surtout dans les fils de pêche. — Médailles d'argent : Victor Pouchain, Armentières (Nord), toiles unies et damassées ; Porteu, Rennes, toiles à voiles, type de bonne fabrication en qualité courante ; Mlle Duchemin, Dinan, filature de chanvre et de lin et toiles pour la marine ; Fournet, Lisieux, toiles cretonnes d'une très bonne fabrication ; Detraux-Bouquillon, Dunkerque, filature de lin, bonnes matières bien filées ; Hacque Ancelin (Oise), toiles de chanvres et articles confectionnés ; Frain Gadais, Vieillévigne, coutils de vêtements.

VINGT-TROISIEME CLASSE. — INDUSTRIE DE LA BONNETERIE, DES TAPIS, DE LA PASSEMENTERIE, DE LA BRODERIE ET DES DENTELLES. — Diplômes d'honneur : Planchon,

Neuilly, tapisserie de Neuilly. Cette fabrique maintient
toujours sa réputation de premier ordre ; Fergusson aîné
et fils, Paris, très importante fabrique de dentelles noires. Nouvelle création par cette maison des dentelles
Lama ; Réquillart, Roussel et Choquel, Paris, pour la
fabrication de leurs magnifiques tapis. — Médailles d'or :
Arnaud Gaidan, Nîmes, étoffes d'ameublement et tapis,
genre Gobelin ; Moirceau, Paris, étoffes d'ameublement.
Produits remarquables. — Médailles d'argent : Dager,
Ménager, Paris, étoffes d'ameublement, tapis, richesse
de dessin ; Pougheol, Caen, bonne fabrication de dentelles ; Jules Hérissé, Plombières, broderies blanches rivalisant avec la Suisse ; Lepelletier père et fils, Paris,
rideaux brodés, bon choix de dessins ; Stelze-Gaudouin
Thouvenin, Nancy, broderies de Nancy. Produits très
appréciés ; Leduc et Charmentier, Nantes, tricots au
métier. Articles bien faits. Importation à Nantes de cette
industrie ; Husson-Labiche, Chartres, bas aux métiers.
Prix bien établis ; Daumézon et Deschamps, Nîmes,
étoffes pour ameublements. Bonne fabrication ; Imbs
frères, Brumath, tapis feutrés et imprimés. Création
nouvelle due aux exposants ; Rey-Chovet, Nantes, passementerie, galons de sellerie et de voitures ; Leseure,
Paris, broderie mécanique en velours, procédé nouveau ;
Blazy frères, Paris, laines, canevas et broderies à l'aiguille.

SEPTIÈME GROUPE.

VINGT-QUATRIÈME CLASSE. — INDUSTRIES CONCER-
NANT L'AMEUBLEMENT ET LA DÉCORATION. — *Meubles de
luxe.* — Médaille d'honneur de S. M. l'Impératrice :
Leglas-Maurice, Nantes, ensemble de son exposition.
— Médailles d'or : Mazaroz et Ribailler, Paris, meu-
bles sculptés ; Sauvrezy, Paris, meubles incrustés. —
Médailles d'argent : Cremer, Paris, table en mosaïque ;
Iffland, Nantes, meubles sculptés ; Lécuyer, Paris, meu-
bles sculptés ; Lecuire, Paris, meubles sculptés ; Gana-
chaud, Nantes, meubles sculptés.

Objets de décoration et d'ameublement en bois, en matières moulées, dorées, laquées, etc., etc. — Médaille d'argent : Gallais, Paris, meubles en laque ; Pibouée, Paris, bois de siéges ; Ganser, Paris, bois de siéges ; Texier, Nantes, glaces et dorures.

Papiers peints, tissus et cuirs préparés pour tentures, stores, etc. — Médaille d'or : Dulud, Paris, cuirs repoussés pour tentures. — Médailles d'argent : Seegers, Paris, papiers peints ; Turquetil et Malzard, Paris, papiers peints.

Peintures en décors, etc., etc. — Médailles d'argent : Magny et Cottais, Nevers, nouveau système de peinture ; Brebar, Lille, peintures au silicate.

Meubles et ornements d'église. — Diplôme d'honneur : De Bay, Paris, ensemble de son exposition. — Médaille d'honneur : Félix et Henry Lemoine, Nantes, ensemble de leur exposition de châsublerie. — Médailles d'argent : Picou, Nantes, ornements d'église ; Peccot et Vannier, Nantes, chaire à prêcher ; Baranger, Nantes, ensemble de son exposition ; Hernot, Lannion, croix et christ en granit ; Potet, Nantes, autel en pierre.

VINGT-CINQUIÈME CLASSE. — CONFECTION DES ARTICLES DE VÊTEMENT, FABRICATION DES OBJETS DE MODE ET DE FANTAISIE. — *Objets de lingerie, corsets, bretelles et jarretières.* — Médailles d'argent : Mmes Camproger et Lemaître, Nantes, lingerie et confections ; Mme Valentin, Nantes, lingerie et confections.

Habits et vêtements accessoires. — Médaille d'argent : Edouard Lévy, Nantes, vêtements confectionnés.

Chaussures, guêtres et gants. — Médaille d'honneur : Suser, Nantes, ensemble de son exposition. — Médaille d'or : Rivron, Nantes, chaussures d'homme. — Médaille d'argent : Pigé et Ce, Nantes, chaussures cousues ; Proust, Nantes, chaussures chevillées ; Pinet, Paris, chaussures pour femmes ; exportation ; Poirier, Châteaubriant, chaussures de chasse.

Chapeaux et coiffures. — Médailles d'argent : Duval, Nantes, chapellerie diverse ; Ve Gué, Nantes, chapeaux vernis.

Ouvrages en cheveux; fleurs artificielles. — Médailles d'argent : Milliat, Nantes, ouvrages en cheveux et postiches ; Hourdin-Perro, Nantes, fleurs et parures ; Baptiste-Blanjot, Paris, fleurs et parures.

Parapluies et cannes. — Médaille d'argent : Sarret-Terrasse, Angers, parapluies et ombrelles.

Pipes, peignes, tabletterie etc. — Médailles d'argent : Leroy, Nantes, objets de tour ; Legarve, Paris, peignes en écaille.

Petits meubles, coffrets, etc. — Médaille d'argent : Gerson et Weber, Paris, petits meubles, articles de Paris.

VINGT-SIXIÈME CLASSE. — DESSIN ET PLASTIQUE APPLIQUÉS A L'INDUSTRIE. — *Lithographie, gravure sur pierre.* — Médaille d'or : Aug. Bry, Paris, lithographie. — Médaille d'argent : Berthiault, Tours, gravures en taille-douce.

Gravure sur métal et sur bois. — Médaille d'argent : Chevallier, Paris, gravure de médailles et de boutons.

Photographie. — Médaille d'argent : Disdéri, Paris, photographies.

Plastique. — Médaille d'argent : Quatrefages et Sauvage, Paris, ivoire sculpté.

Imprimerie. — Diplôme d'honneur : Charpentier, Nantes, ensemble de son exposition ; Curmer, Paris, éditions illustrées ; Hachette, Paris, impressions diverses. — Médailles d'argent : Forest, Nantes, impressions diverses ; Guéraud, Nantes, impressions diverses ; Robuchon, Fontenay-le-Comte, impressions diverses.

VINGT-SEPTIÈME CLASSE. — FABRICATION DES INSTRUMENTS DE MUSIQUE. — *Instruments à vent métalliques.* — Médaille d'or : Gautrot, Paris, instruments en cuivre. — Médaille d'argent : Halary, Paris, instruments en cuivre.

Instruments à vent à clavier. — Diplômes d'honneur : Debain, Paris, harmonium et piano mécanique. — Médaille d'argent : Baudet, Paris, harmonium d'église.

Instruments à cordes, à clavier. — Diplôme d'honneur : Hertz, Paris, pianos. — Médaille d'or (ex æquo) : Martin, Toulouse ; Lété, Nantes, pianos. — Médailles d'argent : Gaveaux, Paris ; Aucher frères, Paris ; Bresler fils, Nantes ; Bresseau, Angers, pianos.

BEAUX-ARTS.

Peinture. — Grand prix d'honneur (partagé) : Paul Baudry, Napoléon-Vendée ; Jean-Léon Gérôme, Vesoul. — Diplômes d'honneur : J.-P.-A. Antigna, Orléans : Félix-Joseph Barrias, Paris ; W.-A. Bouguereau, La Rochelle ; 4. Gustave Courbet, Ornans (Doubs) ; Paul-Alfred de Curzon, Poitiers ; Henri Durand-Brager, Saint-Malo ; Charles Fortin, Paris ; François-Louis Français, Plombières ; Eugène Fromentin, La Rochelle ; Théodore Gudin, Paris ; Auguste Glaize, Montpellier ; Jean-Louis Hamon, Plouha (Côtes-du-Nord) ; Charles Jalabert, Nîmes ; Charles Landelle, Laval ; Evariste Luminais, Nantes ; Jean Portaéls, Vilvorde (Belgique). — Médailles de 1re classe : Gustave Brion, Rothau (Vosges) ; Charles Busson, Montoire (Loire-et-Cher) ; Joseph Caraud, Cluny (Saône-et-Loire) ; J.-F.-C. Clère, Anzin (Nord) ; Elie Delaunay, Nantes ; Théophile Gid, Paris ; Amédée Guérard, Sens ; Alphonse Le Henaff, Guingamp ; François Nazon, Realmont (Tarn). — Médailles de 2e classe : Amédée Baudit, Lyon ; Narcisse Berchère, Étampes ; Francis Blin, Rennes ; Albert Brendel, Berlin (Prusse) ; Emile Breton, Courrières (Pas-de-Calais) ; Armand Cambon, Montauban ; Richard Faxon, Bordeaux ; Dominique Grenet, Joigny (Yonne) ; Henri Harpigny, Valenciennes ; Jules Héreau, Paris ; Gustave Jundt, Strasbourg ; Eugène Lambert, Paris ; H.-F. Lanoue, Versailles ; Alexandre Lauwick, Lille ; J.-E. Lenepveu, Angers ; P.-L. Leray, Couëron (Loire-Inférieure) ; Eugène Leroux, Paris ; G.-L. Marquerie, Paris ; S. A. I. la princesse Mathilde ; J.-A. Mazerolles, Paris ; René Ménard, Paris ; J.-F. Millet, Greville (Manche) ; Edouard Moyse, Paris ;

Jules Noël, Quimper; Alphonse Oury, Versailles; Isidore Patrois, Noyers (Yonne) ; Charles Ronot, Châtillon-sur-Seine ; Charles Saint-Marcel, Paris ; Louis Schutzenberger, Strasbourg ; Paul Soyer, Paris ; Léopold Tabar, Paris.

Sculpture. — Diplômes d'honneur : J. B. Carpeau, Valenciennes ; Jean Debay, Nantes ; Gabriel-Jules Thomas, Paris. — Médaille de 1re classe : Jean Vallette, Auray-le-Vieil (Cher). — Médailles de 2e classe : Eugène Gonon, Paris ; V.-E -G. Goitton, Napoléon-Vendée ; Mme Lefèvre-Deumier, Argentan.

Gravure et dessin. — Diplômes d'honneur : Léon Gaucherel, Paris ; Vincent Vidal, Carcassonne.

Architecture. — Médaille de 1re classe : Achille Joyau, Nantes. — Médaille de 2e classe : Louis-Jean Prével, Nantes.

NOTA. — Comme membres de la Commission de l'Exposition des Beaux Arts, MM. les artistes et amateurs dont les noms suivent se sont spontanément déclarés hors de concours : MM. Bournichon, E. Chérot, Coutan, Grootaers, Marioneau, Mérot du Barré, Amédée Ménard, Palvadeau, Henri Picou, Roques, Sotta, Testé, Félix Thomas, Toulmouche, baron de Wismes.

HORTICULTURE.

Médaille d'or envoyée par S. M. l'Impératrice, pour être attribuée en prix d'honneur à la 3e division de l'Exposition nationale de Nantes, 9e groupe, Horticulture.

Le jury dudit groupe, dans sa séance du 21 octobre, sous la présidence de M. Couprie, membre du Comité d'action de l'Exposition et président de la Société nantaise d'Horticulture, après mûre délibération, a décidé que cette insigne récompense serait donnée au jardinier qui, dans la période des cinq dernières années, aurait remporté le plus grand nombre de prix dans les divers concours ouverts par ladite Société, section des maraîchers. Après dépouillement des procès-verbaux des expositions faites par les soins de la Société nantaise d'Horticulture, pendant le laps de temps prescrit, il a été décidé que la médaille d'honneur serait attribuée au sieur Julien Douillard, jardinier-maraîcher, rue des Hauts-Pavés, à Nantes.

1° *Floriculture et Bouquets*. — Médaille d'or : M. Jules Ménoreau, praticien, Nantes. — Médailles d'argent : M. Lalande jeune, Nantes ; MM. J. Biton père et fils, Nantes ; M. Loise, Paris ; M. Schnelle, amateur, Nantes ; M. Herbelin, amateur, Nantes ; M. Berthelot, amateur, Nantes ; M. Armange, Nantes.

2° 5ᵐᵉ section. — *Fruits et Légumes*. — Exposition des 21, 22 et 23 septembre. — Diplôme d'honneur : Comice agricole de Maine-et-Loire. — Médailles d'argent : Mme veuve Diard et fils, praticien, Nantes ; M. Mabit, Nantes ; M. Bot, à la Civelière, Nantes ; MM. Robet et Moreau, Angers ; M. Jallais, Nantes ; M. David, rue des Hauts-Pavés, Nantes ; M. le docteur Deluen, amateur, Nantes.

4° *Encouragement aux travailleurs de l'Horticulture*. — Médailles données par S. M. l'Impératrice : M. Pierre Souchet, Vendée.

5° *Ouvrages nouveaux et utiles sur l'Horticulture*. — Art. 5, page 49 du Règlement. — Médaille d'argent : M. Boncenne, juge au Tribunal de Fontenay.

6° *Prix pour la propagation des connaissances horticoles par les Instituteurs communaux*. — (Règlement, page 53). — Médailles d'argent : Le Simple, La-Haie-Fouassière ; Bioret, Cordemais ; Moreau, Crossac ; Huart, Donges.

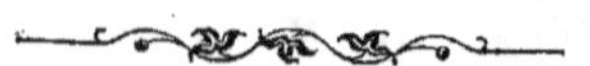

MÉDAILLES

ACCORDÉES AUX COOPÉRATEURS ET OUVRIERS
PAR S. M. L'IMPÉRATRICE.

PREMIER GROUPE.

Médailles d'argent : Ménoret, maître mineur aux mines de Montrelais ; Petit, contre-maître depuis 1832, d'abord chez M. Alliot, puis chez MM. Renaud et Lotz, successeurs ; Jean Poisbeau, contre-maître depuis 32 ans aux forges de Basse-Indre.

DEUXIÈME GROUPE.

Médailles d'argent : Montauban, directeur de l'usine Gâche ; Caudal, contre-maître chez M. Bras ; Guionneau père, contre-maître de l'usine Voruz ; Jules Freylon, contre-maître de l'usine Legal.

TROISIÈME GROUPE.

Médailles d'argent : Louis Bouineau, contre-maître de la raffinerie de M. Etienne ; Chauvin, contre-maître de la raffinerie de MM. Gouté et Massion-Rozier ; Pierre Flon, chef de cuisine chez MM. Philippe et Canaud ; Baldeyroux, contre-maître de la tannerie de M. Suser.

QUATRIÈME GROUPE.

Médailles d'argent : Deshayes, contre-maître, constructions de navires de MM. Edouard Gouin et Guibert ; Charles Brébion, chez M. Murié, cordier ; Bernier, contre-maître de M. Dubigeon.

CINQUIÈME GROUPE.

Médailles d'argent : Elie, peintre sur verre, chef d'atelier chez M Denis, Nantes ; Benoît, dessinateur chez

M. Charpentier, Nantes ; Broëcks, chef d'atelier des orfèvres chez M. Christofle, Paris ; Lefèvre, contre-maître
chez M. Passedoit, Fontevrault.

SIXIÈME GROUPE.

Médailles d'argent : Onésime Godineau, contre-maître
chez MM. Montel frères à Cholet ; Gaspard Gaillard, chez
M. Leduc, Nantes ; Alfred Raymondière, chez M. L. Chérot et Cᵉ ; Emile Savary, chez M. Lenormand, Vire ;
Turpin, chez MM. Fournet et Duchesne, Lisieux.

SEPTIÈME GROUPE.

Médailles d'argent : Edouard Langlais, contre-maître
de tapisserie chez M. Leglas ; Mlle Joséphine Guérin,
employée chez MM. Lemoine frères ; Verger, contre-
maître sculpteur chez M. Leglas ; Bousquet, sculpteur,
Nantes.

NEUVIÈME GROUPE.

Médaille d'argent : Pierre Soucher, jardinier depuis
41 ans chez M. Desmouches, à la Cacautière près Pou-
zauges (Vendée).

EXPOSITION

NATIONALE

DE NANTES.

I.

GÉNÉRALITÉS.

L'Exposition nationale de Nantes est ouverte depuis le 15 juillet.

Son inauguration avait subi un retard de quelques jours. L'abondance des produits adressés par les exposants, cette accumulation considérable qui a dépassé toutes les prévisions et qui éclipse les résultats obtenus jusqu'à ce jour par les Expositions des autres villes de province, ne pouvaient trouver de point de comparaison que dans les grandes exhibitions ouvertes en 1852 et en 1855, dans les métropoles de l'Angleterre et de la France.

Aussi les galeries nantaises offrent-elles un ensemble exceptionnel de tout ce que les industries nationales ont créé de plus remarquable dans ces derniers temps. Toutes les formes du travail y sont représentées, depuis les fabrications des objets de luxe jusqu'à celles des objets de première nécessité , et des ustensiles usuels.

L'industrie de luxe, qui y a envoyé de si magnifiques spécimens , éblouit les yeux et n'a qu'à se montrer pour attirer l'attention et entraîner les suffrages. Elle a son mérite , sans doute , surtout lorsqu'elle sait allier la richesse de la matière au fini artistique du travail qui en double le prix.

Mais l'industrie à *bon marché*, l'industrie qui s'ingénie à livrer à la consommation les meubles les plus nécessaires, aux prix les plus réduits, n'est pas plus à dédaigner, et le jury de l'Exposition nantaise l'a si bien compris qu'il a accueilli avec empressement les trop rares produits qu'elle lui a présentés.

Quand Fox, le premier ministre de l'Angleterre, visita l'Exposition que le Premier Consul ouvrit dans le court intervalle de la paix d'Amiens, ce ne sont pas les riches tapisseries des Gobelins, les cachemires, les merveilles de l'orfèvrerie française qui n'a pas de rivale, ni les soieries de Lyon, qui le frappèrent d'admiration ; ce sont, dit lui-même l'illustre homme d'Etat, ces petits couteaux que l'on appelle Eustaches et qui ne se vendent que deux sous la pièce.

Sans doute Fox exagérait ; mais sa vive et ingénieuse saillie n'était que la traduction du bon sens industriel. Il proclamait sous une forme un peu sarcastique peut-être une grande vérité économique : c'est qu'il ne faut pas décider de la valeur et de l'importance d'une industrie par l'éclat de ses produits ; que son plus grand mérite est de pourvoir, au meilleur marché possible, aux besoins de la plus grande masse de consommateurs.

L'Exposition de Nantes, comme toutes les exhibitions

qui l'ont précédée et comme toutes celles qui la suivront sans doute, n'offre peut-être pas à l'observation ce côté pratique avec assez de développement. Hâtons-nous de dire que le tort n'en est pas aux citoyens intelligents et dévoués qui l'ont organisée, mais qu'il doit être bien plutôt reproché aux industriels eux-mêmes.

Qu'arrive-t-il, en effet, lorsqu'une Exposition, petite ou grande, est annoncée ?

Beaucoup d'industriels se mettent en tête qu'ils ne doivent exposer que des produits en dehors de leur fabrication habituelle. Ils ne se figurent pas qu'une exposition n'est autre chose que la représentation du travail ordinaire de l'usine, la fidèle image des produits de chaque jour.

C'est là une erreur dont quelques-uns sentiront les conséquences. Ils verront, et le jury le leur démontrera, qu'il ne suffit pas de produire des choses merveilleuses mais invendables, des objets qui coûtent plus au fabricant que leur valeur marchande, et qui le conduiraient rapidement à la ruine s'il s'obstinait à les fabriquer.

Ce n'est pas à ces produits de serre chaude que les récompenses promises peuvent être décernées. Ils montrent un mauvais exemple qu'on est trop enclin à imiter, et ils sont dignes d'un blâme sévère de la part d'un jury consciencieux, éclairé et qui tient à éclairer et les industriels et le public.

Le jury nantais ne faillira pas à cette mission.

On l'a dit avant nous, et nous ne saurions le redire en meilleurs termes : c'est un magnifique spectacle que celui de l'Industrie ! Tout mêler ou tout diviser ; fondre et assouplir les métaux les plus durs, les étirer, les laminer, les comprimer, les polir et les tordre ; tourmenter de mille façons diverses le lin , le coton , la soie et la laine ; les filer, les tondre, les peigner , les carder, les tisser ; disposer souverainement des affinités chimiques ; les troubler , les éteindre , ou bien les exciter et les agrandir ; créer des milliers de combinaisons nouvelles que la nature elle-même semblait avoir oubliées dans sa fécondité infinie : tout cela est grand et merveilleux , tout cela donne à l'homme un juste orgueil, une haute idée du génie humain !

Les jurys composés d'hommes spéciaux , érudits , familiarisés , par leurs études particulières , avec les secrets des fabrications , éprouvent parfois des difficultés dans l'examen et le classement par ordre de mérite des spécimens qui leur sont soumis.

Que sera-ce donc pour le chroniqueur isolé, pour nous qui, par devoir, sommes aujourd'hui forcé d'entretenir le public de cette multiplicité de combinaisons qui , dans un concours comme celui de Nantes , est bien de nature à faire le désespoir d'hommes plus résolus et plus compétents.

Comment juger du mérite relatif de tant d'objets divers ? quel point de comparaison choisirons-nous ? quelle mesure commune ? quelle subordination , quelle hiérarchie entre tant de travaux, tous précieux, tous honorables ? A quelle échelle proportionnelle mesurerons-nous leurs qualités , leur valeur, leur beauté , leur application ? Comment apprécierons-nous les difficultés vaincues, les progrès accomplis ? Où constaterons-nous le tribut des grandes lois de la chimie et de la physique ? et la part contributive de chaque industrie dans la richesse publique et dans l'avenir de l'humanité.

C'est une tâche épineuse que nous entreprenons.

Nous invoquerons, pour la mener à bonne fin, les précieux conseils de ceux qui voudront bien accorder quelque sympathique encouragement à notre tentative un peu téméraire.

Après les lacunes que notre insuffisance laissera sans doute dans ce travail que nous nous efforcerons de rendre aussi complet que possiible, il est un écueil que nous voudrions éviter, et qui d'avance inquiète notre impartialité. Dans les appréciations auxquelles nous allons nous livrer, nous nous ferons une loi de ménager les susceptibilités, et de nous garder des blessures d'amour-propre. Tout en conservant, dans son intégrité la plus absolue, l'indépendance de nos idées et des jugements que nous allons hasarder, nous respecterons les intentions infructueuses, les efforts honnêtes, même quand ils se seront fourvoyés et quand ils auront été dirigés vers un but qui ne nous paraîtra ni bon ni utile.

Ce qu'il nous importe que l'on sache bien tout d'abord, pour l'honneur de la presse et pour la dignité de l'écrivain, c'est que notre plume ne s'abaissera à aucune complaisance gratuite ou autre, à aucune de ces phrases serviles, de ces pensées hybrides que la langue commerciale a flétries du nom de réclames.

Notre but n'est pas de patroner des industriels, de rendre quelque jugement vénal entre des maisons rivales ; nous voulons seulement présenter un tableau général de la grande exhibition nantaise, en embrasser et en reproduire les détails, dans la mesure de nos forces et de nos connaissances, avec désintéressement et avec conscience.

Et d'abord, il nous importe de tracer la marche que nous nous proposons de suivre à travers ces galeries. Un cer-

tain désordre qu'il était, nous le croyons, impossible
d'éviter dans un pareil encombrement, nous oppose à
chaque pas des difficultés. Nous espérions qu'un catalogue méthodique viendrait nous guider et simplifier
notre travail. Notre attente a été trompée. Nous avons
donc dû nous faire notre catalogue, rechercher dans tous
les coins les produits similaires épars et nous constituer
une unité qui n'existe malheureusement pas dans les
galeries.

Il s'agissait ensuite de nous tracer un programme.
Celui qui a été publié par la commission d'organisation
ne nous a pas paru remplir toutes les conditions voulues :
certains produits rentrent difficilement dans son cadre ;
d'autres, au contraire, pourraient y trouver place dans
des sections différentes.

Nous avons donc renoncé à l'employer, et cette renon-
ciation nous a été d'autant plus facile que nous n'avons
fait que suivre l'exemple du comité d'action lui-même,
qui, dans le classement des produits exposés, a été bien
loin de se conformer scrupuleusement à ses exigences.

Nous nous sommes fait une méthode à nous, une
classification mixte, qui participe à la fois du programme
de l'exposition nantaise et de celui de la grande exposition qui se prépare dans la capitale de l'Angleterre.

En première ligne, nous plaçons les produits minéraux, la géologie, la métallurgie et les mines.

En second lieu, la mécanique générale et le matériel
industriel avec son outillage.

En troisième lieu, les arts chimiques.

Viennent ensuite l'agriculture et ses dépendances ;
l'industrie des tissus et les industries artistiques.

Lorsque nous aurons complété cet examen, nous visiterons les galeries de peinture et de sculpture, qui viennent d'être inaugurées, et où nous attendent d'autres merveilles.

Et maintenant un dernier mot avant d'entrer plus avant dans notre sujet.

Nous n'avons pas la prétention d'écrire un compte-rendu académique qui empiète le moins du monde sur les prérogatives du jury et qui ait la visée d'influencer ses décisions. Nos vœux se bornent à présenter une sorte de préface rapide, sommaire et par conséquent incomplète.

Nous ne comptons pas ne nous tromper jamais. L'infaillibilité, si elle existait dans les concours, n'appartiendrait qu'aux décisions collectives du jury, qui sont entourées de toutes les garanties de capacité et de haute raison.

Au reste, ce qui nous absout, c'est que les jurys eux-mêmes se sont trompés parfois. Nous n'en voulons qu'un exemple : En 1801, quand Jacquart, obscur encore, présenta à l'exposition de Paris son immortel métier qui a fait la fortune de Lyon, le jury, dans sa munificence, lui décerna une *médaille de bronze*.

Ce souvenir nous assure l'indulgence dont nous croyons avoir besoin. La pensée qui nous guide sera d'ailleurs notre justification. Nous ne voyons pas dans cette exposition organisée avec tant de soins, un vain spectacle. Il y a derrière ces fêtes brillantes une idée grave et sérieuse : c'est l'intelligence honorant le travail.

Ce sont les spectacles les plus imposants qui font le mieux entrer dans le cœur du peuple les grandes vérités. Au dix-neuvième siècle, les fêtes de l'industrie sont les fêtes populaires. Le travailleur s'y complaît dans ses propres travaux ; ces produits qu'il admire et qu'il va couronner sont l'œuvre de ses mains, les créations de son esprit. Il sort de là plus fier, plus fort, plus pénétré de sa valeur et de sa dignité, et il sent mieux que jamais qu'il ne s'élève et ne s'émancipe que par le travail !

II.

GÉOLOGIE.

« Chaque minerai, dit Cuvier, peut recevoir quelque
» emploi, et de sa plus ou moins grande abondance
» dans chaque lieu, du plus ou du moins de facilité
» qu'on trouve à se le procurer, dépendent souvent la
» prospérité de chaque peuple, ses progrès dans la civi-
» lisation, tous les détails de ses habitudes. »
Cette réflexion du maître suffirait pour prouver l'importance de la science qu'il a enseignée. Le relief du sol,
la nature même de sa constitution interne ont toujours
eu une influence marquée sur le développement physique
et intellectuel de ses habitants. Il ne faut pas chercher
ailleurs la raison de cette diversité de peuple à peuple,
de province à province, qui se manifeste d'une façon
plus nette et plus tranchée que les divisions territoriales,
administratives et politiques.
La géognosie, ou connaissance de l'ordre dans lequel
les terrains sont superposés, l'oryctognosie, ou science

de l'écorce terrestre, sont donc nécessaires à l'homme d'Etat, au général d'armée, autant qu'à l'économiste. Elles sont aussi indispensables au philosophe qui étudie dans leurs sources les développements de la prospérité des nations qu'au navigateur, qu'au négociant qui cherchent à les exploiter.

Aussi les idées géogoniques ont-elles germé dans la plus haute antiquité. Les pythagoriciens les avaient sans doute puisées dans l'Egypte et dans l'Inde, et déjà elles étaient revêtues d'une certaine grandeur, s'il faut en juger par la profondeur même des développements qu'Ovide met dans la bouche de Pythagore.

Dans les temps plus rapprochés de nous, c'est un potier qui, le premier, osa dire que les coquilles fossilles étaient de véritables coquilles déposées autrefois par la mer dans des lieux qu'elle couvrait et où on les trouve aujourd'hui. Ce potier-là qui avait pris pour devise : « Povreté empesche bons esprits de parvenir » avait nom Bernard Palissy !

Son idée était la vraie. Soixante-quinze ans après sa mort (1664) l'abbé Coulon publiait cette carte géologique de France, complétée par Guettard au milieu du siècle dernier, qui figurait avec une exactitude étonnante la distribution minutieusement relevée de toutes les couches minérales constituant le sol de la France.

Les génies de Cuvier et de Humblod portèrent cette science à son apogée. Ils avaient créé la théorie, synthétisé en quelque sorte les hypothèses et posé les principes généraux. D'autres, sur leurs traces, ont voulu procéder à l'analyse, et c'est de leurs travaux qu'est née la géologie pratique et locale.

Son cadre est nécessairement plus restreint. Elle ne

s'attache pas aux théories, elle constate des faits ; elle
néglige le champ des conjectures pour les définitions
exactes, les descriptions précises. Elle recherche minutieusement les différences des tranches du sol à sa superficie ou dans ses profondeurs ; elle en dit les propriétés
physiques, elle en constate la composition chimique, elle
en désigne les applications en agriculture et en industrie,
et elle consigne ses observations dans des cartes qui éta-
blissent clairement les rapports des diverses couches du
globe terrestre, leurs ondulations, leurs étages et leurs
profondeurs.

C'est ce travail d'observation patiente que M. Cailliaud
a entrepris et mené à bonne fin pour le département de
la Loire-Inférieure. Il avait toutes les qualités nécessaires
pour y parvenir : son esprit critique, ses facultés comparatives avaient eu occasion de s'exercer dans de longs
et périlleux voyages. Avec une résolution inébranlable,
il s'est, pendant vingt ans, consacré à cette œuvre ; il
n'y a rien épargné, ni les privations, ni les fatigues,
ni les dangers, et il est enfin parvenu à grouper, dans
une classification scientifique, la plus belle, la plus rare
et la plus complète de toutes les collections d'échantillons
géologiques.

Quatre mille spécimens sont étiquetés dans ses vitrines,
et sa carte géologique du département sert, en quelque
sorte, d'explication et de conclusion à ces études labo-
rieuses, à ces recherches longues et fatiguantes, devant
l'aridité desquels plus d'un courage de savant aurait
certainement faibli.

Une bonne carte géologique est de première utilité
pour les agriculteurs, pour les ingénieurs, pour les
architectes ; les uns y chercheront la règle de leurs

amendements ; les autres à quelle profondeur , en quel lieu ils pourront trouver tel minéral. Tout propriétaire du sol est intéressé à connaître les ressources que le terrain qu'il possède peut offrir. L'homme de guerre lui-même y puisera des indications précieuses sur la compacité et la résistance du champ où il va livrer bataille.

C'est cette carte que M. Cailliaud expose avec sa collection géologique du département de la Loire-Inférieure.

A la première inspection de ce tableau on voit que le département de la Loire-Inférieure appartient à une région granitique et schisteuse dont le plateau est en moyenne à 125^m au-dessus du niveau de la mer. Son sol est particulièrement formé de terrains primitifs et de transition, coupé à sa surface de quelques amas de terrain carbonifère, avec quelques lambeaux de terrain tertiaire dans sa partie orientale et de terre d'alluvion dans toutes ses vallées.

Le terrain primitif est la base de ses terrains sédimentaires. Sa partie stratifiée comprend les micachistes , les gneiss, les talschistes ; sa partie non stratifiée comprend les granites , les syenites.

Il se forme , dans le département de la Loire-Inférieure, en majeure partie, de roches granitiques, qu'on nomme vulgairement grisons ou pierres de grains. Ce sont , au nord de la Loire, des granites à grains fins, schistoïdes et souvent mêlés de gneiss , de protogynes et de talschistes qui renferment des cristaux de tourmaline, de spinelle, d'émeraude , de grenat , de fer oxidulé.

Les roches sont même diorites , mêlées en grande quantité d'amphibole , entre Nantes et Quimper. Elles sont fréquemment traversées par des filons de quartz blanc laiteux, amalgamés de nœuds d'étain oxidé, comme à Piriac, par exemple, où le gneiss est accompagné de filons de quartz associés au fer oxidulé, au zircon et à la tourmaline.

Au sud de la Loire, du côté de la Vendée, les granites et les gneiss se mélangent de feldspath blanc et de mica noir, auxquels on trouve attachées des couches de fer hydraté très siliceux, de la galène et de l'antimoine sulfuré.

Nantes et son arrondissement sont assis sur des terrains plus spécialement argileux, percés cependant par des couches granitiques, comme on en voit à la carrière *Miséri*, au bas de la Fosse. Les bords de la Loire et de l'Erdre sont formés de dépôts d'alluvion sablonneux et parfois tourbeux.

Le sable et l'argile se retrouvent aussi dans l'arrondissement de Paimbœuf, à l'embouchure de la Loire et du côté de l'Océan, où l'on constate encore la présence des granites et des schistes.

Les marais salants, qui couvrent une vaste étendue de l'arrondissement de Savenay, ajoutent à la richesse du sol en éléments minéralogiques ; mais les éléments dominants sont encore le calcaire et l'argile.

Châteaubriant et Ancenis offrent moins de régularité : là les schistes dominent, ici les calcaires. On y rencontre des ardoises, des minerais de fer, des gisements de houille d'une grande abondance. C'est dans cette région que l'on trouve particulièrement les granites à gros grains avec feldspath rosé à cristaux bleus, à texture porphyroïde, associés à des syénites et à des pegmatites.

Les terrains de transition de la Loire-Inférieure se rapprochent au sud du fleuve du *terrain silurien*, qui forme la base de la Vendée, et du *terrain devonien*, du

Finistère et de la Mayenne, que l'amalgame des roches amygdulaires, à noyaux calcaires, a profondément modifié, en durcissant les schistes et en faisant passer la houille à l'anthracite et même au graphite.

On y découvre les fossiles caractéristiques du terrain carbonifère.

On constate encore autour de Nantes un assez grand nombre de lambeaux de faluns du terrain miocène, sortes de calcaires friables et sableux, renfermant les fossiles polypiens et mollusques des faluns d'Angers dont ils sont le prolongement.

Un diluvium abondant recouvre ces veines si variées; c'est un dépôt d'alluvion renfermant encore des vestiges des terrains primitifs, amené dans les vallées et dans les cavités par les gorges débouchant des plateaux. Ce sont des amoncèlements lents et successifs de humus fertile, subissant l'action des eaux continentales ; ce sont des ensablements à l'embouchure des cours d'eau, des engorgements de leur lit, des exhaussements de leurs rives, des accumulations de matières organiques.

Voilà la constitution du département de la Loire-Inférieure, telle que nous la démontre la collection géologique de M. Cailliaud.

C'est une science neuve encore, mais qui cependant a déjà marqué bien des découvertes et qui peut devenir un jour un flambeau pour les sciences exactes, pour l'agriculture, pour la chimie organique.

Après Guettard, dont nous parlons plus haut, qui en posa les véritables bases en 1746 ; après Romé de Lisle, Cuvier, d'Omalius d'Halloy, Elie de Beaumont, M. Cailliaud a trouvé encore à glaner dans ce champ qui leur a fourni de si riches moissons.

Plusieurs savants distingués avaient bien entrepris d'expliquer un des points obscurs de cette science et de s'appliquer à des questions spéciales relatives au département de la Loire-Inférieure : Boblaye avait traité de sa configuration et de sa constitution ; Dufresnoy, de Billy, de ses terrains primitifs et de transition à fossiles ; Rivière, de ses roches dioritiques ; Viquesnel, de ses terrains à combustibles de Montrelais.

Après eux, le regrettable M. Durocher, enlevé récemment à la science, avait accumulé, pendant dix ans, avec cette sûreté de coup-d'œil que lui donnaient son expérience d'ingénieur en chef des mines et de professeur à la Faculté de Rennes, de très précieux et très nombreux documents sur la géologie de la Bretagne en général et de la Loire-Inférieure en particulier. M. Cailliaud, seul, continuant la pensée de ces deux auteurs des premières cartes géologiques et minéralogiques de ce pays, et profitant heureusement de ces tentatives, est parvenu à réunir en une collection complète, et par cela même peut-être unique au monde, un spécimen de tous les terrains dont se compose le sol de la vieille Bretagne.

L'œuvre de M. Cailliaud n'est pas seulement une nomenclature spéculative ; il en a su sauver l'aridité, en mettant surtout en relief le côté pratique et utile de ses études, et il y a complètement réussi. C'est ce mérite qui, à nos yeux, domine tous les autres. Ses notions sont exactes, précises et claires ; elles sont pour tous ceux qui les consulteront un précieux enseignement, dont les applications fécondes serviront efficacement aux progrès de l'industrie et de l'agriculture du pays.

III.

INDUSTRIE MINÉRALE.

—

LE FER.

Ce que la géologie nous a appris à classer et à reconnaître, l'industrie minérale l'exploite et le met en œuvre.

Et d'abord qu'entend-on par le minéral ? C'est tout produit qui ne laisse apercevoir aucun vestige de matière organique. Dans cette acception générale on peut se convaincre que le règne minéral est le plus considérable de tous. Les autres ne se montrent que dans la région corticale ; lui s'étend dans les profondeurs les plus insondables du globe.

L'exploitation de ces substances constitue l'industrie minérale. Le génie de l'homme a appliqué tour à tour le feu, la pioche, la poudre, l'électricité, pour parvenir à la désagrégation des roches et faciliter leur extraction.

Le sol de la France est très productif en métaux de diverses espèces, en filons, en couches ou en amas, en minéraux d'alluvion et en substances combustibles.

Les minerais de fer, très abondants en France, très variés par leur composition chimique comme par leur situation géologique, s'analysent en peroxides hydratés ou anhydres, en oxide et en carbonates. Ils gisent dans les terrains d'alluvion sous forme d'hydroxides à grains sphéroïdaux répandus dans les couches d'argile sablonneuse des terrains stratifiés, ou dans les terrains secondaires sous l'aspect de minerais en roche, et d'oxides rouges, compactes, et sous forme de carbonate lithoïde dans les veines houillères et les couches de schistes. On distingue encore les fers spathiques à carbonate, les fers oxidulés, micacés et cristallins.

Mais de tous ces aspects chimiques, celui qu'affecte le plus souvent la matière sidérale est l'oxide rouge, qui offre une analogie de composition frappante avec le fer spéculaire, le plus pur de tous. C'est le peroxide qui lui donne cette couleur rouge, qui disparaît sous l'influence des hydrates, combinaison d'oxide rouge et d'eau. Le fer spathique, moins commun, est cependant d'une importance plus considérable en métallurgie, par la raison que, composé de protoxide de fer et d'acide carbonique, sa fusibilité et sa pureté plus parfaites le rendent d'une fabrication plus facile et moins coûteuse.

Les travaux d'extraction des métaux exposent les ouvriers à de grands dangers, non-seulement à cause de la nature même de leurs travaux souterrains, mais aussi en raison des moyens qu'ils sont forcés d'employer. Dans les mines de houille, par exemple, le feu grisou fait encore de nombreuses victimes, malgré la philanthropique invention de Davy.

L'emploi de la poudre pour faire sauter les mines, a souvent aussi causé des accidents. Pour les rendre moins fréquents, **MM. Bickford, Davey et Chanu**, de Rouen, ont imaginé une mèche dite de sûreté, ayant pour but de garantir la sécurité de l'ouvrier. C'est l'Angleterre qui nous a ouvert cette voie ; la patente des inventeurs leur vient du Cornwal ; c'est là que les premiers essais en ont été tentés et ont réussi. Le ministre des travaux publics en a encouragé l'introduction en France, et un rapport inséré aux *Annales des Mines* par M. Le Châtellier, ingénieur en chef des mines à Paris, rend justice à cette heureuse découverte.

Ce système est généralement adopté pour les usines, carrières et tous travaux au rocher. Les ingénieurs des mines l'ont recommandé partout, et il s'est rapidement répandu dans toute la France.

Outre la sécurité complète que les mèches de **M. Bichford** offrent pour l'ouvrier, ces mèches de sûreté présentent encore l'avantage d'une économie notable sur la poudre, d'une résistance parfaite sous l'action de la bourre, d'une combustion lente et progressive d'un calcul facile, ce qui offre toute garantie contre les explosions prématurées.

La société Bichford expose ses produits sous différents aspects ; il y a là des fusées goudronnées pour les travaux à ciel ouvert dans le rocher sec ou humide ; des fusées blanches sans odeur, pour les travaux intérieurs des mines, dont l'aérage est difficile et dont l'atmosphère est susceptible de se charger de gaz hydrogène carboné ou grisou ; des fusées blanches et goudronnées à doubles enveloppes pour les terrains à puddings et pour les rochers très humides ; des fusées gutta-percha pour galeries aquifères, puits et rochers sous-marins, et enfin des cartouches imperméables pour la même destination.

Une fois l'explosion accomplie, l'industrie s'empare du minerai natif et le rend au commerce sous trois formes diverses : fer, fonte et acier. Il n'y a de différence entre ces trois produits que l'absence presque absolue, dans le premier, du carbone qui se combine à 4 ou 5 % dans la fonte, et à 6 ou 7 millièmes pour l'acier. La fonte est un fer fondu impur, l'acier un fer carboné, dur et élastique, perfectionné par un procédé que l'on appelle la trempe.

La fonte en gueuses se coule dans des moules en terre, en sable ou en métal; elle subit ensuite l'opération du rhabillage. Les hauts fourneaux sont les usines où s'accomplissent ces opérations; l'affinage, qui a pour objet la séparation du carbone d'avec le fer, c'est-à-dire l'épuration par la compression et l'oxidation successivement appliquées, s'opère dans les forges.

Il n'est pas de pays où l'industrie sidérurgique soit arrivée à un aussi haut degré que l'Angleterre. C'est là qu'eût lieu la première application des fours à pudler, avec la houille crue pour combustible, source de perfectionnement et de richesses qui, jointe à la précision de l'outillage, à l'excellence des procédés, lui a permis de s'emparer, par le bon marché, d'une grande partie du commerce du monde.

En France, la métallurgie sidérale, quoique inférieure encore à sa rivale, soutient courageusement la lutte, et fait preuve de progrès immenses. Les bons procédés s'y répandent de plus en plus, les machines s'y perfectionnent, et les produits peuvent se jeter dans la consommation à des prix plus réduits.

C'est là le grand point, car chaque jour les besoins augmentent et l'usage du fer se généralise. Combien d'applications nouvelles lui ont été données ! Il envahit, sous toutes les formes, les établissements publics et les maisons particulières ; il se dresse en charpente sur le toit de nos édifices, sur les culées de nos ponts ; il serpente au travers l'espace, projetant d'un bout du monde à l'autre le cable qui conduit l'électricité ou le rail où glisse la puissante locomotive et les trains gigantesques.

L'exposition Nantaise répond dignement à ce haut degré d'importance et de développement qu'a prise, en France, l'industrie du fer. Des maisons anciennes ou nouvelles, jouissant d'une réputation méritée, et dont les produits sont justement appréciés du commerce, ont étalé des spécimens tout-à-fait remarquables, et qui donnent une idée des progrès accomplis depuis quelques années.

La société anonyme des forges et fonderies de Montataire appelle d'abord l'attention. Cette usine ne connaît pas d'impossibilité. Elle excelle dans la fabrication des tôles, et elle en expose des échantillons miraculeux.

Nous remarquons dans ses rayons des tôles noires ondulées, des tôles plombées et zinguées, à grandes et à petites ondes, des tôles étamées, du fer-blanc terne et brillant, parfaitement décapé, qui présentent toutes les qualités désirables, et qui sont la preuve de la perfection des procédés et de l'outillage aussi bien que de l'habileté des ouvriers et des directeurs de cet établissement.

Pour s'en faire une idée, il suffit d'examiner cette feuille de tôle à chaudière, de dimension tout à fait hors ligne, et qui est une des plus belles pièces de cette exhibition. Nous croyons qu'on n'était pas encore parvenu à produire la tôle dans telles conditions, c'est-à-dire sur une largeur de 1 ^m 50, une longueur de 4 ^m 50 et une

épaisseur de 11 millimètres ; le poids de cette pièce remarquable est de 600 kilos.

La réputation de l'usine de Montataire est faite. Ce
que nous pourrions dire n'y ajouterait rien ; mais son
exposition la confirme et la justifie.

Les usines et forges de la Basse-Indre, dirigées par
M. A. Langlois, ont exposé des produits non moins remarquables par leur beauté que par leur nombre. C'est
sans contredit l'un des établissements où le fer se travaille le mieux et où la perfection de l'outillage permet
d'obtenir les résultats les plus étonnants et les plus
avantageux. Les Forges maritimes de Nantes et les
hauts-fournaux de Mendive (Basses-Pyrénées) , dépendent de cette usine considérable.

Ce qui frappe d'abord la vue, c'est une ancre pesant
997 kil., forgée pour le *Saint-Philbert*, navire apparte-
nant à MM. L. Bureau et Roy ; c'est un morceau capital et
d'une belle exécution. Près de là se trouvent des barres
de fer forgé plates et rondes, barres à doubles cornières,
dont la longueur ne nuit nullement à la qualité, ce qui
prouve l'excellence des procédés adoptés par l'usine.
Puis viennent des barres à renflures , des rails , des
haches, des faulx.

Nous avons remarqué particulièrement des fers pudlés
à nerf irréprochable, destinés à la fabrication des fers
à câble ; des fers laminés tournés à froid pour les constructions navales des ports de Rochefort et de Cher-
bourg ; des fers ronds à câble pour les constructions
navales du port de Lorient.

Les cassures des barres de fer tournées à froid, exposées par cette usine, présentent le nerf du plus beau
grain. La chaîne-câble qu'elle met sous nos yeux, et

dont les mailles n'ont que 24 millimètres, a été éprouvée à quinze mille kilos, et il a fallu pousser l'épreuve jusqu'à vingt-neuf mille six cents kilos pour en provoquer la rupture.

L'exposition de minerais de fer de cette maison n'est pas la partie la moins intéressante. Nous remarquons des minerais de Larche, de Vilerco, de Rougé ; des minerais de l'île d'Elbe et d'Afrique ; du minerai magnétique de Fontarabie ; des minerais traités dans les hauts-fourneaux de Mendive, produisant les fers supérieurs employés de préférence dans les travaux de la marine impériale, aux ports de Brest, de Lorient et de Rochefort, et à l'établissement d'Indret.

Auprès du laitier de ces hauts fourneaux de Mendide, nous voyons figurer du carbonate de fer d'Arropa', à 43 % du peroxyde de fer d'Ekunagne et de Caro à 55 % ; du carbonate de fer d'Astéléguy à 45 % ; des peroxydes de fer oligiste de Val Carlos à 69 %, d'Aincille à 44 %, d'Egourte à 45 % ; des fontes des fourneaux de Chemiré, de Moncar (Mayenne), de Roche (Ille-et-Vilaine), des Salles (Morbihan) de la Poitevinière et de la Gaustière (Loire-Inférieure).

Puis ce sont des fers fabriqués avec la fonte provenant de canons, de l'usine de M. Voruz aîné ; des fers de copeaux battus au pilon et laminés dans la même usine ; des essieux de charrettes, des verges à clous ; une ébauche sortant du pilon, pesant 875 kilos, des ferrailles en paquets et des massiaux cinglés et soudés.

Ce qui distingue particulièrement l'usine de la Basse-Indre, c'est la rare qualité de ses fers. Son exposition est de nature à convaincre les plus incrédules, et l'on peut, sur cette preuve, la placer en première ligne.

Notre admiration pour les produits de ce grand établissement ne doit pas cependant nous faire dédaigner ceux des forges de la Grénerie et des forges de Martigny.

Les forges de la Grénerie, dirigées par M. Desplaces, ont été établies en 1746, et la qualité de leurs produits leur a assuré depuis longtemps les fournitures de la manufacture impériale d'armes de Châtellerault ; elles exposent des fers martelés au charbon de bois, des fontes, des fers tordus à chaud, des fers de taillandier, des fers à canon, et des minerais.

Les forges de Martigny présentent des aciers naturels et de Rives ; un massiau brut destiné à démontrer le grain ; un autre, formé de fer de la Maurienne (Savoie) et de fonte de Saint-Sière, couchés au charbon de bois uniquement, et cinglés sous un marteau de 220 kilos, mû par une roue hydraulique, et dont le déchet au martelage n'a pas dépassé 7 %.

Cette usine fournit à l'industrie de l'acier nᵒˢ 3 et 4, et la bonne nature de ses produits en ce genre sert de base à la qualité éminemment supérieure de l'acier fabriqué, suivant le système Rivois proprement dit. Elle le livre au prix moyen de 42 fr. les 100 kilos.

Nous avons remarqué, au milieu des produits de cet établissement, une barre provenant d'un massiau chauffé à la houille dans un four allemand, et affiné par un marteau à peu près égal à celui qui sert à cingler les massiaux, et mû de la même manière. Le déchet de cette opération n'a pas dépassé 11 %.

Cet acier affiné, d'une qualité tout à fait supérieure, est destiné à l'agriculture, à la fabrication des armes et à la marine ; il est livré à 56 fr. les 100 kil.

Après l'examen de ces pièces hors ligne, ce n'est pas

la peine de parler des fers pudlés, des fers forgés et des fers-blancs de cette usine. Ce sont des produits de bonne qualité, mais qui n'offrent rien qui fasse exception à la généralité.

Nous voici en face de la belle exposition de la compagnie des forges et fonderies de Fourchambault, Montluçon, Imphy et des houillères de Commentry, constituée sous la raison sociale Boignes, Rambourg et Ce.

Ce sont des fers pudlés bruts à nerf, coudés à froid pour câbles destinés à la marine impériale; des fers pudlés bruts à grains; des fers et des essieux forgés pour l'artillerie, ayant subi les essais de MM. les contrôleurs et reconnus par eux de qualité supérieure. Ce sont des essieux de wagons coudés à froid et des bandages pour roues de wagons; des fers ronds à câbles de la plus belle réussite; des paquets de fers feuillards de bonne fabrication; et de très beaux échantillons de fer-blanc des forges d'Imphy.

Nous distinguons enfin, dans cette exhibition tout à fait remarquable, des fils de fer clairs de 7/10es de millimètres et d'un millimètre, et des fils de fer galvanisés d'un millimètre, d'un millimètre cinq, de deux millimètres sept et de trois millimètres, excellents produits, propres à la télégraphie électrique.

Si des fers et aciers nous passons aux fontes, nous remarquons en première ligne l'exposition de la maison Durenne et Zegut, maîtres de forges à Sommevoire (Haute-Marne).

Cette maison, qui compte encore peu d'années d'existence, est déjà renommée. Une exhibition, comme celle qu'elle étale dans nos galeries, suffirait pour fonder la réputation d'une usine.

La fonte d'art est sa spécialité et son triomphe. On ne peut se faire, qu'en les voyant, une juste idée de ces statues de deux mètres de haut, dont la réussite répond à l'exécution parfaite de goût. Ces pièces gigantesques, obtenues de premier jet, n'ont pas été retouchées ; elles conservent, comme des certificats d'origine, les traces des creusets d'où elles sortent. Ici, les quatre saisons ; là, deux génies porte-flambeaux ; plus loin, des néréïdes assises sur des chevaux marins, pour fontaine publique. Tout à côté de statues-candélabres, voici des vasques, des plaques ornementées, des grilles de balcon du dessin le plus délicat.

Au milieu de toutes ces merveilles, deux sujets religieux attirent particulièrement l'attention : c'est la Mère du Sauveur et le Christ, statues colossales, d'un fini sculptural irréprochable.

L'ensemble, comme les détails de cette exhibition de premier ordre, donnent une haute idée du talent et de l'habileté des industriels, nous devrions dire des artistes, placés à la tête de cette usine. L'avenir le plus brillant leur est, nous n'en pouvons douter, assuré, et déjà ils recueillent, dans les suffrages du public, une des plus douces récompenses de leurs efforts persévérants.

Après la fonte d'art, nous pouvons placer la fonte de guerre de M. Voruz aîné, de Nantes. Nous trouverons, parmi les machines, les produits les plus remarquables de cette maison considérable. Nous classerons en passant, dans les produits ou les producteurs de l'industrie métallurgique, sa machine à mouler les obus oblongs de 0,12 centimètres. Cette machine, dont l'ajustage est tellement mathématique que tous les produits qui en sortent ont une identité parfaite, emploie vingt ouvriers et peut produire par jour six cents projectiles.

Lors de la guerre d'Italie, il est sorti de ces ateliers 200,000 obus, moulés par ce procédé, dont l'invention est due à M. Voruz, qui s'en est assuré le monopole par un brevet pris à cette époque.

Puisque nous passons l'examen des instruments de moulage de la fonte, notons les creusets fusibles de M. Deyeux de Liancourt (Oise). Cet industriel a exposé à côté de ces creusets les produits qui en sont sortis.

Nous voyons d'abord un lingot en acier fondu de 25 kilos, tenu dans un creuset ordinaire ayant la forme du creuset qui a servi pour la fusion.

A côté se trouve un lingot ou bloc annulaire en acier fondu, pesant 59 kilos et destiné à des bandages de roues de wagons et tenders ; ce lingot, sans soudure, est conservé dans le creuset qui a servi à sa fusion. Puis c'est un autre lingot ou bloc annulaire en acier fondu, pesant 53 kilos, à même destination et conservé aussi, sans soudure, dans le creuset où il a été fondu.

Viennent ensuite les creusets-moules de grandeur naturelle servant à fondre et à mouler simultanément, sans coulage, les lingots ou blocs annulaires destinés aux roues de wagons et de voitures à voyageurs de chemins de fer. Ces creusets peuvent contenir 190 à 200 kilos d'acier.

Les blocs annulaires, en sortant des creusets ou moules, ne doivent subir qu'un laminage spécial qui les réduit aux formes et dimensions exactes des bandages.

Cette exhibition offre un intérêt véritable, à cause de son côté pratique si facilement saisissable.

Nous arrivons devant les expositions de fonte destinée aux usages domestiques.

M. E. Boucher de Fumay (Ardennes) a nommé les produits de sa fonderie, fonte hygiénique argentine. C'est une espèce de fonte étamée qui peut être mise en usage sans préparation, et qui ne communique aux aliments ni odeur ni saveur désagréable. Cette poterie de fonte présente tous les avantages du cuivre sans en avoir les inconvénients. Les chaudrons, casseroles, vases de ménage, chauffrettes, pots de Hainaut à oreilles, marmites anglaises, faitouts que M. Boucher présente, prouvent surabondamment la perfection de ses procédés et de sa bonne fabrication.

Trois exposants appellent notre attention sur la poterie de fonte ordinaire.

M. Roussel, directeur des hauts fourneaux, forges et fonderies d'Orthe (Mayenne) et de la Gaudinière (Sarthe), offre des poteries de bonne moulure, dont la forme est heureuse et le poids bien calculé; des grilles à coke très ingénieuses pour sécher le chanvre; des engrenages, des foyers, des bornes-fontaines, des tubulures et tuyaux d'une bonne exécution; et enfin une chaudière à pitons dont le diamètre nous a paru approcher de deux mètres.

MM. Beuret-Godart-Demarest et Cᵉ, maître de forges à Sougland, dirigent les établissements métallurgiques réunis du Nord et de l'Aisne; ils exhibent des spécimens tout à fait remarquables des produits de leur fabrication courante; des foyers, des fourneaux, des calorifères, de la poterie de fonte, des ustensiles de cuisine et des échantillons de tôle, qui répondent dignement à ce qu'on est en droit d'attendre de ces établissements dont la réputation est faite dans le Nord de la France.

M. Besqueut, maître de forges de Lanvaux et Trédion (Morbihan), exposent des pots de fer fondu, des grilles, des plaques, des chaudières d'une belle exécution.

A ces produits de sa fabrication quotidienne, M. Besqueut a joint quelques échantillons de fonte d'art assez bien réussis ; nous avons remarqué entre autres des croix, des grilles de balcons et des pièces d'ornement en plaque et à jour d'un bon goût et d'un heureux effet.

Ses carreaux de parquet en fonte sont la pièce rare de cette exposition, dont tous les échantillons prouvent, du reste, les bonnes inspirations du directeur de cette usine.

Pour terminer cet examen de l'industrie sidérurgique, nous jetterons un coup-d'œil sur les produits de la ferronnerie.

MM. Hubert Regnault et Comp., de Charleville (Ardennes) dirigent une manufacture de clouterie mécanique et à chaud, dont les produits se recommandent par leur bon marché, joint à la qualité et à la belle fabrication. Leur exposition nous montre des carvelles depuis 70 millim. ou 30 lignes, jusqu'à 40 millim. ou 18 lignes ; des clous de construction de 160 millim. ou 6 pouces, au prix minime de 34 fr. les 100 kil. ; enfin des clous à lattes, collet carré blanchis, sapins, pontons, diamants et clous à palisser, au prix réduit de 30 fr. les 100 kilos. Nous doutons que ce bon marché puisse, à qualités égales, être dépassé. C'est un mérite à nos yeux.

MM. Guillet frères, de Rennes, exposent des boulons et écrous d'une bonne fabrication, mais qui souffrent peut être un peu du voisinage du grand placard où l'usine de Fourchambault (Nièvre), étale ses produits. M. Bouchacourt, qui dirige cette dernière fabrique, nous montre, en effet, jusqu'à quel degré de perfection l'industrie de la ferronnerie peut arriver. Tout est à citer dans cette exhibition : boulons d'éclisses, rivets et écrous mécaniques, boulons galvanisés, boulons d'affut, tiges taraudées, crampons, vis à coussinets, chevillettes. Cette maison recommandable fournit la quincaillerie spéciale à la mécanique à la marine.

Quoiqu'il en soit, même à côté de cette rivale redoutable, la maison de **MM.** Guillet frères mérite une mention distinguée, et l'on ne s'étonne pas, en visitant ses produits, des huit médailles qu'elle a obtenues dans différents concours. Il en est de même des échantillons envoyés par **MM.** Joubert frères, de Charleville (Ardennes), qui consistent en boulons, pièces de mécaniques, ferrons de carosserie, serrurie de choix et fournitures d'usine ou de marine, tous bien fabriqués et répondant, comme il convient, à la vogue de cet établissement.

Voilà à peu près le tableau complet de la série sidérurgique de l'Exposition nantaise ; nous n'y ajouterons qu'une mention en faveur de M. Gaudin, de Grand-Fougeray (Ille-et-Vilaine), qui a exposé des échantillons d'un très beau et très riche minerai découvert à Loroy par M. Demolon et analysé à l'Ecole des mines de Paris par M. L. Noiselet, ingénieur chargé des essais. Il est résulté des expériences faites par cet habile praticien que ce minerai donne en fonte blanche de 55 à 70 %, selon les veines.

Nous le répétons, en terminant cette rapide revue :

l'Exposition nationale de Nantes répond au haut degré d'importance et de développement qu'a prise en France l'industrie du fer. Si l'on se reporte, par la pensée, à sa situation vers le commencement du XIX° siècle, on peut suivre pas à pas sa marche ascensionnelle. A la fabrication par la méthode directe, qui a été longtemps employée, et qui se retrouve encore dans les forges corses, on a graduellement substitué la fonte du minerai dans les hauts fourneaux et l'affinage qui transforme la fonte en fer malléable et l'on est arrivé, par d'heureuses innovations, par l'emploi du coke, utilisé de plus en plus à la fusion depuis 1821, et par l'usage de la houille appliquée à l'affinage depuis 1825, aux perfectionnements actuels, à l'emploi des flammes perdues pour le chauffage de l'air, aux grillages des minerais, aux hauts fourneaux, dévorant les gaz combustibles, et aux fours à réverbère pour l'élaboration du gros fer.

LE CUIVRE, L'ÉTAIN, LE PLOMB ET LE ZINC.

L'industrie des métaux autres que le fer, dont les produits figurent à l'exposition nationale de Nantes, ne mérite pas moins l'attention. Nous allons nous livrer à leur examen.

Le cuivre se présente tout d'abord. Tout le monde connaît ce métal rougeâtre, ductile, sonore, qui, allié au zinc, prend une teinte jaune, et qui, uni à l'étain, forme l'airain.

Le cuivre se trouve dans la nature à l'état d'oxidule, de sulfure, de pyrite, de fablerz et de carbonate. Le

cuivre oxidulé contenant **82 %** est le métal à son mini-
mum d'oxidation ; il est rouge, vitreux, d'une transparence vive, cristallisé en octaèdres réguliers et quel-
quefois recouvert de carbonate de cuivre sous forme de
croute verte. Cette substance ne se rencontre que dans
les mines de pyrites ou de carbonate de cuivre ; elle est
souvent mélangée d'oxyde de fer qui en altère la
pureté.

Le cuivre sulfuré a une teinte bleuâtre, grise comme
l'acier ; sa structure est compacte, affectant la forme de
prismes hexaèdres réguliers ou de prismes droits rhom-
boïdaux. La pyrite cuivreuse est un sulfure de fer et
de cuivre, d'une couleur jaune de bronze doré, cristallisé
en octaèdres à base carrée, assez réguliers ; cette substance est la plus commune et se trouve en filons ou par
amas dans les terrains de transition. Les fahlerz se composent de soufre, de cuivre et de fer ; on y trouve parfois
fois de l'antimoine, de l'arsenic, du plomb et de l'argent ;
ils ont l'aspect gris d'acier des sulfures cuivreux et
affectent la forme tétraèdique. Enfin les carbonates de
cuivre naturel sont des composés de deutoxyde de
cuivre, d'acide carbonique et d'eau ; on les connaît sous
le nom d'azurite ou de malachite.

Moins le sulfure se trouve mêlé au minerai de cuivre,
plus son traitement est facile ; on y emploie les grillages
répétés qui chassent le soufre et ramènent le métal à
l'état d'oxyde, ou encore le chauffage au charbon
dans des fours à réverbère qui les mène à une fonte de
réduction, soumise ensuite à l'opération délicate de l'affinage.

Le haut prix de ce métal vient de la difficulté d'en
chasser le souffre qui a avec lui une grande affinité ; de

là les nombreuses opérations auxquelles il faut le soumettre pour y parvenir.

La France ne présente qu'un petit nombre de gisements de minerai de cuivre, dont le produit est peu important. Mais la fabrication des vases domestiques et des ustensiles, ainsi que les autres emplois de ce métal, y ont pris une importance considérable.

L'usage du plomb n'a pas moins d'extension, soit comme métal, soit à l'état d'oxide, en litharge, massicot ou minium, pour la fabrication du cristal. Ce métal, très-fusible, très-malléable et ayant une grande pesanteur spécifique, ne se rencontre pas à l'état natif, mais seulement sous forme d'un minerai nommé sulfure de plomb, enfoui dans les terrains anciens, soit en cristaux cubiques, octaèdres, soit en masses de lamelles, soit enfin en grains fins comme l'acier, par amas ou filons. On traite le sulfure de plomb par la fusion dans un four à reverbère et par l'addition du fer, qui absorbe le soufre.

La France possède quelques gîtes de plomb. Parmi les plus importants figurent les mines de Poullaouen et de Huelgoat, dans le Finistère, où le sulfure se rencontre en filons, traversant des roches de l'époque intermédiaire.

Aussi fusible, mais plus dur et plus ductile que le plomb, l'étain est un métal blanc mat, le plus léger de ceux qu'on emploie usuellement. L'étain du commerce est un oxyde qui se trouve disséminé dans les granites, dans la roche greisen et parfois aussi dans les terrains d'alluvion, tantôt en petites masses concrétionnées, stratiformes et fibreuses, tantôt en grains ou en morceaux mamelonnés. Ses cristaux ont, la plupart du temps, la forme de prismes octaèdes à base carrée, opaques et noirâtres.

On n'en connaît pas de gisements en France ; mais il en a été rencontré en plusieurs endroits et notamment à Piriac (Loire-Inférieure), quoique en quantité inexploitable.

L'étain se traite par les mêmes procédés que le plomb, grillages répétés, fusion au contact du charbon.

Le zinc, plus dur que l'étain, est ductile, fusible, volatil, d'un aspect blanc-bleuâtre. On ne rencontre pas ce métal à l'état natif, mais il se trouve dans le sulfure de zinc qu'on nomme blende, et dans le carbonate de zinc ou calamine, dont des dépôts considérables sont exploités en Belgique par la Société de la Vieille-Montagne.

Le grillage, dans des fourneaux à reverbère, des minerais réduits en poudre, et leur manipulation ultérieure dans des creusets, tel est le traitement métallurgique des sulfures et carbonates de zinc, qui doivent être dégagés avec une certaine précaution, à cause de la facilité qu'a ce métal de se volatiliser et de s'oxider.

Les progrès faits dans ces diverses industries métallurgiques ne peuvent être contestés en face des produits étalés dans les galeries de l'Exposition de Nantes. Il est vrai que les maisons les plus renommées ont tenu à honneur d'y envoyer des spécimens de leur fabrication.

C'est ainsi que nous trouvons au premier rang la société des lamineurs de cuivre, constituée sous la raison sociale : Estivant, Garnier et Comp., association puissante, qui lutte avec un certain avantage contre l'industrie similaire anglaise.

On remarque d'abord parmi les produits de cette maison, une belle coupole de cuivre rouge, traitée au martinet, ayant un diamètre de 2^{m}10, une profondeur de 1 ^m 10, avec 9 cent. de bord, et une épaisseur de 7 millimètres, pesant 464 kilos ; une autre de mêmes proportions et d'un poids de 467 kilos. Ces deux géants de la chaudronnerie sortent des ateliers de Romilly.

Auprès de ces deux pièces nous distinguons une planche de cuivre rouge destinée à la chaudronnerie, d'une beauté sans égale ; elle est d'un poids de 837 kilos et mesure 6 mètres de long, sur 2 mètres de large, et sur une épaisseur de 7 millimètres ; une seconde planche de même métal, martelée et laminée, de plus de 5 mètres en longueur, d'un mètre 92 c. en largeur, et de 14 millimètres d'épaisseur, représentant en poids de 724 kilos.

Le matériel spécial employé à cette fabrication n'a peut-être d'équivalent dans aucune autre usine ; aussi faut-il ajouter, à l'éloge de cette société, que ces produits sont la fabrication courante et journalière de ses ateliers de Givet, de Dangu, de St-Denis, du Havre, de Romilly, de Biache St-Vaast, d'Essonne et de Nantes. Avec de pareilles ressources, rien ne peut étonner. C'est la perfection de l'industrie.

M. Estivant, l'un des associés de cette compagnie, présente dans une exposition qui lui est particulière, des tubes de cuivre rouge et jaune, martelés, sans soudure, de 25 centimètres de diamètre et de 4 mètres 50 de longueur, et des fils de cuivre laiton. Cet habile industriel remplace la soudure par un procédé fort ingénieux, qui vaut la peine qu'on s'y arrête : il a imaginé une bague fondue, étirée et martelée, qui se substitue aux anciennes soudures et en fait disparaître les inconvénients. Ces belles pièces sortent des ateliers de Givet.

Nous n'avons aussi que des éloges à donner à
M. L. Lestranget et Comp., des fonderies et laminoirs
de Saint-Denis, Le Havre et Romilly, qui nous offrent
des planches de cuivre jaune de la plus belle venue, des
barres rondes de cuivre rouge de 40 à 78 mètres et de
42 à 159 kilos ; des cylindres de cuivre jaune et rouge,
des feuilles de cuivre, des clous fondus à river, des
soudures de cuivre jaune et une coupole de 1 mètre 70
de diamètre sur 85 centimètres de profondeur et 9 centimètres de bord, pesant 237 kilos, produit de l'usine de
Romilly, qui ne le cède en rien aux coupoles exposées par
la société des lamineurs.

L'exposition de M. Lestranget démontre qu'il est de
la bonne école ; la dimension peu ordinaire de ses
barres, le fini minutieux de sa coupole, la supériorité
de ses feuilles de cuivre, prouvent la perfection de son
matériel et des moyens industriels qu'il emploie.

MM. Guichet aîné et Russeil, de Nantes, fondeurs,
raffineurs et lamineurs de cuivre, n'en sont pas à leur
coup d'essai. Les médailles qui leur ont été décernées
en 1849 par la Société Académique de la Loire-Inférieure, en 1853 et en 1858 à l'exposition d'Angers,
prouvent le mérite de leurs travaux.

Nous trouvons dans leur exposition des barres de
cuivre forgé pour fabrication de clous à bordages ; des
barres rondes pour chevillage de navire ; un très beau
fond de cuivre pour chaudronnerie ; des tables de cuivre
pour laminage à froid ; des feuilles à doublage et à
chaudronnerie ; des feuilles à doublage destinées à la
marine de Rochefort ; des chaudrons de virole exécutés
par M. Arsène Fouin, de Pont-Rousseau ; des essais de
soudures fortes ; du minium ; de la litharge ; des clous

de cuivre forgé et des feuilles de cuivre pour étiquettes de substances alimentaires.

MM. Guichet et Russeil travaillent aussi le zinc et le plomb, et nous présentent du plomb de chasse, des chevrottines et des balles, ainsi que des feuilles de zinc laminé à satiner le papier.

Que dire de cette exposition, si ce n'est que la perfection des produits égale leur variété. La qualité et la réussite sont irréprochables, et les ont fait classer parmi les meilleurs fournisseurs de la marine impériale et comme les auxiliaires les plus habiles des sociétés de la Vieille-Montagne et des lamineurs de cuivre.

M. Thibaut, de Nantes, expose de la chaudronnerie de cuivre superbe; il y a dans ses produits qualité supérieure de matière et perfection de main-d'œuvre.

M. Trottier, d'Angers, montre les mêmes qualités dans des produits de même classe. Il y joint une partie de très belle robineterie et des travaux en zinc, baignoires, faites pour édifices, qui donnent une idée de son habileté et de son bon goût.

M. Em. Garnier, directeur des fonderies de Dangu et Vivier, traite les minerais de zinc et de cuivre. Il expose des doublages de cuivre jaune, des clous et rivets de cuivre et de zinc, et des feuilles laminées de zinc, qui ne permettent pas de douter de la bonté des produits ordinaires de ces usines. On y fait aussi des statues de zinc fondu brut et bronzé, et des sculptures en zinc repoussé, parmi lesquelles le public remarque une b.lle tête de cheval de grandeur naturelle et des frontons pour fenêtres de combles, d'un dessin artistique et d'une exécution tout à fait distinguée.

M. Guillaume-Besson, fondeur à Angers, dirige une

fabrique de bronze et de cloches d'église. Chacune de ses expositions a été suivie d'un succès, à Angers en 1848 et en 1853, à Poitiers en 1851 il obtenait des médailles; et le jury de l'exposition universelle de 1855 lui décernait une médaille de 2° classe et une mention honorable, pour améliorations apportées aux cloches et à leurs accessoires.

Les produits de M. Guillaume-Besson méritent qu'on s'y arrête, et le bel échantillon de cloche qu'il a exposé en est un magnifique spécimen. Son établissement est ancien; M. Guillaume y a succédé à son père et a continué ses bonnes traditions. Il a fait faire à l'art du fondeur de cloches des progrès considérables, et sa réputation est justement méritée.

Cette usine étudie surtout les accords des cloches, et a fourni aux églises plus de cent livraisons de cloches neuves assorties avec des anciennes. Ainsi Notre-Dame de Paris a reçu d'elle quatre cloches accordées avec son célèbre bourdon; la cathédrale d'Angers un bourdon et deux cloches intermédiaires en accord avec des anciennes, et la cathédrale de Nantes huit cloches en accord, pesant ensemble 20 mille kilos, fondus d'un seul jet et dans un seul fourneau. Paius, Chauny, Angoulême, Brest, Aubenton, Cholet, Cognac ont aussi accordé leur sonnerie religieuse par le concours intelligent de M. Guillaume-Besson, qui est parvenu à livrer ses produits à des conditions qui défient la concurrence.

M. Guillaume-Besson est à la fois un théoricien et un praticien; il a fait de son art une étude profonde, et il est parvenu à assurer la qualité de l'alliage par un système perfectionné de chauffage et de coulage, et l'inaltérabilité des parois sous le choc du battant.

Il tourne et polit ses cloches pour les débarrasser de la croute oxigénée qui nuit aux vibrations ; il supprime les plaquettes, les médaillons, les guirlandes qui surchargent les cloches anciennes, parce que, selon lui, ces ornements ne sont que des superfétations qui troublent l'harmonie de la sonorité. Ses cloches ne portent que des cordons tournés, encadrant les inscriptions dont le relief a plus de saillant qu'autrefois.

Quoique le système de suspension appliqué par M. Guillaume-Besson s'éloigne de notre sujet, nous ne pouvons cependant nous abstenir de constater la simplification qu'il leur a fait subir par l'adoption de semelles rendant les tourillons concentriques aux frittes, et obviant aux inconvénients résultant de la trop fréquente rupture de ces tourillons. Les coussinets articulés adaptés aux cloches en facilitent tellement le balancement qu'un seul homme peut sonner à la corde une cloche de quinze cents à deux mille kilos, et deux du même poids, placées paralèllement et foulées avec les pieds. Le grand mérite de ces coussinets est dans une extrême simplicité, et le résultat obtenu est la division du centre de gravité des tourillons, quel que soit d'ailleurs leur diamètre.

Nous ne parlerons pas ici de MM. Bauquin frères et Maufra que nous retrouverons dans la section des instruments agricoles, et nous jetterons, en passant, un coup-d'œil sur la robinetterie de MM. Letort, de Nantes ; Batard, Broquin et Lainé et Menereau, de Nantes, articles qui rivalisent pour la fonte et le raffinage. Nous accorderons même une mention plus particulière à MM. Broquin et Lainé qui ont exposé des groupes et des statues en bronze très remarquables comme œuvres industrielles et comme objets d'art.

La fonderie de Couëron (Loire-Inférieure), dirigée par MM. Boutoux et Taylor, s'occupe de la vente et de l'achat des minerais de plomb et d'argent, qu'elle traite dans des ateliers spéciaux de désargentation. Elle expose des échantillons de plomb riche à coupeler et de plomb de première pression contenant 275 grammes d'argent sur 1000 kilos de plomb.

Nous trouvons aussi, sur ses rayons, du plomb doux et non sonore provenant de minerais français et d'alquifoux étrangers ; des minerais et alquifoux-scories des fours à reverbères ; des cristaux de plomb, produits aux chaudières Pattinson, et enfin des résidus de fumée condensés. Cette exposition est, au point de vue pratique, l'une des plus intéressantes de la galerie.

La fabrique de M. Verset, plombier à Nantes, a exposé des tuyaux cannelés à froid, en zinc, aux prix de 1 fr. 80 à 3 fr. 75 le mètre, suivant le diamètre ; une très belle baignoire d'une valeur de 100 fr., des bains de siége, des seaux, des arrosoirs, des faîtes et girouettes pour édifices, et un nouveau et très ingénieux système de cuvettes à eaux ménagères, pour office, relaverie ou cabinet de toilette. M. Verset est aussi inventeur d'un système de pompe à *régulateur rationnel*, qui peut s'adapter aux usages des ménages, jardins, etc., avec volant superposé, faisant sept fois au moins la force de son poids, ce qui le rend régulateur. Au moyen d'un récipient facile à adapter à la pompe, on parvient à élever l'eau jusqu'à 20 mètres.

Tout à côté, M. Champenois, de Nantes, si connu pour la bonté de ses produits, présente des conduits pour filature, des chandeliers, des plats, des pots et litres en étain ; des serpentins pour distillerie, et enfin de l'étain effilé pour teinture.

M. Massière de Paris donne à l'étain d'autres applications. Il le découpe en paillons, le revêt d'or fin et de couleurs brillantes, et l'emploie en broderies, en fleurs, en imagerie, en ornements d'éventails, en bijoux de fantaisie.

M. Massière fait mieux ; il applique l'étain à l'assainissement de nos demeures ; il veut qu'il obvie aux inconvénients, aux dangers de l'humidité, du salpétrage des vieilles murailles. On a déjà cherché à utiliser dans ce but les stucs et ciments, les plaques de zinc et les papiers métalloïdes à base de plomb ; mais le résultat n'a pas été concluant, par la raison que le salpêtre ou nitrate de potasse décomposait rapidement ces substances.

M. Massière a pensé que l'étain, plus résistant que le plomb à l'action du salpêtre, pouvait être appliqué à cet usage ; mais la porosité de ce métal présentait un obstacle que l'inventeur a heureusement vaincu en insérant intégralement une feuille de plomb entre deux feuilles de zinc.

C'est surtout pour la conservation des tableaux d'église que la découverte de M. Massière sera appréciée. Elle les sauvera d'une destruction lente, mais à peu près certaine. Aussi M. Rivière, rapporteur du jury de Besançon, et M. Chevalier, professeur de chimie, se sont-ils plus à rendre justice à l'ingénieuse invention de M. Massière.

M. Ch. Sebille de Nantes, dont nous retrouverons bientôt les intéressants produits à base d'ardoise, clôt cette série de l'Exposition Nantaise. Ce n'est pas un industriel à son début; déjà deux médailles de vermeil et quatre médailles d'argent ont récompensé ses travaux.

M. Sebille apporte chaque jour quelque nouveau perfectionnement à ses produits, et il est arrivé à ce point qu'il a pu exposer, auprès de ses tuyaux de plomb refoulé étamés à l'intérieur et à l'extérieur, de tous diamètres, une feuille inimitable de plomb de 10 mètres sur 2 mètres et de 25/100 de millimètres d'épaisseur, spécimen merveilleux d'une fabrication poussée aux dernières limites du possible.

Par l'usage des tuyaux étamés de M. Sebille, il n'y a plus d'empoisonnement saturnin par les liquides alimentaires, et ce qu'il y a de mieux encore, c'est que M. Sebille, par une heureuse combinaison, se voit à même de fournir ces tuyaux à meilleur marché que les tuyaux en plomb ordinaires.

Tel est le contingent de l'industrie des mines à l'Exposition de Nantes. On le voit par ce résumé, tous les métaux usuels y sont représentés, à l'exception toutefois du mercure dont les applications spéciales sortent, pour ainsi dire, de la métallurgie.

Nous n'avons pas à nous occuper ici des pierres précieuses, ni de l'or, de l'argent ou du platine qui forment une classe à part, et qu'on désigne sous le nom de métaux précieux. Nous n'avons plus, pour épuiser la série géologique de l'Exposition Nantaise, qu'à visiter les minéraux combustibles et les pierres communes.

LES MINÉRAUX COMBUSTIBLES ET LES SUBSTANCES PIERREUSES.

Le minéral combustible est une des principales richesses de la France ; son exploitation une des branches les plus importantes de l'industrie nationale.

Aujourd'hui surtout que son application s'étend et répond à des besoins nouveaux. La houille, écrivions-nous un jour, sort de terre sous mille aspects, avec des qualités si variées qu'elle est propre à tous les usages ; elle passe dans le fourneau des générateurs, comme dans les caloriféres élégants des salons ; elle se décompose en coke et alimente sous cette nouvelle forme les locomotives et les hauts fourneaux ; elle se transfigure en gaz et jette une pure lumière dans nos rues et dans nos habitations ; elle solidifie son goudron et met ses principes volatils au service de la chimie qui en tire des huiles plus légères que l'alcool ou plus lourdes que le plomb, des essences, des couleurs, des dissolvants énergiques, des ammoniacs qu'autrefois on payait au poids de l'or.

Agent indispensable de la vapeur, elle la produit et l'applique pour la première fois en France. C'est à la houille qu'est due l'introduction de la première machine à vapeur que l'on vit fonctionner sur le sol français ; c'est à Fresnes, dans le bassin houiller de Valenciennes, que fut fait, en 1732, l'application de cet auxiliaire puissant, sans l'aide duquel il eut fallu peut-être renoncer à absorber ces masses d'eau qui couvraient le terrain houiller et en défendaient l'approche.

L'accroissement rapide de la production de la houille

qui, de deux millions de quintaux qu'elle était en **1787**, s'est élevé, en **1841**, à **54** millions et à près de **40** millions en ces dernières années, a servi et a élevé le développement progressif de notre industrie. Le combustible minéral entre aujourd'hui pour plus d'un tiers dans la consommation générale de la France, et cependant il ne fournit guère plus de la moitié des besoins du pays, qui consomme annuellement plus de **80** millions de quintaux métriques de houille

Les bassins houillers de la Loire et du Nord sont les plus importants puisqu'ils donnent à eux seuls environ **70 %** de la production totale de la France. Des soixante-neuf autres bassins carbonifères, dix seulement présentent des résultats dignes d'être consignés, mais qui ne s'élèvent pas au-delà de **9 %**.

La superficie du terrain houiller en France est de près de **500** mille hectares, c'est-à-dire de **1/175**e de la surface totale de notre territoire continental.

Ce simple aperçu sera complet quand nous aurons ajouté que les travaux des mines de combustibles emploient une armée de **50** mille ouvriers et que la valeur totale de leurs produits, sur les lieux mêmes d'extraction, n'est pas moindre de **40** millions de francs.

La composition chimique des minéraux combustibles donne pour base prédominante le carbone ; l'hydrogène et l'oxygène s'y trouvent mêlés dans des proportions variables qui en font des catégories particulières. Ainsi, le graphite est exclusivement formé de carbone ; son usage est restreint et même presque nul comme combustible. Il reçoit un emploi industriel particulier, comme la fabrication des creusets réfractaires ou des crayons, par exemple.

L'anthracite, à la différence du graphite, qui ne se trouve que dans les terrains anciens, se rencontre dans les terrains de transition ou secondaires. Il forme la base du terrain carbonifère, et se distingue de la houille proprement dite par la proportion du carbone.

La houille appartient aussi aux terrains secondaires; elle contient plus de substances volatiles que l'anthracite, et brûle avec plus de flamme.

L'anthracite s'emploie principalement à la cuisson de la chaux. La houille, suivant ses qualités, sert à la composition du coke, aux travaux des forges, à la fabrication du gaz.

La plus riche en carbone est la houille grasse et dure à longue flamme; dans toutes les sortes la quantité d'hydrogène est uniformément la même, mais celle de l'oxygène augmente ou décroît dans la proportion inverse de la quantité de carbone qu'elles renferment.

La nature des substances pierreuses est très variée; elles servent aux usages les plus divers; mais celles dont l'exploitation est la plus importante et dont des échantillons, à l'état natif, figurent à l'exposition de Nantes, sont : 1° les calcaires en pierre; 2° les gypses ou pierres à plâtre, à chaux; 3° les schistes ou pierres à ardoises.

Le carbonate de chaux est la base du calcaire; son mélange avec l'argile augmente, suivant ses proportions, ses propriétés hydrauliques.

On en trouve des dépôts abondants sur toute la surface de la France, et il est l'objet d'un commerce considérable, roulant sur une valeur de plus de trois millions de francs et employant près de cinq mille ouvriers.

Le gypse, composé de sulfate de chaux et d'eau, se

rencontre en grandes masses sur certains points de notre sol, dans le terrain moyen ou dans les marnes irisées. Il s'exploite dans trente-huit départements, et ses produits, mis à jour par quatre mille ouvriers, représentent un capital de cinq millions de francs.

Les schistes sont des silicates d'alumine à structure feuilletée ne se délayant pas dans l'eau. Ceux qui composent l'ardoise sont les schistes de transition très fissiles et peu fissurés. Ils permettent leur division en lames très minces à surfaces assez larges.

Leur exploitation est très active sur plusieurs points de la France, dans le Finistère où ils se présentent au milieu du terrain cambrien sous l'aspect de phyllades verdâtres satinés, contenant des veines de phtanite schisteux ; dans le Maine-et-Loire où on les trouve au sein du terrain silurien sous formes de phyllades bleus, extrêmement purs et dont les dernières couches sont des calcaires noirs d'une grande compacité joignant les schistes rouges et verts ; et dans les Ardennes, où ils se rencontrent mêlés au terrain primitif en phyllades luisants, rougeâtres, violacés, bleuâtres ou verdâtres, parfois joints à des vestiges de fer oxydulé.

Le nombre de carrières à substances pierreuses exploitées sur le territoire français dépasse 20 mille ; elles donnent la vie à 80 mille ouvriers, et entrent dans la richesse nationale pour un capital annuel de 40 à 50 millions de francs en valeur de produit sur les lieux d'extraction.

Les appréciations qui précèdent, donnent une idée générale de l'importance des industries des minéraux combustibles et des substances pierreuses. L'étendue des terrains exploités, le nombre des ouvriers employés, les capitaux engagés ou produits annuellement, en font évidemment une des sources les plus considérables de la fortune publique, et cette prospérité que nous avons constatée ne peut que se doubler par l'extension que prennent chaque jour le commerce et la civilisation.

Quoi qu'il soit averé que la France ne se livre pas assez de combustible minéral pour sa consommation, et qu'elle se voit forcée d'en aller chercher chaque année en Belgique dans le bassin de Mons, ou en Angleterre dans le Yorkshire, ou le pays de Galles, plus d'un million de quintaux métriques, il ne paraît pas que l'émulation, le désir de se produire, la noble ambition d'un concours public se soient emparés des compagnies houillères. Deux seulement ont envoyé de leurs produits à l'Exposition de Nantes, et encore toutes deux appartiennent au bassin de la Loire.

Nous avons éprouvé le plus vif regret de l'abstention de cette riche et puissante compagnie d'Anzin, qui a emporté, à l'Exposition universelle de 1855, la plus haute distinction ; qui exploite à elle seule soixante mille hectares de concession, et qui produit annuellement une valeur de vingt millions de francs, représenté par quinze millions de quintaux.

Nous ne rencontrons, dans nos galeries, que la Compagnie des mines de Blanzy (Saône-et-Loire) et la Compagnie de la Basse-Loire, à Montjean (Maine-et-Loire).

M. Ed. Heusschen, qui dirige cette dernière, présente une collection de diverses qualités de houille : ce sont de beaux blocs de houille grasse ; du charbon de forge à 2 fr. 50 l'hect. ; du charbon de fourneau à 1 fr. 70, et du charbon pour machines à 1 fr. 85.

Près de là, nous trouvons des briquettes de poussier de charbon de terre, et du coke fabriqué avec du charbon Coffin pur, dans des fours construits suivant le système Eaton, ou encore avec du charbon Coffin mélangé de 15 % de charbon sec.

A ces produits, la Compagnie de la Basse-Loire a ajouté un beau bloc de pierre calcaire, des échantillons de chaux vive livrable à 1 fr. l'hect, et des cendres de chaux à 70 c. l'hect.

La Compagnie des mines de houille de Blanzy offre des minéraux combustibles de toute espèce, qui ne le cèdent nullement en qualité aux meilleurs produits du Yorkshire et du pays de Galles.

Elle expose de l'anthracite extraite du puits Magny, du charbon maigre à longue flamme du puits Sainte-Marie, de la houille grasse du puits de Cinq-Sous, des blocs de coke agglomérés au four stéphanois, composés de 3/4 de charbon gras et de 1/4 d'anthracite, ou d'autres préparés au four Appolt et composés de 2/3 de charbon gras et de 1/3 d'anthracite du four Magny, ou d'autres encore composés de pur charbon gras du puits Sainte-Elisabeth ; produits très remarquables de qualité, dont le poids atteint jusqu'à 55 kilos.

Le massif de houille exploité par cette Compagnie, quoique profondément bouleversé et coupé de failles, renferme cependant des veines qui offrent, en certains endroits, une épaisseur de 25 mètres : ressource immense, dont les développements assurent un avenir prospère à cette société.

Les ardoisières d'Angers sont les seules qui exposent dans nos galeries. Nous y voyons un très-beau carrelage, à dessins élégants et de bon goût, monté et posé par

M. Berteau jeune, de Nantes; des dalles en carreaux, des découpures ornementées et incrustées, une table ovale montée sur un pied de 2 mètres 50 dans son plus grand diamètre, une plaque de 2 mètres 50 de long sur 1 mètre 60 de largeur, pour table de billard, un charmant guéridon et une jardinière d'un délicieux travail, des médaillons, des cadrans solaires montés sur de jolies petites tables, et un bassin à trépieds pour jet d'eau de bosquet ou de kiosque.

Le fini du poli, la netteté des découpures, la pureté du dessin, des sculptures, font de ces produits des articles tout à fait distingués. Nous ne croyons pas que l'Angleterre ait jamais rien fait de mieux comme modèles, comme élégance, comme perfection de dimension et de qualité.

Les fosses d'Angers s'exploitent à ciel ouvert, sur des profondeurs de plus de 100 mètres. Les feuillets y sont verticaux, à pente moyenne de couches de 40 cent., prouvant jusqu'à l'évidence que la schistosité est due à une action ultérieure.

La Compagnie des ardoisières d'Angers est la plus importante de France; elle emploie plus de trois mille ouvriers, et ses produits annuels dépassent cent millions de kilog., représentant un chiffre d'affaires de quatre millions de francs; les carrières sont en exploitation depuis près d'un siècle et demi, et leurs ardoises ont toujours été citées comme supérieures. Aussi les distinctions les plus honorables ont-elles été accordées à cette Société, et parmi les sept médailles d'or qu'elle a obtenues, doit-on citer en première ligne une médaille unique.

M. Ch. Sebille, de Nantes, qui a été aussi honoré de nombreuses médailles, expose de curieux produits à base d'ardoise, qui méritent toute notre attention, en considération de leur bon marché, de leur solidité à toute épreuve, qui en assure la durée presque illimitée et de la simplicité de la pose et de l'entretien.

Les matières premières qu'il nous montre sont de grossiers détritus d'ardoises qu'il broie et dont il fait une sorte de brai minéral, qu'il lie avec des poils de porc, rebuts des brosseries.

De cet amalgame solidifié et jeté dans des moules, il fait des statues, des bustes, des médaillons; des tuyaux canalisateurs, comme ceux qui fonctionnent sous le cours Saint-André de Nantes et qui résistent à la pression du service d'eau de la ville; des urinoirs adoptés par l'administration municipale de Nantes et par celle du chemin de fer d'Orléans.

Cette ingénieuse idée de M. Sebille fut, au début, d'une pratique très difficile. La solidification de ses produits était imparfaite; ils fléchissaient sous une chaleur de 30°, ce qui les rendaient impropres aux services publics en plein air. Mais les perfectionnements qu'il y a ajoutés et qui portent leur action résistante au calorique jusqu'à 100° assurent désormais le succès de cette industrie.

Les carrières alimentant des fours à chaux n'ont qu'un seul représentant sérieux, car nous ne pouvons attacher une importance démesurée à l'exposition des échantillons de chaux de la Compagnie Houillère de la basse Loire.

MM. Denis et Le Roux, propriétaires des carrières d'Erbray, en Saint-Julien-de-Vouvantes offrent un magnifique bloc de calcaire de 1 mètre 80 de hauteur et de 50 cent. de largeur sur chacune de ses quatre faces;

ils exposent aussi un échantillon de la plus belle chaux.

Ces industriels traitent les matériaux de leurs carrières dans les fours à chaux de leurs usines de la Rousselière et de la Ferronnière, et la réputation de leurs chaux grasses est assurée dans toute la contrée qui entoure leurs établissements.

La chaux, on le sait, est préparée par la calcination à une température élevée, ayant pour objet de chasser l'acide carbonique du carbonate de chaux ; le plâtre s'extrait du gypse par des procédés à peu près semblables, c'est-à-dire par une cuisson, à basse température, dont le résultat est l'expulsion de l'eau combinée au gypse.

La perfection des produits dépend en majeure partie de la perfection des fours : sous ce rapport, MM. Denis et Le Roux ne laissent rien à désirer ; et puisque nous en sommes à l'examen de ces procédés, nous dirons deux mots des fours à plâtre de nouveau modèle exposés par M. Volant.

M. Volant, en vue de réaliser une économie qui permit de baisser le prix des plâtres, a tenté l'emploi de charbon de terre pour leur cuisson. Il y a réussi, et les produits d'une blancheur irréprochable qui sortent de ses fours répondent victorieusement aux critiques dont son système a été l'objet.

Le système appliqué jusqu'à ce jour exigeait une dépense triple de combustible ; cette différence s'explique non-seulement par la substitution de la houille au bois comme moyen de chauffage, mais encore et surtout par l'impossibilité de la déperdition du calorique qui résulte de la confection de voûtes des nouveaux fours en briques réfractaires.

Une heureuse combinaison de construction ménage des courants de flammes attirées circulairement autour des parois du four nouveau par des cheminées d'appel à registres qui permettent d'activer ou de modérer, selon les besoins, l'ardeur du foyer.

Un avantage aussi précieux des fours de M. Volant résulte de l'extrême facilité de la charge et de la décharge. Les échantillons qu'il présente à l'Exposition sont de première qualité et offrent les différentes natures de plâtre commercial : plâtres fins, blancs et teintés, plâtre noir, plâtre albâtre, sortant tous de ces fours perfectionnés et traités dans son usine à vapeur de l'île Gloriette.

Après cet examen rapide des calcaires communs, nous allons passer en revue les marbres qui forment la catégorie des calcaires précieux et les variétés de pierres plus compactes et plus susceptibles d'un poli brillant qui les rend propres aux travaux d'art.

LES GRANITES ET LES MARBRES.

Les granites sont les pierres employées aux constructions ; ils sont composés de feldspath lamellaire, de quartz et de mica, à peu près également répartis.

La variété des couches géologiques du sol de la France en fournit d'espèces différentes en grand nombre et en quantités considérables. Les laves du Puy-de-Dôme, les calcaires du Jura, les grès des Vosges, tout cet ensemble formant le vaste bassin de Paris, et le massif primitif du centre de la France, sont cités parmi les plus connus.

L'Ouest est aussi très abondant en granites ; on y distingue, parmi les plus renommés, les granites des Côtes-du-Nord, les roches du Finistère et de l'Ille-et-Vilaine, les craies dures du bord de la Loire et les calcaires grossiers d'un blanc grisâtre, remplis de coquilles fossiles du genre cérithe, qui forment l'étage inférieur des terrains tertiaires.

Les marbres sont des calcaires compacts qui servent à l'ornementation, à la sculpture et aux embellissements intérieurs et extérieurs des édifices. Leur texture est homogène, leur grain assez fin pour recevoir un poli qui en double l'éclat.

Dans cette catégorie se rangent les calcaires de Châteauroux plus particulièrement employés en lithographie, les granites de Corse et du Finistère, les marbres des Ardennes, des Pyrennées et de la Mayenne.

Chimiquement les marbres se décomposent en chaux et en acide carbonique ; ils produisent effervescence sans les acides, la phosphorence est la propriété de la plupart de leurs variétés, qui sont infinies. La multiplicité de combinaisons de leurs taches, de leurs couleurs, de leurs veines, en fait des substances très précieuses pour la sculpture et pour l'ornementation.

Ils sont répandues sous l'écorce terrestre avec une véritable prodigalité. On les y trouve souvent alternant avec les granites, par bancs immenses, épais, s'étageant à des hauteurs parfois considérables, et formant la plupart des chaînes de montagnes, principalement les Pyrénées, les Apennins.

Ces taches, ces veines si vives, si brillantes que l'on

admire dans le marbre , ne sont que des effets du mélange, de l'infiltration de subtances étrangères qui ont pénétré lentement dans la masse calcaire. La manganèse , le zinc , le sulfure de plomb , la malachite , les pyrites de cuivre ont produit par leur infusion ces effets merveilleux.

Les sculpteurs recherchent plus particulièrement le marbre saccharoïde dont la structure brillante, finement lamellaire , a le grain du sucre raffiné , tels sont les marbres de Paros , de Paxos dans l'antiquité et celui de Carrare de notre époque. Ces marbres appartiennent généralement aux terrains primitifs.

Les brèches sont des marbres formés de teintes de toutes couleurs, dont les veines ou taches ont des contours accentués et arrêtés. Les espèces les plus connues parmi ceux d'une seule nuance sont le jaune antique et le jaune de sienne, le rouge antique, le noir de Dinant et de Namur. Le Portor, veiné de jaune sur fond noir, le Narbonnais, rouge et blanc, la griotte brun taché, le campan de Bagnères rouge veiné de vert, et le Sainte-Anne noirâtre veiné de gris et de blanc.

Il y a encore les lumachelles grises jaunes, les brocatelles, qui sont des brèches à fragments plus petits et plus anguleux, et les fausses brèches, qui ne diffèrent des véritables que par la disposition des veines. Toutes ces variétés colorées à veines ou taches se trouvent dans les plus anciens terrains secondaires ou dans les terrains intermédiaires.

Les granites sont représentés à l'Exposition nantaise par quelques beaux échantillons.

M. Gruat, directeur de l'exploitation générale des carrières de Chauvigny (Vienne), présente des pierres dures de la Croix-Blanche et de Brueil, de la pierre tendre de Mignie, de la pierre demi-tendre de Lavoux, propre à la sculpture, et enfin un beau bassin en pierre de Chauvigny contenant trois mille litres.

M. Gabory, de Nantes, expose des granites du pays à l'état brut, et des monuments funéraires façonnés dans ses ateliers. Cette exhibition mérite une mention particulière.

M. Hernot, de Lannion (Côtes-du-Nord), nous fait voir tout le parti qu'un habile artisan peut tirer des granites. Sa grande croix, en pierre sculptée, est un morceau capital. Au mérite de l'exécution, il a joint celui de la difficulté vaincue ; c'est une œuvre d'art et des meilleures.

Ses produits ont été, depuis quelques années, mentionnés avec éloge. Le compte-rendu de l'Exposition régionale de Rennes, en 1859, rend à M. Hernot un hommage mérité. « Cet artiste bas-breton, dit le rapporteur, nous rappelle ces sublimes maçons du moyen-âge qui, tout en priant et chantant, suspendaient dans les airs ces merveilleuses aiguilles, ces clochetons, ces saints, ces anges, ces immortelles cathédrales, ces admirables poèmes de granit, monuments glorieux de la foi de nos pères. M. Hernot est bien le disciple de cette école. »

« Qu'est-ce qu'Hernot ? se demandait, en 1858, le rapporteur du Concours régional de Saint Brieuc, où M. Hernot a obtenu la médaille d'or.

» C'est, poursuivait-il un ouvrier tailleur de pierres, un homme sans lettres, qui par son génie, tout seul, est arrivé à donner la vie à la pierre. »

Et parlant d'un Christ semblable au calvaire exposé à

Nantes, il ajoutait : « Que de pensées ont été exprimées dans cette œuvre admirable, et quel parfum de piété il s'en exhale ! M. Hernot est de la vieille école, de cette école du moyen-âge dont les élèves bâtissaient nos cathédrales gothiques. C'étaient des corporations de maçons que le peuple appelait les *logeurs du bon Dieu*. Ils avaient la foi et la patience, deux puissants leviers, et tout en chantant des litanies, ils traçaient des épopées sur la pierre et faisaient des poèmes de granit. Encore une fois, M. Hernot est de cette école. »

Depuis 1844 M. Hernot sculpte la pierre ; il a fourni des calvaires, des statues, des autels, des rosaces, des fonts baptismaux à tout l'Ouest. Il a même bâti une église toute entière à Lanvellec. Il a façonné nombre de tombes, de pyramides, de mausolées, de monuments funèbres, parmi lesquels on cite la statue couchée de M. Moy, curé de Paimpol. Son chef-d'œuvre est cependant son calvaire exposé à Nantes ; la face de son christ est pleine d'angoisse et de majesté ; il semble que de sa bouche tombe réellement ces paroles de résignation gravées sur la banderolle qui s'enroule autour de l'arbre de la croix : *O vos omnes qui transitis per viam, attendite et videte si est dolor sicut dolor meus !*

Ce beau calvaire est vendu à M. le curé de Saint-Christophe-de-Ligneron, diocèse de Luçon (Vendée).

Avant de visiter les marbres, nous voulons parler des stucs exposés par M. Corbineau, de Nantes.

M. Corbineau a importé à Nantes une industrie nouvelle, celle des stucs, et il apporte une telle perfection dans l'imitation si difficile du marbre, que sa réputation a été faite du premier coup.

Il a déposé dans les galeries, des colonnettes, des fûts

à statues, des tables, des socles de bustes, des balustres et jusqu'à des pendules, qui sont des produits devant lesquels l'illusion est complète. Il n'est pas possible de pousser plus loin l'imitation des nuances, des veines, la transparence, le grain, le glacé.

Cette industrie, précieuse quand elle arrive à ce degré de perfection, doit être encouragée, car elle a pour conséquence une économie importante dans les travaux d'embellissement de l'intérieur des édifices, tout en réunissant l'élégance et la solidité.

Nous nous trouvons maintenant en présence des marbres. Les exposants sont peu nombreux, mais les produits sont admirables.

Voici d'abord de beaux blocs de marbre brut et des plaquettes de marbre poli des carrières de Marga (Aude). Nous aurions voulu pouvoir citer le nom de celui qui les expose; nous regrettons de l'ignorer. Son marbre est très-beau et son poli parfait.

Les quatre exposants dont nous allons nous entretenir, tous quatre de Nantes, ont rivalisé de bon goût et ont montré, à un degré presque égal, un véritable sentiment de l'art.

M. Chastellu expose deux bustes de marbre blanc d'une bonne composition, fouillés avec soin par un ciseau habile et expérimenté; il a encore un bas-relief représentant un sujet religieux d'une touche délicate. Son dallage est aussi très bien réussi, et nous n'y trouvons pas ces tons criards et mal choisis que l'on regrette de rencontrer trop souvent dans ce genre de travail.

M. Chastellu expose, en outre, trois belles cheminées, l'une de marbre gris veiné de noir et deux autres de marbre blanc légèrement veiné de gris. L'une de ces dernières est surtout remarquable par l'harmonie de sa coupe et l'effet magistral de son ensemble ; elle est dans le style un peu maniéré du Directoire, avec deux lions fantastiques supportant les angles de la tablette.

M. Jusseaume, dont nous retrouverons d'autres produits non moins distingués dans une autre classe, expose une cheminée-buffet de salle à manger, avec réserve pour la vaisselle, d'un style un peu fantaisisté, mais d'un sentiment architectural qui ne manque pas son effet. Ce joli meuble, entièrement dessiné par l'exposant, est composé de plaques de marbre de deux sortes, un beau marbre rouge griotte formant le fond, et un marbre à nuance d'un jaune tendre se détachant du fond avec un certain éclat qui attire et charme l'œil.

Des autres cheminées exposées par M. Jusseaume et qui mériteraient toutes une description, nous nous bornerons à mentionner la cheminée style Louis XV, d'une coupe heureuse, et d'un fini de travail et de poli que rien ne surpasse.

M. Pincé offre aussi une belle cheminée de marbre griotte taché de blanc, une autre d'un marbre noir veiné de jaune et une autre enfin de marbre blanc. Ce qui distingue surtout ces produits, c'est une sage sobriété des détails qui n'exclue cependant pas l'élégance artistique.

M. Cautet présente une magnifique plaque de marbre des Pyrénées, un damier en mosaïque de marbre, une belle table offrant un échantillon de toutes les espèces de marbre employées dans les ateliers de l'exposant.

Nous remarquons aussi une cheminée en brèche de Pourton (Hautes-Pyrénées), noire, veinée de jaune; une autre en marbre amarante de Dalcay (Basses-Pyrénées), rouge, noir et gris, et enfin une très majestueuse cheminée, style Louis XIV, en marbre Campan mélangé, veiné rouge, vert et blanc. C'est une œuvre vraiment monumentale.

L'effet qu'elle produit est complet. Le dessin de la tablette est du plus heureux goût; ses supports hardiment sculptés ont un relief qui fait mieux ressortir la beauté du grain du marbre et l'habileté du ciseau de l'artiste. Nous le répétons, c'est une œuvre très remarquable et qui rappelle bien une époque fastueuse.

Nous avons épuisé la série minéralogique de l'Exposition nantaise, formant la première division de notre étude. Nous avons vu dans l'ouvrage de M. Caillaud la formation des minéraux, des roches granitiques, des calcaires, le travail sous-marin de ces mystérieux animaux qui opèrent l'œuvre obscure de la transformation des profondeurs de l'Océan ; nous avons vu la patiente, l'infatigable obstination de recherches, d'observations scientifiques que le célèbre et modeste naturaliste a apportée dans le tracé de sa carte géologique du département de la Loire-Inférieure.

Nous avons vu ensuite mis en œuvre, travaillé, martelé, trituré, forgé, laminé, fondu en masses énormes, ou aminci en feuilles presque impalpables, le fer, le cuivre, l'étain, le plomb, le zinc. Nous les avons vu, s'assouplissant sous la main humaine, dirigée par la volonté et servie par la science, prendre toutes les formes, s'adapter à tous les usages, obéir docilement, on dirait presque intelligemment, aux caprices du modeleur, aux savantes combinaisons de l'industriel.

Nous avons vu enfin la mine de houille, de gypse, de plâtre, la carrière de chaux, de granite, de marbre, nous livrer leurs richesses pour la construction et l'embellissement de nos demeures, pour le complément du bien-être et du confort que la civilisation a apportés dans la société du XIXe siècle.

Celte première partie de l'Exposition nationale de Nantes est très remarquable sans doute, et cependant elle ne peut être mise au-dessus de certaines autres séries que nous passerons en revue et qui, aussi bien que le groupe minéralogique, donnent la plus haute idée du degré d'élévation de la science et de l'industrie en France.

IV.

MÉCANIQUE GÉNÉRALE.

LES MACHINES A VAPEUR FIXES.

La mécanique générale est l'application des forces qui produisent le mouvement. Cette application a lieu par des machines, instruments qui transmettent l'action des forces suivant certaines règles et qui en modifiént les effets selon les besoins.

La science de la mécanique qui est une des parties les plus importantes de la technologie, et qui préside à la plupart de ses procédés, enseigne le calcul et l'emploi des forces usuelles de la physique.

Avant d'entreprendre l'examen des machines qui figurent à l'Exposition nationale de Nantes, il est bon de jeter un coup d'œil rapide sur l'état de l'ensemble de la mécanique et de la physique applicables à l'industrie.

L'illustre Ampère a déterminé, dans son essai sur la *Philosophie des Sciences*, les préceptes géométriques qui sont l'introduction nécessaire de la mécanique industrielle.

Il a envisagé les mouvements tels qu'ils s'observent dans les corps, et particulièrement dans les machines, et sans avoir égard aux forces qui produisent ces mouvements. Le premier problême résolu est celui de la transformation du mouvement, qui est alternatif lorsqu'il se produit dans des sens différents, ou continu lorsqu'il se perpétue dans le même sens. Ces deux grandes divisions du mouvement se subdivisent en rectiligne, en courbe ou circulaire, et se combinent entr'elles d'une infinité de manières.

La transmission du mouvement d'un axe de rotation à un autre se fait par le moyen de courroies passant sur des tambours ou des poulies fixés aux axes. Les engrenages communiquent ce mouvement d'un axe à l'autre sous la tension de la courroie ; l'embrayage suspend et renouvelle, selon les besoins, les mouvements de la machine, les échappements les régularisent, le volant les rend invariables, le frein les modère.

L'homme a appliqué à la mécanique des forces de diverses natures ; parmi celles qu'il emprunte à des agents inanimés, l'eau et le vent sont les plus anciennes et les plus élémentaires. La chaleur est le moteur le plus puissant et le plus disciplinable par la production de la vapeur. Sa puissance, comparée aux moteurs animés, lui donne un avantage certain à cause de la continuité du travail et de sa constance mathématique.

Pour déterminer le travail mécanique, il faut tenir compte de la résistance et du chemin décrit dans le sens de cette résistance. Les appareils qui négligent cette première loi sont bientôt abandonnés par la pratique.

Ainsi, le système d'impulsion directe, imaginé par

Branca, n'a jamais pu être appliqué à cause de la déperdition énorme de force motrique ; le système de Hénon, ou système par réaction, quoique fort ingénieux, n'a pas encore été pratiquement utilisé ; le système par pression, de Salomon de Caus et de Papin, présentant des dangers d'explosion, a fait promptement abandonner la première machine de Savery et a assuré la préférence au système par condensation alternative avec pression atmosphérique, de Newcomen.

Les machines à haute pression, à détente et à condensation consomment, il est vrai, 1/3 de combustible et 3/5 d'eau de moins que les machines à basse pression ; mais la complication de leur structure, le mécanisme de leurs soupapes, le frottement résultant de la détente, l'entretien difficile des garnitures sont des inconvénients auxquels on n'a jusqu'à ce jour que médiocrement obvié.

Après le choix du système, la partie la plus importante dans l'établissement d'une machine à vapeur, es. le mécanisme de ses distributeurs d'alimentation du foyer et de la chaudière ; de là la multiplicité des recherches pour arriver au perfectionnement du tirage des foyers, à la confection de bonnes grilles, d'injecteurs constants, de bouilleurs, de flotteurs, de pompes foulantes, appareils ingénieux qui ont en partie résolu ce problème difficile.

Le travail mécanique s'obtient encore, dans différents systèmes de machines à vapeur, par impulsion et condensation de la vapeur seule toujours dans le même sens, ce qui n'est autre chose que la machine à simple effet de Watt ; par pression et condensation alternatives et simultanées en sens contraires, c'est la machine à double effet ; par la détente de la vapeur, et la haute pression alternative à condensation.

De ces divers systèmes, on peut conclure que les machines doivent être envisagées par rapport à l'action de la vapeur, au mécanisme de transmission, et à la mobilité. Leur comparaison entre ces systèmes amène aussi cette conclusion que les machines à basse pression ont cet avantage de présenter moins de fuite de vapeur, d'être d'une plus grande simplicité de construction, et, par conséquent, d'un entretien plus facile et moins dispendieux.

L'emploi de la vapeur n'est pas sans danger ; de là les soupapes de sûreté, les rondelles fusibles, qui se déchirent et laissent échapper la vapeur lorsque la tension excède une certaine limite ; et les manomètres à air libre et à air comprimé, gradués en atmosphères qui avertissent du danger et permettent d'éviter des catastrophes.

La vapeur est l'invention qui, par ses applications, a fait faire depuis cinquante ans les plus grands progrès à l'industrie. Elle trouve son emploi dans toutes les usines et elle a rendu possible les travaux les plus gigantesques dont elle a applani les difficultés et amoindri les dépenses.

Ces observations préliminaires feront mieux comprendre la valeur des machines exposées dans les galeries nantaises. Nous examinerons d'abord les machines à vapeur fixes et locomobiles, les seules qui figurent dans les galeries.

La machine fixe de M. Gache, de Nantes, est la seule verticale ; la critique la plus hostile, la plus malveillante, ne saurait rien reprendre à l'exécution soignée, à la main-d'œuvre irréprochable de cet appareil. Une innovation heureuse a été introduite dans cette machine par le constructeur. M. Gache a constaté que l'ancien modérateur à force centrifuge en communication avec l'arbre du volant et réglant l'ouverture d'introduction de la vapeur n'agit pas toujours d'une manière certaine, que l'écartement des boules n'est pas toujours en rapport avec l'accélération du mouvement, et que, par conséquent, la douille à laquelle sont fixées les tiges qui les supportent n'agit pas sûrement sur la clé du robinet d'admission de la vapeur.

Il a conclu de cette observation qu'il y avait là quelque chose de défectueux qu'il importait de réformer et il l'a tenté en appliquant à sa machine le régulateur employé dans les machines de bateaux, et dont toute la théorie est fondée sur les pressions différentes aux deux plateaux du piston.

La petite machine à vapeur horizontale de MM. Faivre frères, de Nantes, est d'une admirable simplicité ; elle ne le cède en rien pour la confection à celle de M. Gache.

Nous avons aussi des éloges à donner à la belle machine horizontale de MM. Besnard frères, de Nantes. Le soin le plus minutieux se fait remarquer dans son ajustage, et elle présente toutes les garanties d'une excellente facture.

MM. Lebanneur, Petau et Comp., ingénieurs à Paris, offrent plusieurs spécimens de leurs ateliers. C'est d'abord une machine à vapeur horizontale, d'après le système Wolf, à double cylindre, la vapeur passant d'un corps de pompe dans l'autre et venant de la haute pression à la détente pour aboutir à la condensation.

Cette belle machine, de la force nominale de vingt chevaux, peut être livrée au prix relativement réduit de douze à treize mille francs, complète et avec son condensateur.

Auprès de cet appareil, les mêmes constructeurs exposent une autre machine horizontale de la force de quatre chevaux, au prix de deux mille deux cents francs. Cette machine, bien établie, est à cinq atmosphères de pression, par recouvrement à moitié.

MM. Lebanneur et Pétau présentent enfin une jolie petite machine verticale, n'occupant pas plus de deux mètres cubes d'espace et portant la force d'un à deux chevaux. Ils fixent le prix de ce bijou à douze cents francs.

M. Dubois, constructeur à Paris, a envoyé une machine à vapeur horizontale de la force nominale de trois à quatre chevaux, à détente variable. Son installation, son ajustage sont très-bons ; mais ce qui complète le mérite de cet appareil, c'est son prix minime, **M.** Dubois l'offrant pour dix-huit cents francs.

Une remarque générale, du reste, sur les machines exposées, c'est que leur prix de vente peut être calculé, à peu de chose près, sur cinq à six cents francs par force de cheval.

MM. Brissonneau frères, de Nantes, ont produit aussi une belle machine horizontale qui présente les conditions les plus parfaites d'agencement, de montage et de solidité. Elle est à détente variable et sans condensation. Elle représente une force nominale de six chevaux.

C'est ici le lieu de mentionner l'exposition de l'Ecole professionnelle du centre, établie à Ménars (Loir-et-

Cher). La renommée de cette Ecole est faite ; elle forme chaque année d'habiles artisans, des contre-maîtres expérimentés, des ingénieurs civils qui vont porter la science pratique dans les usines. L'exposition de cette Ecole nous rappelle les collections uniques de l'Ecole de Châlons.

Ce sont des modèles ou éléments de machines, de menuiserie et de charpente ; ici, des presses à levier à excentrique, des cisailles, des machines à dévider les cocons de soie et à tordre les fils, des machines à soulever les combles, des balanciers-découpoirs, des machines à vapeur, des locomotives Crampton, des presses à bains de teinture pour les drapiers, des guindeaux ou cabestans de navires, des machines à tailler les meules de moulin ;

Là, des intersections géométriques, des machines à fabriquer les tuyaux de drainage, des machines d'épuisement d'après le système César Fichet, des machines oscillantes, à mouvement circulaire continu ou rectiligne alternatif, des pompes de mines, des grues à double effet, des vis d'Archimède, et enfin une série complète de la coupe des pierres.

Comme complément des machines à vapeur fixes, il nous faut examiner deux ingénieux appareils exposés par MM. Varillat et Langlois, de Rouen. Ces industriels, qui dirigent un établissement important, présentent d'abord un Extracteur continu d'eau condensée, applicable aux conduites de vapeur, aux machines et aux serpentins, en un mot à tout ce qui sert à chauffer, évaporer ou cuire. Cet engin, peu volumineux et d'une extrême solidité, n'exige aucun entretien et décharge de la surveillance des robinets de retour.

Il est d'une extrême simplicité de construction, et pour en faire mieux comprendre l'utilité nous allons essayer d'en décrire les éléments. Une tubulure met en communication, avec les appareils à purger, l'Extracteur, qui se compose d'un flotteur sphérique auquel est soudé un levier destiné à faire agir une soupape pour l'échappement de l'eau lorsque le niveau normal est dépassé.

Il résulte de cette combinaison des avantages qu'il n'est pas indifférent de faire ressortir : l'application de l'Extracteur continu aux conduits à vapeur permet d'extraire sans intermittence l'eau qui se condense et qui, par les impuretés qu'elle contient, fait fuir les joints, détériore les robinets, et altère profondément les appareils ; dans les machines, l'Extracteur empêche l'eau, la mousse ou l'écume de se répandre dans les cylindres, où la vapeur tend à les entraîner et où elles absorbent inutilement de la force, tout en gâtant les parois, les tiroirs et les pistons.

Les mêmes exposants nous offrent un indicateur de précision du niveau de l'eau pour les chaudières à vapeur.

La plupart des flotteurs et indicateurs proposés jusqu'à ce jour remplissent mal leur objet ; les niveaux d'eau à tube en verre, les robinets-jauges, très coûteux d'entretien, très imparfaits, présentaient des dangers que l'on n'était pas encore parvenus à faire disparaître. Leur manœuvre capricieuse interrompait par fois le travail et en compremettait toujours la sécurité.

L'indicateur de **MM.** Varillat et Langlois est simple et solide ; placé sur le devant du fourneau, il est continuellement sous les yeux du mécanicien. Un flotteur est encore la base de cet instrument ; il fait mouvoir, à travers une boîte à étoupes qui fait corps avec le cadran extérieur, une tige dirigeant l'aiguille indicatrice.

L'heureuse ordonnance de ces éléments rend l'instrument infaillible et il fonctionne sans altération, sans dérangement avec une ponctualité si parfaite, qu'il n'y a pas le moindre suintement de vapeur où d'eau. L'expérience de quatre années a consacré cette découverte, que les industriels les plus renommés et les ingénieurs des mines ont appréciée et adoptée.

Douze fois médaillés pour leur indicateur régulateur mécanique, MM. Lethuillier et Pinel de Rouen viennent le soumettre à l'examen du jury nantais. Cet appareil a aussi pour objet de maintenir à niveau constant l'eau des chaudières à vapeur ; il est muni d'un sifflet d'alarme, d'un manomètre et d'une soupape de sûreté, avec une autre soupape de retour d'eau. L'aimant conduit l'aiguille indicatrice et lui fait suivre tous les mouvements du flotteur en supprimant la boite à étoupes qui a toujours présenté des inconvénients.

Les fluctuations du niveau d'eau sont indiquées avec une rigueur mathématique par l'aiguille du cadran, et cette innovation permet d'éviter les fuites d'eau et de vapeur, de supprimer le graissage, les garnitures d'étoupes et toute communication mécanique entre l'intérieur et l'extérieur de la chaudière.

Le conducteur de la machine ne se voit plus astreint à tâter à chaque instant le flotteur pour s'assurer qu'il fonctionne. Par la réunion de plusieurs appareils sur une seule tubulure, MM. Lethuillier et Pinel arrivent à ce résultat de supprimer le danger de la multiplicité d'ouvertures à la chaudière.

Par leur moyen d'alimentation continue, ils réalisent une économie de 6 %. La pompe alimentaire fonctionne sans arrêt ; l'eau que le robinet régulateur refuse s'écoule par une soupape de retour d'eau. Le robinet régulateur est fixé à l'intérieur de la tubulure et n'a point de communication avec l'extérieur de la chaudière. Il est mis en mouvement par un levier relié à la tige du flotteur, qui le force à s'ouvrir ou à se fermer, suivant la variation du niveau de l'eau.

L'extrémité du robinet est buttée par une vis à contre-écrou, réglée à l'extérieur, ce qui l'empêche de rester en contact avec son ajustage, afin d'éviter toute résistance sur la tige du flotteur. Ce robinet étant démanché, fuit, il est vrai, mais cette perte d'eau n'a lieu que dans l'intérieur de la chaudière.

L'idée de ces exposants est heureuse et heureusement réalisée dans leur appareil.

Frappé de la même idée, M. Achard, ingénieur, a aussi porté ses recherches sur l'alimentation à niveau constant des chaudières à vapeur. Il a inventé un appareil qui fonctionne à l'Exposition de Nantes. Son procédé n'a aucun rapport avec celui employé par MM. Varillat et Langlois. M. Achard a voulu appliquer aux opérations mécaniques l'adhérence produite par l'électro-aimant ; il est arrivé à faire intervenir en effet l'électricité avec toute son énergie et toute sa précision dans le mécanisme ; il est parvenu, par son embrayage électrique à suspendre ou rétablir l'alimentation d'une chaudière à vapeur.

Son appareil se compose de deux parties distinctes, la machine alimentaire et l'embrayage.

Cette dernière partie de l'appareil, qui a pour objet de rapporter le niveau d'eau du générateur et d'annuler l'effet de la pompe toutes les fois que ce niveau est suffisamment élevé, est absolument automatique ; mais c'est un automate intelligent, puisqu'il donne lui-même l'alarme lorsqu'il ressent quelqu'obstacle à son fonctionnement.

L'action électrique manœuvre le robinet de passage de l'eau aspirée ; elle se développe par un simple élément Daniell qui, comme on sait , s'alimente avec du sulfate de cuivre.

Cet appareil, qui fonctionne de la manière la plus régulière, a été l'objet d'un rapport à la société d'encouragement pour l'industrie nationale, qui lui a donné sa complète approbation et qui a proclamé son caractère essentiellement sûr. Cette compagnie savante l'a recommandé aux industriels qui sont jaloux de sauvegarder leurs intérêts et de prendre toutes les précautions nécessaires pour éviter ces accidents graves qui viennent encore trop souvent attrister les développements de notre industrie.

Un appareil non moins ingénieux, mais de procédés et d'application entièrement différents a été exposé par M. Guillemet aîné, de Nantes. Nous voulons parler de sa grille mobile fumivore. Le secret de cet appareil consiste dans le déplacement successif de chaque barre de la grille, qui, poussée d'une extrémité à l'autre de l'appareil, est abaissée par une douille et va rejoindre son point de départ en passant dans la place inférieure à son premier passage. Ce mouvement continu des barreaux qui se succèdent tamise les cendres et les scories, agite incessamment le foyer et donne plus d'action à la flamme.

Auprès des machines fixes de la grande salle de l'Exposition nantaise figurent les courroies. Plusieurs industriels ont envoyé des spécimens de ces moyens de transmission d'un arbre à l'autre dans les machines à vapeur et nous voulons en dire deux mots en passant.

M. Landrin, de Nantes, offre des courroies mécaniques en cuir de qualités spéciales, soudées par un procédé nouveau. Le cœur du cuir en est détaché, sans pattes flaches ni parties inférieures quelconques ; ces courroies présentent toutes garanties de solidité et de durée.

M. Bonsergeant, de Pont-Rousseau, expose aussi de belles courroies en cuir d'une largeur d'au moins 0,25 cent., et dont la qualité est très remarquable.

M. Lezaire, de Lille, a envoyé des courroies de cuir diaphane dont la flexibilité est peut-être moindre, mais qui doivent être aussi d'un excellent usage.

LOCOMOBILES.

Les locomobiles servent à l'application de la force de la vapeur soit pour traîner des fardeaux, soit pour faire mouvoir des instruments qui doivent se transporter d'un lieu dans un autre.

La locomotive est une sorte de locomobile appliquée à la traction des trains sur les rails des chemins de fer. Il s'en construit de nos jours d'un poids considérable et d'une grande puissance. Mais comme l'Exposition Nantaise n'en offre aucun échantillon, nous n'avons pas à nous y arrêter.

Les locomobiles motrices d'instruments y sont au contraire en grand nombre, et elles présentent dans l'ensemble et dans les détails une très remarquable exhibition.

L'on sait que le mécanisme des locomotives et celui des locomobiles est à peu de choses près le même. La forme de la boîte à feu et les conditions économiques du générateur sont les points essentiels sur lesquels toutes les études des inventeurs et des innovateurs se concentrent. Nous allons en voir de très intéressantes à ce double point de vue.

MM. Massonnet, Nassivet et Cie, de Nantes, n'ont fondé leur usine qu'au commencement de 1858 , et déjà ils ont obtenu dans les concours de Limoges, de Nantes, de Caen, de Montpellier, de Lons-le-Saulnier, de Lyon et de Toulouse de nombreuses mentions, parmi lesquelles une médaille d'or premier prix, deux rappels de médaille d'or, et une prime spéciale et exceptionnelle du Ministre.

Ils exposent à Nantes une machine à vapeur locomobile à battre les grains, de la force de quatre chevaux ; une machine locomobile de sept chevaux-vapeur applicable à des scieries, moulins à farine, machines à battre et pouvant aussi remplacer toute machine fixe.

Le but que se sont proposé MM. Massonnet et Nassivet est de rendre le plus facile possible le service de la machine à vapeur appliquée aux exploitations agricoles, en éloignant toute chance d'explosion ou d'incendie.

Leurs efforts ont réussi à réunir une solidité parfaite avec une extrême simplicité d'agencement. La qualité du métal qui compose leurs machines ne laisse rien à désirer. La chaudière, à tubes en cuivre, est à foyer vertical, et toute la surface de chauffage est directe, avec retour de flamme. Cette disposition doit donner une grande économie de combustible ; la pompe marche bien ; la cheminée absorbe les étincelles ; le cendrier muni d'un réservoir d'eau éteint les escarbilles.

M. Calla a préféré conserver la boîte à feu des locomotives, plus compliquée, mais présentant une plus grande surface de chauffe. Ses trois locomobiles, basées sur le même principe, présentent toutes les qualités et les inconvénients de cet ancien système. Mais, comme toujours, les qualités y dépassent de beaucoup les défauts, et assurent à cette maison, qui est des plus anciennes, une vogue méritée.

Une locomobile de la force de quatre chevaux, exposée par MM. Renaud et Lotz, nous montre encore l'application du système du retour de flamme, avec foyer cylindrique. Leur locomobile de la force de six chevaux, à chaudière directe, est des mieux combinées et montre une excellente variante de réchauffeur. Leur chaudière s'y alimente d'eau chaude au moyen d'un cylindre aspiratoire plongeant dans la prise de vapeur. Ce sont autant d'heureuses idées savamment mises en pratique.

L'usine d'Oullins, dirigée par d'habiles ingénieurs, a aussi persisté à garder l'ancien système de chaudières ; sa machine locomobile à détente variable est la perfection du genre.

M. Lotz aîné, dont les machines sont si renommées, M. Passedoit, qui cherche toujours les simplifications, et qui souvent parvient à les réaliser, ont droit à une mention spéciale, le premier pour l'agencement très-soigné et très-raisonné de sa chaudière, le second pour son train à chassis, monté sur un seul essieu.

La petite machine-bijou de MM. Laurent et Thomas, atteint le dernier degré de simplicité ; la force ne s'y compte plus par cheval, mais par homme. Bon marché, petit volume et puissance, telles sont les qualités qui font apprécier cette locomobile, qui peut s'appliquer à un tour, et qui fait descendre la vapeur de l'usine de l'industriel dans l'atelier de l'artisan.

Voilà le contingent de la vapeur à l'exposition nantaise. Cette série est complète ; elle donne une juste idée des progrès remarquables accomplis depuis quinze ans dans la confection des machines, et dans les diverses applications de la force de la vapeur, comme motrice.

Depuis Salomon de Caus jusqu'à Watt et Newcomen, que de perfectionnements, quels pas de géants ont été faits dans cette science ; quelles puissantes machines remplacent aujourd'hui ces engins sans nom de l'enfance de l'art, où la vapeur n'avait guère plus de force élastique que l'air atmosphérique.

V.

MÉCANIQUE SPÉCIALE.

MATÉRIEL INDUSTRIEL,

Nous réunirons, sous le titre de mécanique spéciale, le matériel industriel et le matériel réservé aux travaux agricoles et aux besoins domestiques. Ces deux grandes divisions nous permettront de classer en un seul groupe les appareils à la destination exclusive de toutes les industries, les machines, outils et instruments qui ont, dans les diverses branches, une application particulière.

Nous rencontrons d'abord les instruments de pesage et de mesurage.

Dans la première série, M. Collin, de Nantes, expose des balances de précision fixes et des ponts-bascules pour voitures à deux ou quatre roues ; M. Dayre-Nieto, ajusteur à Nantes, des balances et bascules. Tous deux se présentent avec la garantie de leurs succès passés et des perfectionnements qu'ils apportent chaque jour dans leur spécialité ; l'un et l'autre avec les médailles d'argent et de bronze et les mentions honorables qui leur ont été décernées en 1851 et en 1859, aux expositions de Rennes et au concours régional de Nantes.

Les appareils de M. Collin attirent particulièrement l'attention. C'est un pont bascule, monté à cric, de la force de 5,000 kilos ; une bascule au 10e de la force de 1,500 kilos ; une bascule pour vendange de la force de 1,000 kilos ; une bascule à bestiaux de la force de 2,000 kilos ; et enfin une bascule à cric, pour le commerce, de la force de 1,200 kilos ;

M. Suc, de Paris, présente un pont bascule, pour voitures à deux roues, avec tablier oscillant, monté sur chapes mobiles, de la force de 5,000 kilos ; une bascule pour bestiaux de la force de 2,000 kilos ; une bascule à charrette de la force de 5,000 kilos ; un pont à bascule pour voitures à deux et à quatre roues, avec tablier monté sur chapes mobiles, de la force de 10,000 kilos.

Les produits de ces deux ajusteurs réunissent à la précision une solidité éprouvée. M. Suc, comme son compétiteur, nous montre les nombreuses médailles qu'il a obtenues depuis plusieurs années dans les concours de Vannes, de Nantes, d'Amiens, de Châlons, de Caen, d'Orléans, de Beauvais, de Rouen et de Paris ; il dirige une maison importante qui fabrique ces instruments de précision pour ateliers, forges, fonderies, usines de toutes sortes et pour l'agriculture.

M. Lotz père, ancien menuisier à Nantes, offre un appareil fort ingénieux pour le mesurage des grains ; c'est le seul, croyons-nous, qui figure à l'Exposition de Nantes, et il est digne à tous égards de fixer l'attention.

La série des leviers se complète d'un grand nombre de machines à hisser et suspendre les fardeaux.

La machine locomobile à gerber, de M. Vernay, de Paris, manie les sacs et tonneaux avec une facilité extraordinaire. C'est un instrument bien construit et très pratique ; il est établi à colonne guidant le porte-fardeau, aidant la décharge à toute hauteur et dans toutes les directions, et pivotant au moyen de levier à contrepoids. Elle est destinée à gerber les fûts dans les magasins, docks et entrepôts ; elle est maniable par deux hommes et son petit volume la rend peu encombrante et facile à transporter.

La bascule qui se loge dans son socle en fer pèse les fardeaux en les élevant. Cette idée est heureuse, car on n'ignore pas que la valeur de la plupart des marchandises est proportionnelle à leur densité.

Parmi les grues les plus remarquables sont celles des ateliers d'Oullins, dont la plus forte a un poids net de 14,230 kilos. Celle de M. Brissonneau, de Nantes, d'une force de 1500 k., est appelée à rendre de grands services à la moyenne industrie, ainsi que la petite grue en bois de MM. Renaud et Lotz, de Nantes. N'omettons pas de mentionner encore la belle grue de M. Fauconnier, de Paris, dont la force est de 6000 k. et qui nous a paru un modèle d'ajustage et d'équilibre.

Nous dirons aussi deux mots du petit cric inventé par M. Beziat, de Paris. Cet engin, destiné au gerbage des tonneaux sur les chantiers, est d'une manœuvre excessivement simple et doit être adopté par le commerce des liquides. Avec lui, plus de ces mouvements brusques, de ces soubresauts saccadés, qui agitent le contenu des barriques et qui en altère la limpidité.

L'outillage n'est pas la partie la moins importante du matériel industriel ; le succès d'une usine , la perfection de ses produits, dépendent en grande partie de la perfection de ses appareils et de ses outils. Nous en trouvons, dans nos galeries, des spécimens de tous genres. Nous allons les passer rapidement en revue.

M. Lechantre, de Nevers, présente des limes et tire-points d'un fin acier et d'une main-d'œuvre accomplie qui lui ont valu quatre médailles à Bordeaux, à Nevers et à Toulouse. L'association des ouvriers en limes , constituée sous la raison sociale Mangin aîné et Comp., de Paris, expose aussi des limes, des lames de rape, des burins, des échoppes et des riffloirs d'un travail irréprochable. M. Boullaud, de Paris, dont la maison a été fondée en 1829, et qui a été plus d'une fois médaillé dans les concours, expose des limes perfectionnées, parmi lesquelles on en remarque une énorme ayant 10 centimètres de face. Il s'occupe surtout avec succès du retaillage des limes, et ses travaux soutiennent la réputation qu'il a su mériter.

MM. Milhomme et Comp. exposent des pelles pour travaux de mines et de terrassements, et des pioches dites languedais, qu'ils livrent au prix minime de 110 fr. les 100 kilos. Ils obtiennent ces résultats par l'intelligente direction qu'ils ont su imprimer à leur bel établissement de constructions mécaniques d'où sortent, en outre de l'outillage en tous genres, des chaudières à vapeur.

M. Denimal, d'Orvillers (Nord), et M. Poitiers, de Tournebride (Loire-Inférieure), exposent des produits similaires ; ce sont des marteaux pour rhabiller les meules, qui se distinguent par l'excellence de la matière et la bonne exécution. M. Florian Waehter, mécanicien à Paris, en offre aussi des échantillons dont on vante la supériorité, et qui sont employés dans les principales minoteries de Nantes. On donne surtout comme tout-à-fait hors ligne la qualité des pointes de ces instruments.

La scie à lame sans fin de M. Périn, de Paris, qui manœuvre tous les jours dans la grande nef, produit devant les spectateurs étonnés les effets les plus curieux. Sous ses dents, le bois se taille avec une rapidité inouïe, et l'on voit s'exécuter, avec la plus grande facilité, les dessins les plus compliqués. Une machine à rabotter, du même constructeur, une autre à mortaiser, travaillent avec une précision et un art parfaits. On obtient par le moyen de ces mécanismes, à des prix incomparablement réduits, des résultats que l'on demanderait en vain aux ouvriers les plus experts et les plus patients.

M. Frey fils, de Paris, expose aussi un système de scie locomobile à une ou deux lames, propre à être utilisée dans les défrichements et exploitations de forêts. Cet instrument débite le bois sur une équarrissage de 0^m,50 et sur 5 mètres de longueur.

M. Debray, de Paris, a envoyé des pompes d'un nouveau système, pompes à brouette pour arrosage, pompes à tonneau, pompes à volant et pompes à purin;

M. Desdoits, de Nantes, des pompes hydrauliques à colonnes, des pompes aspirantes et foulantes pour incendie, ajustées de tuyaux en cuir factice, sans coutures, sans rivets, sortant de la maison Rigo et C°, de Paris.

M. Galpin, de Nantes, expose des pompes inengageables, montées d'après un système hydro-pneumatique, surtout précieuses pour les marins. Elles sont en métal ; le corps de pompe est placé indépendamment des colonnes d'ascension de l'eau, sur un récipient à cribles séparant toutes les matières impures et garantissant de leur contact les pistons et les soupapes.

MM. Planchon et Cᵉ, d'Azay-le-Rideau (Indre-et-Loire), soutirent, au moyen de leur pompe, en trois minutes et sans évaporation, trois cents litres de liquide. Ils exposent aussi une pompe pneumatique avec pression de l'air sur le liquide.

Enfin, nous rencontrons encore dans cette série l'exposition de M. Verset, de Nantes, et de M. Rohée, de Paris, qui n'ont à craindre aucune comparaison.

MM. Trottier, Schwepée et Cie, directeurs des mines d'Hennebon et d'Augers, présentent des tuyaux en bois et en asphalte pour conduite d'eau, de gaz ou de purin ; M. Moizy, des tuyaux de pompe et des courroies en cuir, et M. Brutout, de St-Pierre-en-Chevillé (Sarthe), des tuyaux en tissu imperméable.

Les tubes flexibles de M. Douard s'emploient aussi pour conduite d'eau, de gaz, pour pompes aspirantes et foulantes à usage d'irrigation, d'épuisement et de desséchement. Ils sont légers, flexibles, résistants à la pression jusqu'à 15 atmosphères, imperméables, et par toutes ces raisons bien plus durables et d'un meilleur usage que les tuyaux en caoutchouc, en gutta-percha, ou en tissus de chanvre. Ils sont formés d'une spirale en fil de fer galvanisé, de plusieurs bandes de toile, coupées en biais, enroulées en spirale en sens contraire, et rendues hydrofuges par un enduit, de bandes de caoutchouc interposées, et d'une armature extérieure de fil de fer galvanisé en spirale.

Parmi les engins de forges, nous remarquons les

soufflets exposés par MM. Bezamat et Faucher frères, de Nantes, leurs forges garnies et leurs enclumes bigornes ; les soufflets et forges portatives de M. Leriche-Meurant, de Charleville (Ardennes) ; les soufflets et forges perfectionnées, les enclumes et les marteaux de M. Douaud, de Nantes, et, par-dessus tout, les soufflets de forge de MM. Enfer et fils, de Paris.

Ces derniers, munis de cinq brevets, honorés de huit médailles, fournissent à la marine, aux chemins de fer et à la plupart des grands établissements de l'Etat. Leurs produits se répandent en Belgique, en Allemagne, en Russie, en Angleterre, en Espagne, en Italie.

Ils font tous les soufflets employés par les mécaniciens, serruriers, forgerons, émailleurs, orfèvres, bijoutiers, plombiers, chimistes.

Tous leurs soufflets sont cylindriques, à piston, sans frottement, à double ou simple vent ; leur enveloppe est en tôle ou en bois, se démontant facilement. Leur forge n° 2 se fait surtout remarquer par les plus heureuses combinaisons dans sa fabrication.

Les appareils spéciaux pour travailler le fer sont d'abord un très beau tour exposé par MM. Faivre frères, dont nous avons déjà signalé les travaux ; des machines à forer, avec appareils, pour la descente du foret, à trois vitesses différentes, de M. Heau aîné, d'Orléans, et celles de MM. Daudoy, Maillard et Cᵉ, de Maubeuge ; des machines à forer et à rabotter le fer, exposées par M. Bouhey, de Paris ; des machines à tamponner, balanciers, cisailles et découpoirs pour passer les corps, tourner et estamper les boîtes à sardines ; une machine à foncer de M. Bayle, de Bordeaux, permettant même à une femme de foncer cinq mille boîtes par jour, à la hauteur mathématique indiquée, machine surtout indispensable dans les grandes usines, où elles facilitent les fortes livraisons sans augmentation du personnel ; et enfin des machines à poinçonner, à triples excentriques, à levier à la main, de M. Lavergne, ingénieur mécanicien à Poitiers., montées sur plateaux, avec régulateur, et dont le levier appuie sur un moutonnet et opère une pression sans frottement.

La machine à forer de M. Duval, de Paris, s'emploie pour le bois ; elle est particulièrement applicable à la carrosserie, mais elle peut aussi se mettre à l'usage des mécaniciens et serruriers ; elle est munie d'une mordache et porte avec elle son étau, tournant sur tous sens et serrant parallèlement par un serrage continu d'une nouvelle invention.

Des exposants pour les appareils de distillation, les plus remarquables sont MM. Legal, de Nantes, Egrot et Chenaillé, de Paris.

M. Legal dirige à Nantes une maison importante de forges et fonderies, de construction de chaudronnerie, d'appareils de chaudières à vapeur. Il fait l'entreprise de tout ce qui a rapport à la sucrerie, à la raffinerie et à la distillerie. Il confectionne les appareils les plus perfectionnés, à cuire dans le vide, à basse température, d'après le système Wetzell, et à triple effet. Cette maison est renommée pour la bonne exécution de sa chaudronnerie et le parfait ajustage de sa robinetterie.

M. Legal expose un modèle d'appareil réduit au cinquième d'exécution, destiné à l'évaporation et à la concentration à basse température, par immersion dans une chaudière à disques et à rotation, faisant trente révolutions par minute, à 125^m60 de surface par révolution, ce qui donne 226,080^m de surface par heure.

Il offre aussi une baignoire avec calorifère et chauffe-linge, qui permet de préparer un bain à la température de 30° en vingt-cinq minutes.

Mais le morceau capital de M. Legal est cet énorme appareil à cuire dans le vide, exécuté d'après un système perfectionné, assurant un sixième de rendement de plus que les quantités données par les anciens appareils.

L'évaporation obtenue par cet instrument s'opère avec promptitude et sûreté, sans déperdition de matières sucrées. Le vide s'y maintient pendant l'extraction des cuites par le moyen d'un clapet inséré dans la cornue, ce qui permet un travail continu et une recharge rapide.

M. Chenaillé, de Paris, expose un évaporateur pour la concentration des liquides en tous genres. Cet appareil a donc le même objet que celui de M. Legal. On n'ignore pas l'importance de l'évaporation pour la cuisson du sucre à basse température. Le sucre qu'on en obtient est plus blanc et fait moins de mélasse ; les cristaux sont plus gros, ce qui est un avantage et donne plus de valeur à la marchandise.

On y trouve encore un autre avantage important, c'est la facilité de recuite des mélasses, dont on extrait encore 70 à 75 % de sucre, valant presque le premier jet.

L'instrument de M. Chenaillé réunit toutes ces conditions, et il serait d'une grande utilité dans les Antilles françaises et espagnoles, où on ne vend qu'à vil prix les mélasses, et où les planteurs seraient ainsi à même d'en tirer meilleur parti.

La vapeur d'échappement d'une machine de 5 à 6 chevaux suffit pour chauffer l'évaporateur-concentrateur de **M.** Chenaillé. Son travail est prompt, la mélasse s'écoule vite et purge bien. Il produit un sucre moins gras et laissant moins de bas produits.

M. Egrot fils, de Paris, présente trois appareils pour la distillation continue des vins et des liquides fermentés, et un appareil pour la distillation et la concentration dans le vide.

Ce dernier appareil, appliqué aux laboratoires de pharmacie et de chimie, leur procure l'économie d'un générateur, d'une machine à vapeur et d'une pompe à faire le vide. Il s'emploie avantageusement dans la concentration des extraits et dans la distillation des parfums par le moyen du vide qui se forme par la vapeur condensée. Nous le répétons, cet appareil doit trouver sa place dans les laboratoires de chimie, où il est appelé à rendre de grands services ; le vide qui s'y opère, par la condensation de la vapeur, est complet sous une pression de 70 c. de mercure, et il y persiste pendant une heure.

Les trois autres appareils de **M.** Egrot sont d'abord un appareil de moyenne grandeur à distillation continue, au moyen d'un jet de vapeur venant du générateur, et opérant par vingt-quatre heures sur deux cent cinquante hectolitres de vin ou de jus fermenté, rendant des vinasses parfaitement épuisées, avec une économie de 20 à 30 pour % sur le combustible.

Cet appareil diffère essentiellement des autres par sa colonne, qui n'est composée que de quatre ou cinq plateaux superposés, amélioration sensible, attendu que le travail d'épuisement du vin sur un de ces nouveaux plateaux correspond au travail de quatre ou cinq plateaux de colonne ordinaire. Cette disposition permet de distiller le vin en surface, au lieu de le traiter en hauteur, ce qui donne d'abord une distillation beaucoup plus active, ensuite moins de pression dans l'intérieur de l'appareil, moins d'altération dans les vinasses et une supériorité marquée dans les esprits, une distillation plus régulière et plus facile à conduire, une rectification uniforme à 90° et une économie sensible de combustible, résultant de ce que la colonne présente moins de surfaces extérieures exposées à l'air que dans les colonnes en élévation.

Le second appareil de M. Egrot est un grand modèle de celui que nous venons de décrire, dont soixante fonctionnent dans diverses usines, et qui a obtenu en 1860 deux médailles d'argent de première classe au concours national de Paris et à l'exposition de Saint-Dizier.

Le troisième est un modèle plus petit que les précédents et rendu plus portatif par suite de perfectionnements. Il est très utilisable quoique très petit, et son fonctionnement régulier lui permet d'épuiser mille litres de vin en vingt quatre heures. L'esprit qu'il produit est à 90° de premier jet, résultat qui ne nécessite que l'emploi d'une minime quantité de charbon.

M. Fleury fils, de Bordeaux, a exposé une bassine à dragées chauffée par la vapeur.

M. Jannot, de Triel (Seine-et-Oise), a inventé un broyeur à plâtre, à lames, opérant dans un bassin circulaire à coulisses en fer de fonte, honoré de médailles d'argent et de bronze à Rouen, Saint-Dizier et Paris.

Par l'emploi de cet instrument, le tamisage du plâtre

atteint un degré de perfectionnement qui le rend propre non plus seulement aux travaux de maçonnerie, mais encore aux arts plastiques.

Son broyeur à ramasseur-mécanique est l'application bien réussie d'une bonne idée. M. Fauconnier, de Paris, l'a aussi mise en pratique ; sa machine est à ramasseur-mécanique et elle est de plus broyeuse et tamiseuse par la même opération. Son plâtre est propre à l'agriculture et à la maçonnerie ; il est préparé, avant d'être jeté dans le broyeur, par un concasseur qui le sème en petite quantité dans le bassin circulaire où la meule verticale le réduit en poudre. Le ramasseur est une sorte de turbine en fer battu qui relève le plâtre et le verse sur un tamis conique placé au centre du bassin. C'est un très bon outil.

M. Dauchot, d'Etampes, a exposé un granulateur pour noir animal que nous aurions voulu voir manœuvrer et qui doit faire un bon service.

M. Voruz ainé, de Nantes, expose une grande et magnifique machine à fabriquer le papier, que nous mentionnons ici pour mémoire, et dont nous aurons occasion de parler plus au long, ainsi que des presses typographiques, dans le chapitre que nous consacrerons à l'imprimerie.

Examinons maintenant quelques instruments à destination particulière de l'industrie maritime. Nous signalons d'abord le système de suspension équilibrée exposé par M. Biguet, de Nantes. Cet appareil donne deux lignes à peu près invariables, l'une horizontale et l'autre verticale.

Ce système se présente comme ayant sur la méthode Cardon, généralement employée jusqu'à ce jour dans la marine, le double avantage de ne tourner que sur un pivot au lieu de quatre et de se prêter à un plus grand nombre d'applications, pour le soutien de la boussole, du chronomètre, du baromètre, des fauteuils, des fourneaux, des lits et des lampes.

M. Drouard, du Havre, expose un système fort curieux de diminue-voile pour lequel il a pris un brevet. Au moyen de son appareil, on peut, de dessus le pont, prendre les ris, avec peu de monde et en quelques minutes seulement. C'est un jeu de poulies fort ingénieux.

M. Murié, de Nantes, a produit de fort bons cordages métalliques et des cordes de chanvre. M. Leroux, aussi de Nantes, a envoyé, de sa fabrique de cordages, une draille de grand foc en fil de fer de 40 millimètres; une paire de tireveille; une ralingue de 108 millimètres en fil fin et fil ordinaire; une ligne de sonde et des lignes de loch en franc filin; des haubans non congréés et congréés en premier brin de fil fin; enfin des ralingues de manœuvres pour embarcation de plaisance.

M. Harel, de Rouen, offre un mouvement perfectionné de gouvernail à double engrenage et avec aiguille indicatrice. MM. Brissonneau frères, de Nantes, une roue de gouvernail, nouveau modèle, avec mouvement à vis.

M. Pierre Chevalier Hardoy, de Saint-Esprit (Landes), a envoyé à l'Exposition un guindeau à triple effet et à mouvement continu; les trois puissances de cet appareil peuvent agir simultanément. Cet instrument, breveté en 1856, peut être appliqué aux navires du plus fort tonnage. Il consiste en tringles et balanciers agissant sur la même bite et sur le guindeau, et pouvant recevoir la force de 32 hommes, savoir : 16 sur le pont et 16 dans l'entrepont.

Le même exposant offre un écubier perfectionné permettant de lever l'ancre sans éprouver les désagréments de l'ancien système qui offrait de grandes résistances et qui produisait rapidement l'usure de l'écubier et des chaînes par le frottement. Le système de M. Hardoy détruit tous ces frottements ; la chaîne tourne avec le galet, qui tourne lui-même sur un essieu en fer trempé en paquet, ce qui le rend très dur à sa surface et d'une solidité à toute épreuve dans l'intérieur.

M. David, du Havre, est l'inventeur d'un cabestan qui permet de virer à l'infini, sans bosser, ni choquer. Il est à remarquer que, par l'emploi de cet engin, le bossage et le choquage disparaissent, sans diminuer la solidité ni compliquer la manœuvre de l'instrument. On parvient, par ce moyen, à virer à l'infini avec trois ou quatre tours de cordage sur un seul cylindre. Ce sont évidemment là de grandes difficultés vaincues.

M. Tisserant, d'Orléans, présente des tissus imperméables et des appareils de sauvetage d'une bonne confection ; MM. Serres, de Bayonne, et Riallaud-Baudinot, de Nantes, offrent des bouées de sauvetage de bon service.

M. Félix Fonteneau, de Nantes, guidé par une pensée d'humanité, a inventé un appareil de sauvetage qui est digne d'une mention et d'une description détaillée. Cet appareil présente le double avantage d'assurer le salut, non seulement des hommes naufragés, mais encore des objets précieux, papiers de bord, instruments, argent et bijoux.

Le principe de cet appareil est un tonneau dont la dimension doit être proportionnée sur la quantité et le volume des objets précieux qu'il faudrait y renfermer en cas de naufrage. Ce tonneau, cerclé de fer, voit sa bonde remplacée par une porte de métal à charnière et serrure, fermant une ouverture assez large pour permettre l'introduction des objets. Cette fermeture est rendue hermétique par l'application d'une forte plaque en tôle, formant ressort, et garnie de caoutchouc.

Le nom du navire est gravé sur une plaque en métal; à chaque fond s'adapte une tringle de fer se détachant assez pour servir de point d'appui aux naufragés. Ces tringles peuvent être reliées entre elles par des cordages; on peut aussi relier entre eux, par des esparres ou mâteraux, plusieurs tonneaux, ce qui donne la facilité d'assurer le sauvetage d'un plus grand nombre de naufragés.

L'appareil, dans cette disposition, n'est plus qu'une sorte de radeau perfectionné.

Il n'est pas nécessaire de faire ressortir les avantages de ce système; ce qui frappe surtout, c'est la facilité de son lancement à la mer au moment du danger, et de la remorque à la suite des canots, si l'équipage a pu s'y réfugier; c'est ensuite cette assurance de la conservation des papiers de bord et des valeurs; c'est encore la possibilité d'y joindre des vivres qui préservent les naufragés des horreurs de la faim pendant leur périlleux sauvetage; c'est enfin la faculté de se servir de cet appareil comme va-et-vient, en cas de naufrage sur la côte.

MATÉRIEL D'AGRICULTURE ET D'ÉCONOMIE DOMESTIQUE.

Les instruments d'agriculture, le matériel domestique usuel sont en nombre considérable à l'Exposition nationale de Nantes. L'examen auquel peuvent se livrer les visiteurs est sans doute de nature à fixer leur curiosité ; mais, quelqu'attentif qu'il soit, il ne saurait leur former une opinion positive et raisonnée sur le mérite pratique de chacun de ces instruments.

On en est donc réduit à juger un peu les instruments d'agriculture qui figurent dans les galeries par la réputation établie des maisons qui les ont produits, et l'on ne peut que bien approximativement se faire une idée des améliorations et des perfectionnements que les constructeurs ont apportés dans leurs machines.

Nous donnerons cependant avec la nomenclature des instruments exposés quelques appréciations sur la valeur présumée de ces instruments.

M. Pichery, de Nantes, dont l'établissement a été fondé en 1845, expose douze charrues perfectionnées, sur nouveaux modèles créés par lui en 1859 et 1860. Ces instruments, en fonte de deuxième fusion, première qualité, quoique un peu lourds, paraissent remplir les conditions exigées des bonnes charrues.

La colonie de Mettray, près Tours, offre une collection complète de charrues, et des instruments pour le drainage, qui semblent parfaits. Nous avons surtout remarqué, dans cette exhibition, une très-belle et très-bonne herse à quatre trains, dont le prix n'excède pas 105 fr.

M. Praud, de Blain, expose une charrue à cinq versoirs, deux immobiles et trois mobiles, se changeant à volonté et pouvant défricher à droite et à gauche, par le moyen d'un versoir qu'on change de côté sans difficulté. Cette charrue, ingénieusement construite, permet de défricher un champ sans faire le tour de la pièce et de tracer un sillon d'un seul tour. Avec cet instrument, on peut travailler un hectare par jour. Nous trouvons encore, parmi les provenances de cet atelier, une charrue de labour pour les plus forts sillons, de deux et quatre rais, avec semelle en fonte, et un modèle de charrues de la force de quatre bœufs.

M. Gigon, de Montbard, expose des charrues en bois n'ayant qu'un soc, avec avant-corps en fer forgé ; une araire en fonte, avec versoir faisant corps et des charrues à socs superposés alternatifs qui, malgré leurs qualités, nous ont paru un peu lourdes.

M. Badeau, charron à Thouaré, a confectionné un extirpateur à neuf lames très bon et très maniable. M. Moulin, forgeron à Nozay, des charrues à défricher et de labour. M. Prunier, de Thorey (Yonne), une charrue à vignes perfectionnée, ayant obtenue la médaille d'argent à Troyes en 1860. Cette charrue est à trois socs et avec rateau ; les ressorts permettent de cultiver dessous et entre les ceps. Les branches des socs s'allongent ou se raccourcissent, selon la largeur des perchées. Les socs sont en outre mobiles et se changent à volonté de droite à gauche ; les déversoirs sont mobiles, aussi bien que les socs.

La charrue pour vignes exposée par M. Paris réunit de précieux avantages pour les vieux plants irrégulièrement disposés ; elle se compose de trois instruments pour les trois façons, et cependant sa légèreté est remarquable. Elle est toute en fer et peut être traînée par un seul cheval. Sa déchaussure passe sous le pied de la vigne, à 18 centimètres, sans faire le moindre dommage aux bourgeons et ne laisse rien de ce qu'on appelle cavaillon.

Le butteur ouvre le sillon et rejette la terre à droite et à gauche par les versoirs, le binoir rabat le sillon, détruit les herbes et chausse la vigne, et le butteur vient enfin avec ses versoirs écartés compléter le chaussage. Ces trois instruments se montent successivement sur le même age à l'aide de deux boulons. La petite pièce adaptée à l'étançon de devant, la déchausseuse avec ses trois petites vis, est mobile ; elle sert à labourer les plants dont le cep est encore jeune.

M. Fritschler, de Limoges, expose huit charrues à versoir ; un binot double, un extirpateur à six lames, d'une bonne confection, mais d'un poids peut-être excessif ; enfin, deux autres extirpateurs plus légers.

M. Bretegnie, de Poullan, a envoyé des charrues raides à avant-train. M. Goguin, de Nevers, une charrue à roues alternatives fixes à l'axe. M. Guilleux, de Segré, une charrue à socs superposés avec avant-train très perfectionné.

M. Muterse, de Guérande, a imaginé un bécheur mécanique à socs aciérés et à manches assemblés, formant un tout qui glisse dans un cadre à essieu, comme dans une coulisse, et permet d'enfoncer les socs à volonté et de les retourner.

L'amplitude du mouvement de bascule est de 45°, à une profondeur d'enfoncement des socs en terre de 15 c.; les bras du levier sont entre eux comme 3 et 1,

c'est à-dire que la force appliquée peut être triplée.
Le prisme de terre intéressé par l'enfoncement des lames
se trouve complètement soulevé et divisé avec facilité
par le mouvement de bascule.

L'ouvrier opère en reculant comme avec la bêche ordinaire.

Le rôle principal du bêcheur-mécanique est la préparation des grandes surfaces ou des longues lignes. Il
peut servir de rayonneur et de semoir par la suppres-
sion d'un ou deux socs, et l'adjonction d'une trémie
pour diriger la semence ou l'engrais.

On calcule que six millions de journées sont employées
annuellement en France à la culture à la main. Tout
progrès qui tend à diminuer ce nombre pour les anciennes surfaces ou à l'appliquer et l'étendre à de nouvelles,
est d'un intérêt social majeur. C'est cette idée que le bêcheur-mécanique a réalisée ; elle est bonne en soi et ne
demande que les derniers perfectionnements.

M. Mennechet , de Macquigny, présente une charrue
double avec son avant-train. MM. Letessier, de Laval,
et Erard et Trouvé , de Lorient, des charrues-extirpa-
teurs à trois dents. M. Josso, de La Roche-Bernard , six
charrues qui lui ont valu de nombreuses médailles à
Vannes, à Quimper et à Paris.

M. Bodin, directeur de l'école d'agriculture de Rennes,
expose une collection admirable de charrues à versoir à
droite et à gauche, d'extirpateurs , de herses, de houes
à cheval, de buttoirs d'araire, de paroirs à cheval, et
jusqu'à un avant-train perfectionné très bien établi.

M. Berg, de Grand-Jouan, en Nozay, a exposé de
belles charrues, un semoir Durand , à chef irrigateur,
simple, peu coûteux et facile à réparer, semant toutes

les graines, depuis les fêves jusqu'aux pavots, choux, navets, colzas, blé, avoine et seigle. L'avantage de cet instrument est tel qu'à l'école impériale de Grand-Jouan on a abandonné totalement les semoirs anglais pour adopter cet engin, qùi convient surtout à la petite culture.

L'abbé Bouteau, de St-Berthevin, et M. Leconte ont aussi exposé des semoirs très ingénieux. M. Calloch, de Ploubinec, en présente un autre, à triple fin : il sème en lignes rayonnées à 1 mètre 50 c. de large ; à la volée par la chute des grains à 2 mètre 50 c. de large, au moyen de vingt-trois grands tubes ; et enfin à la volée, par projection de semence, à 7 mètres 50 c. de large, en faisant disparaître les rayonneurs et la couronne portant les bouts de tubes, et en plaçant à la machine des bras tournants.

M. Hidien, de Déols, a envoyé des charrues à lignes, des charrues-herses, des herses articulées qui sont, à notre sens, l'exagération du principe et qui doivent certainement sauter dans la manœuvre, par suite des excès d'articulations.

Quelques autres exposants présentent des herses, des semoirs, des charrues, des extirpateurs qui ne sont pas sans mérite. Mais celui qui doit attirer le plus l'examen des hommes compétents est sans contredit M. Aubert, de la Villatte, près Nozay. Nous ne dirons que deux mots de ses sécateurs perfectionnés, qui joignent à une grande puissance d'action une grande netteté de travail, et nous arriverons tout de suite à sa charrue, qui présente des idées tout à fait nouvelles et qui amèneront peut-être une révolution dans la construction des araires.

La première modification notable apportée par
M. Aubert dans la charrue ancienne est dans la disposition du coutre, qui ne se trouve plus fixé à l'age,
mais bien entre le soc et le premier étançon, de façon
qu'il n'y a jamais engorgement des herbes à la hauteur
du coutre.

L'appareil est monté sur une seule roue placée en
arrière du soc et dans l'axe de l'age ; cette simplification
ne nuit nullement à la fixité de l'instrument et doit
diminuer sensiblement la traction.

Il existe en outre un contre-levier qui, placé dans
la main de l'ouvrier, manœuvre le soc, l'empêche de
trop enterrer ou de lever le nez, rend le travail égal et
régulier en équilibrant la machine et en faisant pivoter
le soc selon les nécessités du labour.

Les sécateurs, dont nous disions deux mots tout à
l'heure, méritent quelques détails. La Société Nantaise
d'Horticulture les a expérimentés et en a reconnu le
mérite. Il y a là des instruments de toute force : sécateurs pour la taille de la vigne et du pêcher, pour les
grosses pépinières, des doubles sécateurs à pinces, des
cisailles à lames cintrées dont le pivot est placé hors de
l'axe et dont les lames conservent toujours le même
angle de coupe pendant toute l'opération, et sont mainte-
nues dans leur écartement par une vis de rappel. Au
moyen de ces instruments, nous avons vu trancher des
branches de six centimètres de diamètre sans aucune
meurtrissure ou machure à l'épiderme ou à l'écorce,
ce qui permet d'enter et de greffer sur la taille.

Les batteuses sont très nombreuses et très variées à
l'Exposition de Nantes. Les unes sont mues par des
manéges, d'autres par des locomobiles. Dans cette

dernière catégorie, nous remarquons la machine de M. Lotz aîné, qui bat et vanne, et conserve la paille intacte. Ce même exposant nous montre une charrue à vapeur qui ne nous a pas paru pratique ; nous n'en dirons rien de plus ; mais en revanche sa batteuse est excellente.

Parmi les nombreuses machines exposées par MM. Renaud et Lotz, de Nantes, nous avons remarqué de bons manéges et une belle batteuse dont le travail est parfait. C'est de leurs ateliers qu'est sortie cette moissonneuse Robin couronnée au concours de Chartres, et dont nous aurons à nous occuper un peu plus loin.

L'établissement de MM. Renaud et Lotz a été créé en 1846, pour la construction des métiers de filatures, et consacré spécialement, deux ans après, à la confection des machines agricoles.

La première machine locomobile pour battre les grains, qui ait été construite dans l'Ouest, est sortie de cette usine ; les premiers aussi, ces habiles constructeurs ont adapté la machine à battre au broyage des chanvres.

M. Julien Marchand, de Clisson, expose une batteuse à manége qui dépique le trèfle, le sarrazin, le millet et le maïs ; il construit toutes espèces de machines à dépiquer, à concasser, à écraser les pommes à cidre et à broyer le chanvre.

Nous retrouvons encore dans cette catégorie la maison Massonet-Nassivet, de Nantes, qui présente des batteuses à locomobile et à manége séparé par un arbre de couche. Le mérite de ces machines est dans leur simplicité, réunie à une solidité éprouvée, la rapidité et la netteté de leur battage, qui n'écrase pas le grain et ne laisse pas de blé dans la paille.

M. Pinet, d'Abilly, a exposé un manége batteur-tar-rare pour la moyenne exploitation, dans le prix modéré de 1,200 francs.

D'autres batteuses à manége ont été envoyées par MM. Bauquin frères, Roux, Coquet, Creuset-Desroches, Cassard, de Nantes, Richault, de Vidonne (Vienne), Pialloux, d'Agen, Arthuis, de Bazouge, près Château-Gontier, et Duprès, de Châteaubriant. M. Pialloux, d'Agen, a aussi exposé, comme complément de son batteur, un vannoir à bras, d'un excellent service. La plupart des manéges exposés remplissent les conditions qu'on exige des bons moteurs : les uns sont à système vertical, d'autres à système horizontal.

M. Vilcoq jeune, de Meaux, offre des modèles de arrares perfectionnés. M. Lecalennec, de Landerneau, expose son tarrare de magasin ou sécheur, pouvant fonctionner avec deux hommes.

M. Baillargeau, de Rennes, présente une machine à nettoyer les grains, à force centrifuge, fondée sur un modèle de compartiments à diaphragmes mobiles et immobiles, avec passages intérieurs circonférentiels et alternatifs. Appliqué dans un grand nombre de mino-teries, ce système fait subir au grain, dans une hauteur de 67 centimètres seulement, un nettoiement énergique et complet.

Cet instrument n'exige que la force de deux chevaux pour traiter en une heure 1,400 à 1,500 demi-kilos de blé.

M. Dubard-Dutartre, de Dipre, a envoyé un séchoir cribleur-conservateur de grains; M. Salaville, son grenier pour l'amélioration et la conservation indéfinie des céréales et des autres substances alimentaires, dont la construction réalise ce double objet : améliorer les céréales en détruisant les parasites qui les dévorent et les infectent, en neutralisant les ovicules et les spores qui s'y développent, et entretenir ces substances purgées dans cet état d'amélioration. La ventilation et le pelletage y sont aussi complets que possible.

MM. Drapeau et Caillou, de Nantes, ont imaginé le mécanisme d'un moulin à bras de petite dimension, facilement mis en mouvement par un seul homme et pouvant moudre, par heure, au moins un décalitre de farine toute blutée.

Quatre moissonneuses figurent parmi les machines. Celle de **M.** Legendre est établie d'après le système Wood, qui a obtenu dans les concours 79 médailles, dont quarante premiers prix, et qui, en 1861 seulement, a déjà obtenu dix médailles d'or et quatre médailles d'argent.

La moissonneuse construite par MM. Renault et Lotz, de Nantes, est d'après le système Robin ; elle a été primé au concours de Chartres.

Enfin la moissonneuse-faucheuse française de **M.** Faure est un instrument tout nouveau, ne ressemblant en rien à ceux qui l'ont précédé, et résumant tous les avantages qu'on peut en attendre en évitant, autant que possible, les inconvénients. Elle est simple, légère, solide, et est facilement mise en jeu par un seul cheval.

Il en est de même de la moissonneuse inventée par M. Letessier, de Nantes, et exécutée et montée par M. Chassé, mécanicien à Nantes ; elle est simple, solide, peu coûteuse et facile à réparer par l'ouvrier lui-même ; elle est confectionnée de façon à pouvoir agir partout dans les cultures en sillons comme dans les terres labourées à plat.

Les barattes sont aussi en majorité à notre Expo-sition. On y remarque surtout celles de M. Louis Le-gendre, de St-James (Manche), qui a imaginé un ins-trument utile aux petites fermes ; celle de M. Gaud, dite baratte américaine perfectionnée, faisant le beurre, le lavant, le purgeant, le broyant, le séchant, le salant au besoin ; celle de M. Bernier, très simple, très solide, facile à démonter pour le nettoyage, qualités que l'on rencontre encore dans la baratte de M. Cochard, de Nantes.

M. Ertault a aussi exposé une baratte dont le travail est rapide. M. Gersant, de Lorient, nous montre, tout auprès, une machine à épurer le beurre à froid, mue par un seul homme, pouvant manipuler mille à douze cents kilos par jour.

Citons encore les outils spéciaux de M. Landais, tail-landier à Nantes, qui a exposé des cisailles, des houes, des tridents, des bêches et d'autres bons outils à la main. Le broyeur de chanvre de M. Mitsche, fondeur au Mans, instrument qui peut être mû soit par un manége spécial, soit par un manége de batteuse, et qui permet à deux hommes de faire, en une journée, le travail de dix autres se servant de la braye.

Remarquons aussi la crémerie de M. Neveu, de Saumur, et le botteleur mécanique de M. Pommereau, qui donne la facilité de confectionner avec deux hommes 30 à 35 bottes à l'heure, avec une pression sans déchet, assurant la conservation du fourrage et une grande économie de transport.

M. J. Sansot, de Bordeaux, a exposé un tombereau mécanique remblayeur, destiné aux transports des terres. et notamment dans les vignobles. Cet appareil, qui procure une économie de 80 %, est d'un mécanisme fort simple et fort facile à faire fonctionner ; la caisse bascule au moyen d'une manivelle d'un cric qui l'abaisse et la relève à volonté. Le transport des terres a été de tous temps long, pénible et coûteux. Le tomberau de M. Sansot aplanit toutes ces difficultés.

M. Gaud, ingénieur agricole à Paris, a envoyé un rateau américain perfectionné, auquel peut s'atteler un cheval, un bœuf ou un âne, et qui sert à ramasser les fourrages et les céréales, à nettoyer les guérets en formant des rouleaux avec le chiendent et les herbes parasites que la herse a ramené sur le sol. Cet instrument a été importé en France en 1860. Il peut travailler un hectare par jour.

La maréchalerie des fermes a aussi ses échantillons dans les galeries nantaises. M. Fournier, ouvrier maréchal chez M. Lecornué, vétérinaire à Nantes, a produit des fers à cheval, à mulet, à âne, d'un beau et bon travail.

M. de La Haie de Barbezier, de Paris, a mis à exécution une idée, dont nous avons entendu critiquer le côté pratique, c'est un fer à glace, qui s'adapte et s'enlève à volonté, sans le secours du maréchal et par conséquent sans détruire les clous, sans endommager la muraille. Ce fer permet au cheval de marcher à un moment donné sur un terrain glissant, comme la glace, le verg'as. Il est superposé à l'ancien fer au moyen d'agrafes qui s'insèrent à la pince et d'une verge de fer à écrou rejoignant et serrant derrière le sabot les deux extrémités du fer nouveau. Ce fer ôté, l'ancien continue son service.

M. Menard, du Pallet, a exposé un excellent joug

pour atteler les bœufs par paires, avec guides. Ce joug est très bien conçu et fort léger.

Les pressoirs sont en aussi grand nombre à l'Exposition que les charrues Quelques-uns présentent des idées de perfectionnements nouveaux, et presque tous ont été simplifiés et rendus plus aptes au service auquel ils sont destinés.

M. Gibielle, de St-Philbert, a exposé un fouloir et un pressoir ; M. Gassard, de Nantes, un écrase-raisin, un fouloir à pommes et un pressoir à percussion ; M. Chevalier, de Pons (Charente-Inférieure), un pressoir pour vendanges d'une puissance de 100,000 kilos et du prix de 800 fr.

M. Samain, de Blois, a envoyé un pressoir à genoux et à leviers articulés qui peut être employé à divers usages agricoles et notamment à la préparation du vin et du cidre. Cet instrument est muni d'un dynamonètre qui indique les divers degrés de pression obtenus et d'un frein qui limite le maximum de cette pression. Sa manœuvre est si rapide qu'il suffit de deux à trois heures pour pressurer un marc de raisin cuvé et du double à peine pour un marc de cidre ou de raisin non cuvé. M. Samain a aussi exposé une presse à olive à froid d'une force de 30,000 kilos, des presses à cidre de 5 à 10,000 kilos.

M. Lemonnier-Joly, de Châtillon, offre un pressoir qui peut faire une cuvée de 50 hectol. en un seul marc de bonne vendange ; M. Delperoux, un pressoir à secteur et mouvement continu, avec une pression uniforme de 240,000 kilos.

M. Neau, de St-Rémy-en-Mauge (Maine-et-Loire),

expose un pressoir mobile se transportant facilement et à volonté. Deux hommes suffisent pour la manœuvre de cet instrument et obtiennent de lui, huit à dix hectol. de vin en deux heures.

MM. Castellan, de Tours; Métayer, de Breul, près Rennes; Guilleux, de Segré, exposent des pressoirs à vin; M. Courtaud, de Rennes, des râpes pour pommes à cidre; M. Dezaunay des pressoirs et des fouloirs à vendanges; M. Lotz un pressoir perfectionné; M. Quentin Durand, à la Chapolle-Saint-Denis, une machine pour écraser les pommes à cidre; M. Tritschler, de Limoges, des pressoirs à cidre et à vin; M. Bademont, de Marmande (Lot-et-Garonne), M. Bodin, de Rennes, et M. Hervé, de Rouillac, des fouloirs, égrappoirs et égrenoirs pour vendanges.

MM. Lebanneur et Petau, de Paris, ont envoyé une machine à drains et à briques, pouvant faire six mille briques par heure, et dont le prix ne dépasse pas 900 fr. M. Delperoux présente une machine malaxeur, d'un prix réduit.

M. Brethon, de Tours, a imaginé une machine à drains qui malaxe les terres et fait les tuyaux. Un cylindre de fonte reçoit l'argile brute; elle s'y trouve divisée par des lames pivotant sur un arbre, puis comprimée par deux hélices qui la poussent au travers d'un crible qui l'épure. L'argile est ensuite chassée à travers des filières, et arrive ainsi à sa dernière opération dans un état de pureté parfait.

Cet instrument fabrique deux mille tuyaux par heure. A côté, se trouvent un malaxeur épurateur, une machine à mouler les tuyaux de drainage, permettant la charge économique des cylindres sans que le travail soit interrompu. Toutes ces machines, nées de la même idée, se complètent l'une par l'autre.

MM. Boulet et Buissard, fabricants de drains, à Vis-en-Artois, exposent des produits de leur établissement; ils confectionnent, en outre, les drains, les tuiles et carreaux, et ont une succursale à Haubourdin lèz-Lille. Les dix-huit médailles qu'ils ont obtenues attestent l'excellence de leurs produits.

Ils se sont surtout occupés de rechercher les moyens mécaniques propres à la fabrication des tuiles. Ils ont inventé trois outils qui n'en font qu'un : un malaxeur à cylindres cannelés armés de peignes, une filière pour étirer la matière, et une presse donnant la forme de l'objet qu'on met sous son action, à l'aide d'un moule approprié.

MM. Cazenave et C°, de Paris, ont perfectionné le laminoir inventé par M. Jardin, et qui leur a valu, cette année même, la médaille d'or au concours de Toulouse. Le moulage mécanique des briques, substitué au moulage manuel, a toujours offert des difficultés dans la pratique, soit que le mode de compression généralement adopté fut vicieux, soit que l'importance même des machines eût été un obstacle sérieux à leur emploi.

La machine de MM. Cazenave applique l'idée du laminage à la céramique, et obtient un rendement, une amélioration de produits et une économie remarquables.

Par le fait de sa construction très-simple, son entretien est très-peu coûteux, et sa dépense est plus que compensée par l'économie de l'outillage à la main.

En dix heures, avec cinq ouvriers ou apprentis, et un prix de main-d'œuvre qui ne s'élève qu'à onze francs, e'le fabrique plus de 12 mille briques, modèles dites bourgogne, d'une grande pureté de lignes et d'une dessication plus rapide que par les procédés ordinaires.

MM. Tiger et Jonquet, de Cloges, exposent des meules de moulin à farine des carrières de la Ferté-Villeneuil, qu'ils exploitent. Ces meules font concorrence aux meules si renommées de la Ferté-sous-Jouarre ; elles se rhabillent sans éclat et sont insensibles aux changements de température. Aussi la plupart des minoteries de la Tourraine et de l'Anjou se fournissent-elles dans leurs magasins.

Mais abordons les machines plus particulièrement mises au service des besoins domestiques. Au premier rang, voici les cuit-légumes portatifs à bouche et à bascule, servant aussi d'appareil à lessive, exposés par **MM.** S. Charles et Comp., de Paris ; ces exposants ont donné à leur instrument la forme d'une baignoire, ce qui permet de l'employer au bain aussi bien qu'à la lessive et à la cuisine des bestiaux. Ils nous montrent aussi des laveurs mécaniques en tôle galvanisée, à 4, 6 et 8 battoirs, des essoreuses, des calandres et presses ; des fourneaux économiques, dits lucifoïdes, et un appareil à bière permettant la fabrication économique de cette boisson dans les fermes.

MM. de Villepoix et Bonnaterre, de Paris, exposent un filtre prismatique par le papier, qui donne un filtrage parfait et prompt, et qui supprime un matériel gênant et fragile. Ce filtre s'applique aux huiles de toute espèce, aux extraits pharmaceutiques, vernis, vins, lies de vin, levûres de bière, essences, liqueurs, etc.

M. Patrouilleau a inventé une machine pour la fabrication des biscuits de la marine et de l'armée. Elle se composé de six cylindres en fonte formant trois jeux de laminoirs qui se règlent selon l'épaisseur qu'on veut donner au biscuit, et d'un septième cylindre, dit découpeur, qui prend son point d'appui sur le cylindre de l'un des jeux de laminoirs et sert à couper et forcer la pâte. Le travail, par cet instrument, est d'une si grande simplicité, d'une précision si rigoureuse, qu'on en obtient les meilleurs résultats avec des ouvriers même étrangers à la boulangerie, dirigés par un bon munitionnaire.

M. Gondole, de Paris, expose un pétrin, système nouveau, qui, par pressions excessives, huit à chaque évolution de l'arbre, arrive à lier, laminer, allonger et en peu de temps pétrir les pâtes les plus dures, telles que les pâtes à biscuits de mer et les pâtes à vermicelle, à pain d'épice ou autres.

Avec son pétrisseur à double vitesse, M. Durvie, d'Ivry-la Bataille (Eure), fait les pâtes fermes ou légères, au moyen d'un travail courant, facile et accé'éré.

M. A. Boland, de Paris, présente aussi à l'appréciation du jury un pétrisseur mécanique à courbes helispirales, sans axe, fonctionnant par un moteur à bras et qui lui a fait décerner de nombreuses médailles.

M. Ordonneau, de Nantes, prétend réaliser une économie de 25 p. % dans le combustible par l'usage d'un four de son invention qui chauffe en dix-sept minutes et qui donne au pain une cuisson parfaite. M Petiteau, de Tours, offre aussi un modèle de four perfectionné, près duquel se fait remarquer un sol de four carrelé, exposé par M. Biers, de Villeneuve-sur-Lot (Lot-et-Garonne).

M. Redon, de Nantes, a exposé deux appareils continus et complets pour fabrication d'eaux gazeuses.

MM. Lobis et Bernard, de Bordeaux, offrent des appareils continus et à charge pour boissons gazeuses de toute espèce, chargeant 40 bouteilles à la fois et produisant 350 à 400 bouteilles par jour. Il livre cet appareil au prix de 600 fr. Un autre, du prix de 1,800 fr., produit 16 à 17 cents bouteilles par jour ou 12 cents syphons.

MM. Lobis et Bernard présentent aussi des bassines métalliques, d'une composition nouvelle, pour la fonte de la cire et de la stéarine ; ces bassines conservent les matières dans leur finesse et leur blancheur les plus parfaites ; elles fonctionnent depuis plusieurs années à Bordeaux, Libourne, Bergerac, Brives, Tulle, Casteljaloux.

Les appareils pour la fabrication des boissons gazeuses perfectionnés, et construits par MM. Hermann, La Chapelle et Glover, de Paris, sont d'une grande perfection mécanique et d'une rare élégance de formes.

La production de l'eau de seltz peut se décomposer en cinq opérations : d'abord la production du gaz, puis son épuration, ensuite son emmagasinage, la saturation du liquide et enfin la mise en bouteilles. Les exposants accomplissent ces cinq opérations successives au moyen d'instruments de leur invention.

Nous trouvons d'abord le producteur à gaz, avec palette intérieure, qui se compose de deux capacités superposées, en cuivre rouge, glacées de plomb en dedans. La plus petite, placée en haut et adaptée extérieurement, reçoit l'acide sulfurique ; l'autre contient la craie ou carbonate de chaux. Du compartiment supérieur l'acide s'écoule dans l'inférieur par une soupape de fond ou distributeur, garni de platine. Cette soupape, qu'on meut au moyen d'une tige verticale faisant saillie au-dessus du vase, règle et ménage la dépense de l'acide.

L'épurateur, où l'acide se débarrasse de toutes les impuretés qu'il contient, envoie le gaz dans une cloche à suspension équilibrée. C'est le réservoir où le gaz s'emmagasine.

C'est dans le saturateur que le mélange du gaz et de l'eau s'opère ; cet instrument est connu, mais ce qui dans l'appareil de MM. Hermann Lachapelle et Glover attire l'attention, c'est la nouvelle disposition des bielles supérieures qui sont rendues indépendantes du volant, au lieu d'être ajustées à l'engrenage comme dans l'ancien système.

La mise en bouteille a été aussi l'objet des études des exposants. Ils ont imaginé une colonne à ressort mu par une pédale pour le remplissage, le bouchage et le ficelage des bouteilles. Ils ont enfin porté la perfection jusque dans les petits outils et accessoires qui servent au démontage et à la réparation des syphons.

M. Estien, de Chinon (Indre-et-Loire), et M. Chalopin, de Paris, exposent des instruments propres à boucher les bouteilles. MM. Savineau frères, offrent aussi un ustensile de cet usage. Ce mode d'opérer est basé sur la théorie de la manœuvre du levier ; il produit un bouchage hermétique qui rend toute fermentation impossible.

M. Parod, de Paris, expose une machine à hacher les viandes et à tailler les légumes. M. Bertrand-Fromment, de Nantes, offre aussi un hachoir à plateau de 66° contenant 16 lames pour 7 kilos de viande, à plateau de

80° à 25 lames pour 12 kilos, et à plateau de 1 mètre
à 16 lames pour 25 kilos, mu par un manège ou une
machine. Le système de cet instrument est simple et
ingénieux et donne un travail prompt et sans fatigue ;
il est facile à démonter et se nettoie sans qu'on ait
besoin de recourir au mécanicien.

Nous trouvons encore dans cette série le moulin broyeur
à cacao, de M. Bouvin, de Paris, constructeur de toutes
machines employées dans la chocolaterie et la confiserie.
Cet instrument conserve tout son arôme au cacao en le
broyant très rapidement ; sa mouture est supérieure et
presque impalpable, et un ventilateur qui y est adapté
empêche ses meules de s'échauffer et par suite le cacao
de se brûler.

Le système de cette machine est basé sur la force
centrifuge, imprimant, dans un appareil d'un mètre
environ de diamètre une vitesse de 70 tours à la minute à
une meule tournante, fonctionnant sur une autre meule
gisante, armées l'une et l'autre d'un disque métallique,
taillé de rainures tangentiellement disposées et d'un
rayonnage particulier.

M. Paris-Corroyer, d'Amiens, expose un torréfac-
teur à air pour café, cacaos, grains, cossettes, légumes,
etc., d'une construction solide, d'un emploi facile, pro
curant la torréfaction économique, d'une régularité inimitable, conservant au café, au cacao et autres grains
riches en arôme, tout leur parfum en les mettant à
l'abri des inconvénients du coup de feu. Ce qui est le
plus remarquable dans cet appareil, c'est la substitution
de la toile métallique à la tôle pleine pour le cylindre
dans lequel le café se trouve contenu durant la torréfaction ; ce cylindre tourne isolément dans une enveloppe

cor.centrique en tôle placée assez distante de la toile métallique pour que l'action du feu ne carbonise pas les
substances contenues dans le brûloir et ne puisse altérer en rien les propriétés nutritives, le goût et l'arôme.

M. Ryo-Catteau, de Roubaix, a confectionné une
machine à doubler les matières textiles, soie, coton,
laine, etc. Ce doublage mécanique substitué au doublage automatique, présente l'avantage de l'impossibilité d'un faux doublage, de l'instantanéité du mouvement de déclinche, de son isolement à chaque bobine,
de sa simplicité, de l'égalité de tension de tous les fils,
de la diminution du déchet et de la certitude d'une plus
grande production.

M. Caplain aîné, de Petit-Couronne, expose une
plieuse métreuse fort bien conçue, et qui est appelée à
rendre de grands services dans les fabriques de tissus.
Elle règle les pièces avec une sûreté, une précision
mathématique qu'on ne saurait obtenir avec les soins
les plus scrupuleux par le métrage et le pliage des ouvriers les plus attentifs. On peut affirmer qu'avec une
telle machine il n'y a plus d'erreur possible.

Les machines à coudre sont présentées à l'Exposition
de Nantes par plusieurs industriels; mais la plupart sont
des importations américaines qui n'ont guère d'autre
mérite que quelques perfectionnements de navette. Leur
manœuvre paraît facile et douce, et atteint une grande
vitesse sans nuire à la perfection du point et à la solidité du travail.

VI.

ARTS CHIMIQUES.

PRODUITS CHIMIQUES INDUSTRIELS.

La chimie, dans ses applications technologiques, est presque aussi vieille que le monde ; mais comme science expérimentale, elle ne date que de nós jours.

Nous nè pouvons en effet la considérer dans son origine comme une science vraiment digne de ce nom. L'école des chimistes arabes, créée au VIIIe siècle par le célèbre Géber, ne professait que l'alchimie, c'est-à-dire la recherche chimérique de problèmes insolubles ou fantastiques : la pierre philosophale, l'or potable, l'élixir de longue vie, études stériles qui ont épuisé les cerveaux d'Avicenne et d'Averroès.

Mais les connaissances chimiques des Arabes ne pénétrèrent en Europe que vers le milieu du XIIIe siècle. L'illustre moine anglais, Roger Bacon, est le premier chimiste de l'Occident. Il succédait au fameux Albert de Bollstadt, plus connu sous le nom fatidique d'Albert-le-Grand.

La chimie successivement cultivée par Arnauld de Villeneuve, Jean de Meuncq, Paracelse, chefs illustres de la secte des *philosophalistes* qui disparaît après eux, se transforma entre les mains de leurs successeurs Van Helmont, Libavius, Glauber, Bernard Palissy, qui donnèrent à la science une direction plus rationelle, l'enrichirent de produits nouveaux, de procédés utiles et de formules raisonnables.

C'est de cette époque que les progrès commencent à être sensibles. La chimie fut professée publiquement au jardin des plantes par Nicolas Lefebvre, Glazer et Nicolas Lemery. Stahl lança sa théorie du phlogistique, dont les conséquences font pardonner les erreurs.

Enfin Priestley en découvrant l'oxigène, Lavoisier en démontrant l'importance considérable de ce corps et en dotant la science de cette admirable nomenclature que le génie de la France a imposée au monde, ont fixé les nouvelles destinées de la chimie moderne.

De ce jour, cette science a marché à pas de géant. Geoffroy, Berthollet, Proust, Fourcroy, gloires de l'école française, dignes émules de Dalton, de Faraday, de Davy, de Wenzel, de Liebig et de l'immortel Berzelius, ont élargi ses domaines et ouvert la carrière à cette école moderne, où brillent les noms de Thenard, d'Orfila, de Dumas, de Gay-Lussac et d'Arago.

La chimie a pour but l'étude des phénomènes qui se rattachent à la constitution intime des corps. Ces phénomènes se manifestent par des altérations profondes dans la constitution de ces corps, altérations qui modifient leurs principales propriétés, et qu'on obtient par l'amalgame ou la combinaison.

Chaque corps de la nature doit être considéré comme

composé d'un certain nombre d'éléments que l'on sépare par l'analyse et que l'on recompose par la synthèse. Toute la science est là.

Nous n'entreprendrons pas ici l'étude de la nomenclature chimique ; disons toutefois, que celle de la chimie minérale est bornée dans les limites du nombre des combinaisons possibles des corps entre eux, tandis que celle des produits de la chimie organique n'est soumise à aucune règle fixe par la raison que ses acides, ses bases et sels peuvent se modifier à l'infini par la combinaison.

Les produits chimiques à l'Exposition de Nantes sont tellement multipliés et variés que la commission d'organisation n'a pu parvenir à les classer dans un ordre parfait, et que leur examen méthodique offre plus d'une difficulté à l'observateur.

Parmi les produits de la chimie minérale, nous avons remarqué en première ligne les tourbes de MM. Challeton de Brughat et Cie; jusqu'à ce jour, les inconvénients de la tourbe comme combustible en avait fait négliger l'emploi.

MM. Challeton et Cie sont parvenus à convertir en un combustible profitable, plus compacte que la houille, moins friable et débarrassé de toutes impuretés. Ils agissent mécaniquement sur des masses considérables, et par suite d'économie résultant de cette exploitation en grand, le prix de la tonne de tourbe ne ressort pas à plus de sept francs.

Cette société a des usines en Suède, en Danemark, en Suisse et en France ; elle produit annuellement pour plus d'un million de combustible en tourbe épurée, en charbon de tourbe, et en dérivés. Des expériences qui ont été faites de ces produits pour le service des locomotives du chemin de fer d'Orléans, du grand Central, de Danemark, de Prusse, et pour le service des hauts fourneaux de Suède, sont venus consacrer cette découverte, honorée d'une grande médaille à l'exposition universelle de 1855, et de la médaille d'or à l'exposition de Paris, en 1860.

Ces récompenses sont justes. Il y a un grand intérêt en effet à encourager le développement des ressources qu'offrent à l'industrie les matières combustibles. On s'est préoccupé pour l'avenir du manque de la houille, et de la recherche d'un corps qui put la remplacer dans la consommation industrielle. La tourbe, chimiquement préparée par MM. Challeton et Cie, résoud ce problème.

M. Kuhlmann, de Lille, est l'un des chimistes français les plus renommés et les plus savants. Les produits de ses usines ont une haute réputation, et sont d'une très grande importance et d'une très remarquable variété.

Son exposition n'est que le reflet de sa fabrication ordinaire, et peut en donner une idée fidèle. Nous y trouvons de beaux échantillons de silicates de soude et de potasse liquides, de bi-chlorure d'étain; des sels et des cristaux de soude, du carbonate de potasse, du sulfate de soude et de potasse, du noir animal en grains, des acides sulfurique, muriatique et nitrique, du chlorure de baryum brut et sec, du sulfate de ferrocyanure et du nitrate de baryte sec, du chlorure de baryum cristallisé, du silicate de soude et de potasse vitreux, du chlorure de chaux et de potassium, du tartrate de baryte, de l'acide chromique, du chromate de baryte, de la soude brute et des os carbonisés.

M. Cormerais, de Nantes, présente à notre attention une série aussi complète des produits de son laboratoire, qui ne fait que confirmer la haute opinion que l'on a de son savoir et de sa patience d'investigation et d'analyse.

M. Bletery, de Bordeaux, expose, dans une vitrine, des flacons d'os carbonisés, de noirs fins, de noirs en grains de plusieurs calibres et des engrais noirs.

MM. Carof et Cᵉ, de Ploudalmaiseau (Finistère), exposent des produits de leur usine. Ce sont de l'iodure et des sulfates de potasse, du chlorure de sodium, du muriate de potasse, de l'iode pur, de l'iodure de potassium et des résidus chimiques pour l'agriculture.

M. Mallet expose des sels amoniacaux pour engrais, du sulfate et du muriate d'ammoniaque de sa fabrique de Paris. M. Ad. Moreau, de Nantes, présente deux belles capsules de camphre raffiné, du sulfate de cuivre de fer, de l'azotate et du chromate de plomb, du sesqui-oxide de chrôme et du carbonate de cuivre.

M. Chevallier, fabricant de produits chimiques au Mans, a envoyé du carbonate, du sulfate et du citrate de magnésie, et de la magnésie calcinée. C'est à cette substance qu'il paraît s'attacher de préférence, et les produits qu'il en tire nous semblent atteindre la perfection. Nous pouvons en dire autant des bleus et des verts d'outremer de M. Dornemann, de Lille, dont on admire de magnifiques échantillons dans les galeries nantaises.

M. Paisant, à Pont-Labbé, prend le varech pour base de ses produits : il expose de la soude brute, du chromure de sodium, du sulfate de potasse, du chlorure de potassium, de l'hydriodate de potasse, de l'iode sublimé, du sulfate d'alumium, de l'alun commercial, de l'iodure de plomb, de mercure et de potassium, du bromure de potassium, du sulfate de potasse cristallisé, du sulfate de soude, du nitrate de potasse et du brome liquide.

MM. Coignet frères, de Paris, ont envoyé des produits chimiques, des teintures, des colles et gélatines, du noir d'engrais, du bi-carbonate de phosphate et du phosphore amorphe.

La distillation du bois est exploitée sur une large échelle par MM. Lutton, Lolliot et Cⁱᵉ, de Neuvy-sur-Loire. Ils en tirent des acides pyroligneux et des acides acétiques fins dont ils exposent des échantillons, à côté de métylène, d'acétate de cuivre, et d'ocre jaune et rouge.

MM. Tissier aîné et fils, du Conquet (Finistère), exposent des sulfates en poudre et cristallisés, des muriates de potasse, du chlorure de sodium, de l'iodure de mercure cristallisé et en poudre, de l'iode pur, de l'iodure de potassium, de l'iodate de potasse, de l'iode brut et du bromure de potassium.

M. Henri Arrault, pharmacien à Paris, s'est proposé pour programme la construction et l'organisation des ambulances volantes pour l'armée. Il a donné aux ambulances une forme légère qui leur permet de suivre tous les mouvements de l'armée, et qui met sous la main du praticien les secours les plus prompts et les plus efficaces.

L'idée de M. Arrault est bien réussie ; elle substitue une pharmacie commode, complète, au matériel embarrassant employé jusqu'à ce jour. Elle s'applique au service des armées en campagne, des voyageurs, des chasseurs ; elle peut trouver son utilité dans les usines.

Préoccupé de toutes les questions de santé, M. Arrault a imaginé une parfumerie sanitaire. Il a entrepris d'exclure de la composition des cosmétiques les sels de plomb, de mercure, l'arsenic, la pierre infernale, tous poisons violents qui exposaient aux plus graves dangers ceux qui s'en servaient.

La réputation de M. Arrault, établie depuis longues années, ne peut que s'accroître de son succès à l'Exposition nantaise. Il s'est proposé un but d'humanité, et, pour vulgariser plus sûrement ses produits, il n'a pas hésité à publier les formules mêmes de ses compositions. C'est affaire de loyauté.

De la pharmacie vétérinaire de M. Roblin, de Brie-Comte-Robert, nous sont venus des liniments précieux et efficaces, des onguents de pieds, onguents populeum, de la pommade antipsorique et jusqu'à des chocolats purgatifs préparés à la résine de jalap et à la scammonée.

M. Gautier-Bouchard, de Lille, expose des céruses, des huiles et des vernis. Nous remarquons parmi ses produits des terres en poudre impalpable pour le décors et les papiers peints; des couleurs en pâte, de la céruse en poudre, en pain et en écaille, produits excellents qui lui ont valu une médaille de 1re classe à l'exposition universelle de 1855. M. Lacroix, chimiste à Paris, des couleurs vitrifiables pour tous genres de porcelaine.

Tout à côté, M. Chazereau, d'Aubigny, présente une magnifique collection composée de trois cents échantillons de marnes de la Sologne.

M. Leudet, de Dieppedal, près Rouen, expose du blanc de craie qui s'emploie dans le mastic à l'huile, dans les blancs à la colle, dans la fabrication des indiennes, du papier, de l'alcool de riz, des eaux gazeuses et dans la dorure.

M. Dechaille, de Nantes, offre des ocres jaunes et rouges ; M. Dosnont, de Brion (Yonne), des couleurs minérales à base de fer indélébiles et inoffensives ; M. Ch. Breton, de Paris, des couleurs végétales perfectionnées, solides et liquides, pouvant être employées sans danger pour la coloration des substances alimentaires.

Les engrais artificiels obtenus par des opérations chimiques sont en très grand nombre à l'Exposition de Nantes. Nous mentionnerons les principaux.

Il est un axiome d'agriculture formulé par M. Boussingault et par M. Payen : « La valeur des engrais est d'autant plus grande que la proportion de substance animale ou azotée y est plus forte et domine. »

L'azote est une base fertilisante. C'est peut-être la plus actif et le plus puissant véhicule des engrais. Mais nous ne devons pas oublier qu'une quantité d'autres sels ont aussi cette propriété et qu'ils rendent des services en rapport avec le plus ou moins d'à-propos de leur emploi. Les phosphates de chaux, la potasse, les sulfates de chaux entrent comme élément précieux dans une foule de compositions dont on tire chaque jour des résultats merveilleux.

La variété des engrais exposés répond à tous les besoins de l'agriculture. Quelques-uns même jouissent déjà d'un renom bien mérité.

Ainsi, les guanos des îles Baker et Jarvis, dont M. Pelloutier, de Nantes, expose des échantillons, ont une réputation faite ; ils sont reconnus comme les plus riches de tous les engrais en acide phosphorique et se rapprochent de très près, par leur substance, du phosphate naturel.

Ces guanos sont riches aussi en sulfates de chaux, et contiennent des sels phosphoriques solubles, d'une assimilation facile.

M. Jaille, d'Agen, prépare un engrais des rebuts de corne, d'écharnures de tannerie, de poils d'animaux, de débris de cuirs, de laine, etc. L'expérience lui a donné raison; la quantité d'azote contenue dans cet engrais lui a assuré la vogue. Sa fabrication amène, pour résultat, la décomposition rapide de ces matières si tenaces, si difficiles à diviser par les moyens mécaniques. Cette décomposition parfaite rend l'engrais de M. Jaille facilement assimilable.

Cet exposant a aussi envoyé quelques échantillons de noir animal de sa fabrication, soit en grains, soit en poudre, dont la carbonisation est complète.

M. Chataignon, de Poitiers, présente des engrais de diverses préparations; ce sont des chairs musculaires pulvérisées, qu'il livre à 20 fr. l'hectolitre; des engrais azotés et phosphatés, à 14 fr.; de l'engrais animalisé, à 9 fr.; des os blancs pulvérisés, à 20 fr.; de la poudrette, à 5 fr., et du noir vierge, à 20 fr. Ces produits sont appréciés.

M. Mongin expose des guanos contenant 10 % d'azote et 25 % de phosphate; un excellent engrais noir pour la Bretagne, la Vendée et le Maine-et-Loire; du noir animal gros grain et du charbon d'os pour la raffinerie.

M. Benjamin Leroux, de Nantes, produit des engrais fertilisants et des guanos artificiels, tirés chimiquement par l'utilisation des gaz ammoniacaux dégagés par la torréfaction. Il expose aussi du chlorydrate d'ammoniaque sublimé qui est, nous le pensons, le seul échantillon qui figure dans les galeries.

L'engrais breton de M. Faucheux, de Nantes, livré au commerce à 6 fr. l'hectolitre, a le double mérite de l'efficacité et du bon marché. Le propriétaire de l'usine de Saint-Etienne-de-Mont-Luc, M. J.-B. Miozé, a envoyé des noirs animalisés à 18 % d'azote, des résidus d'équarrissage, et un compost, dit fumier de ferme, à 30 % d'azote.

M. Rouche, de Nantes, directeur de la grande usine de la route de Vannes, exploite les phosphates de chaux fossiles, et il doit à ces produits, dont il expose à Nantes des spécimens, la grande médaille d'or qu'il a obtenue au concours général de Paris en 1860.

Les guanos artificiels de l'usine de M. Derrien, de Chantenay, constituent un engrais très énergique, dont 500 kilos suffisent par hectare de récolte en froment, colza, betteraves ; ils trouvent aussi un emploi fort utile dans la culture de la vigne, où on les place à raison de 50 à 100 grammes par pied, suivant l'âge et la force du plant et suivant le degré d'énergie végétative du sol.

M. Lartigue, de Bayonne, présente aussi des noirs de raffinerie et des engrais composés d'os crus, de corne et de sang. MM. Pilon et Perthuy, de Nantes, ont exposé des noirs en grains et en poudre pour la raffinerie et des suifs d'os ; MM. Maupas et Schlaisse, de Bar-le-Duc, du phosphate pulvérisé ; MM. Pichelin frères, de la Motte-Beuvron, du noir animal, des nodules de phosphate fossile, du superphosphate d'os, des cornes en poudre, du nitrate de potasse, du sulfate de fer, de la soude et de la potasse ; ils offrent, avec leurs coprolithes sanguinées, des échantillons des différents gisements de phosphates fossiles qu'ils exploitent.

M. Léon Krafft, fabricant d'engrais d'Aubervilliers,

exploité les résidus de l'abattoir municipal de la ville de Paris ; il expose des phosphates minéraux, des engrais organiques, des chairs en poudre, des guanos et des composts d'une grande énergie.

M. **Bourgeois** jeune présente des engrais artificiels extraits du sang des animaux pour l'usage de l'agriculture, mais également applicables à la teinture, aux impressions sur étoffes, comme à la fabrication et au raffinage du sucre. On a bien des fois regretté d'être obligé d'employer le sang frais et liquide dans les raffineries par la raison que son odeur se communique au sucre. C'est cet inconvénient que M. Bourgeois veut faire disparaître. Quant au sang desséché, dit caillot ou fibrine, n'étant pas attaqué par les acides, il est d'une supériorité incontestable comme engrais azoté.

M. **Laureau**, de Paris, qui dirige l'usine du Croisic, compose l'engrais de Pen Bron, qui, de l'avis de M. Joigneau, l'agronome populaire, a d'excellents résultats sur la végétation. Les chairs d'équarrissage, les poissons, les débris de sardines, qui en sont la base, sont divisés par la cuisson, additionnés de lie de vin, mélangés de tourbe, de suie, de sel marin, de sulfate de chaux, épurés par l'égouttage, échauffés par une fermentation graduée. Arrivé en cet état, l'engrais Pen-Bron produit des effets merveilleux dont la pratique a constaté l'efficacité, qui résiste aux influences atmosphériques les plus contraires à un grand nombre d'autres composés.

M. **Grignon**, de Nantes, présente une exposition complète de bois des îles, bois de teintures et produits chimiques remarquables. Ce sont des bois de Fernambouc, de Lima, de Sapan, de Sainte-Marthe ; du curcuma de

Bengale moulu, des bois jaunes de Cuba, de Tuspan, de la Côte-Ferme; des bois de Fustal, d'Italie; des gallons moulus, produits du chêne vilani, des campêches d'Espagne, de la Havane, des Gonaïves, de la Martinique, du Port-au-Prince, de la Guadeloupe et du cap Haïtien; de la poudre de l'arbre à flambeau de Mayotte, du bois de sandal, de camwood et de fustal.

La division des bois est très-importante en teinture. Les moyens découverts par les Hollandais ont vieilli; les machines ont été perfectionnées, et M. Grignon a appliqué à cette fabrication des coupeuses d'un nouveau modèle, dont le travail ne laisse rien à désirer. Son usine emploie un million de kilos de bois divers; c'est quatre fois autant que le commerce de Nantes tout entier produisait il y a quelques années.

Nous ne parlerons que pour mémoire des allumettes chimiques préparées par MM. Coignet frères, de Lyon; l'emploi du phosphore amorphe y est appliqué avec succès, et elles ont pris à juste titre le nom d'hygiéniques. Il en sera de même du carton imperméable non-bitumé de MM. Guicestre et Cᵉ, de Paris, préparé par le procédé de M. Ruolz; ce carton se dispose en toitures, à joints recouverts dans le même sens que le voligeage, double condition qui en assure le succès. Il remplace économiquement le zinc, la tuile et l'ardoise dans les couvertures de hangars, d'ateliers et de constructions légères pour les exploitations agricoles, destinées à abriter les récoltes, les engrais et les instruments de travail. L'emploi si dangereux du bitume y est remplacé par un enduit métallique d'une nature toute spéciale, qui lui donne une solidité, une imperméabilité à toute épreuve, et une résistance parfaite aux atteintes d'un soleil ardent ou d'une gelée intense.

Nous signalerons encore les encres diverses exposées par M. Tourault, de la pension Saint-Louis de Gonzague, de Nantes, les encres, cirages et vernis de M. Texier, de Nantes ; de M. Menetrel, de Joinville (Haute-Marne), de M. Borelly, de M. Verrier, de Nantes, et de M. Lecerf, de St-Calais (Sarthe).

M. Chevenement, de Bordeaux, expose aussi des cirages et vernis de diverses espèces et d'excellente qualité.

M. Coignet, de Paris, envoie de ses ateliers de produits chimiques des colles gélatines très-pures, des phosphates de chaux, du noir, des teintures et du phosphore amorphe ; M. Jeorget, aîné, de Chantenay, 38 belles variétés de vernis.

M. Tissier aîné, du Conquet (Finistère), produit chaque année des quantités considérables de produits chimiques, dont il a placé quelques beaux spécimens dans nos galeries. Nous y avons remarqué particulièrement des sulfates de potasse en poudre et cristallisés, du muriate de potasse, du chlorure de sodium, de l'iodure de mercure cristallisé et en poudre, de l'iode pur, de l'iodure de potassium, de l'iodate de potasse, de l'iode brut et du bromure de potassium, produits excellents qui prouvent l'habileté de ces exposants et la sûreté de leurs procédés.

Les colles et gélatines de MM. H. Bocquet et Cⁿ, de Sotteville-lez-Rouen, sont en grande partie tirées des os acidulés, des rognures de veaux, moutons et bœufs de Buenos-Ayres. La préparation de ces matières premières s'opère par l'acidulation des os et résidus pulvérisés ; les gélatines produites s'emploient dans les fabriques de lainage de Rouen, de Rennes, de Saint-Quentin, de

Roannes, de Lyon, d'Amiens ; Elbeuf, Sedan, Beauvais, Lisieux, l'Angleterre même les recherchent ; Roubaix, Tourcoing et les fabriques de cotonnades s'en emparent de préférence.

Leurs gélatines fines sont admises dans les préparations culinaires ; elles se recommandent par leur pureté et les soins apportés à leur fabrication.

Les mêmes exposants présentent des phosphates de chaux obtenus par les mêmes procédés. Ces résidus ont une vogue bien méritée parmi les cultivateurs. Il est curieux de voir les échantillons de matières premières que figurent dans leurs rayons, ces têtes de veau préparées du Brésil, ces cornillons acidulés ou bruts, ces dentelles d'os, ces déchets de boutonnier, dont ils savent tirer des produits si distingués.

Nous signalons encore les colles fortes et les os dégélatinisés de M. Noirault-Goujon, de Niort ; les gélatines et colles fortes de MM. Caillot et Rougé, de Château-Renault (Indre-et-Loire) ; les colles et gélatines de M. Emile Bertrand, d'Annonay (Ardèche), à l'usage des fabricants de cotons, de soies, d'ouates, de chapeaux de paille, et servant aussi avec succès au collage des vins. N'oublions pas enfin les colles fortes exposées par M. Willot, Julien, de Saint-Hilaire, près Avesnes, qui sont des produits dignes d'une mention spéciale.

MM. d'Enfer frères, de Paris, exposent aussi des colles et gélatines de qualité supérieure, qui offrent de grandes ressources à l'industrie, tant par leur bonne composition que par leurs prix modiques. Non loin de là, M. Trouillard, de la Flèche, a placé des colles fortes et des colles de fécule d'une excellente fabrication.

M. Félix Herpe, de Rennes, a porté tous ses soins à

l'épuration des huiles, il en expose de beaux échantillons, qu'il accompagne d'un savon fabriqué avec des tourteaux de colza et qu'il nomme savon oléagineux. Ce savon est employé avec succès pour le dégraissage des laines. Son aspect, comme le reconnaissent les inventeurs eux-mêmes, ne promet pas, à première vue, les avantages qui le caractérisent, mais son bon marché, ses qualités précieuses le font rechercher des travailleurs. Les peintres l'emploient pour le nettoyage de leurs brosses ; il s'applique aux usages domestiques et trouve son emploi journalier dans les usines et manufactures.

M. Cussinberge, de Clichy, expose aussi des savons à prix minimes pour l'industrie.

MM. Pasquier, Rivoire et Ce, de Paris, exposent des huiles et graisses pour machines, des huiles minérales fluides, des huiles spermacétiques et des huiles animales ; M. Labbé Gaudineau, à Luçon, des huiles épurées et des engrais animalisés ; M. Cordonnier-Salmon, d'Arras, des huiles d'arachides et de sésame, des résines et des graisses pour pistons, tourillons et engrenages fins ; M. Léon Amenc, de Clermont, des graisses spéciales pour voitures, des huiles stéaroléines animales, des huiles d'olive transparentes pour machines, des huiles de pied de bœuf pour machines et harnais.

MM. Pelletreau frères ont une fabrique d'huile à Sainte-Hermine (Vendée), où ils procèdent à une épuration complète de cette substance. Ils exposent de l'huile pure de lin provenant de graines indigènes, des huiles de colza pour l'éclairage des reverbères et des lampes Carcel, de l'huile de colza obtenue par froissage et destinée au dégraissage des laines.

MM. Robert Galland et Ce, de Dieppe, s'occupent de

l'éclairage minéral économique par un gaz qu'ils tirent du bitume. Ils exposent un bloc de minerai bitumineux. C'est cette même substance qu'ils réduisent en poudre et qu'ils liquéfient par des procédés ingénieux. Ce bitume liquide épuré donne un bel éclairage. Ils offrent aussi à notre curiosité de la benzine ou essence à détacher, de l'huile paraffinée et même de la paraffine brute et épurée.

Nous trouvons encore à signaler les cires de M. Pérochaud, de Nantes, ses bougies stéariques et chandelles épurées ; celles de MM. Thibault frères, de Nantes, au suif épuré, rognées au moyen d'un instrument qui figure aussi à l'exposition ; les cires blanches et jaunes de M. Letarouilly et C°, de Rennes, ses bougies stéariques filées blanches et jaunes, ses bougies à tube qu'il confectionne avec la belle cire de Bretagne ; la cire de New-York, que M Chevallier, de Nantes, emploie à la préparation de ses bougies de table et de réchaud ; les bougies et les cierges de M. Rochard, de Nantes ; les belles bougies de M. Reliquet, de Nantes, et celles de M. Gasnier Théard, aussi de notre ville.

MM. Leblanc et Housset, de Chantenay, exposent des huiles à graisser les machines, des huiles de lin de Bombay, de Sicile et du pays, des huiles épurées de colzas étrangers et du pays, des huiles de sésames et d'arachides de l'Inde et du Levant, des graines et des tourteaux.

MM. Fenaille et Châtillon, de Paris, ont envoyé des graisses pour machines, des huiles de résine rectifiées, des huiles de pied de bœuf et des huiles animales.

MM. Bouton et C°, de Nantes, opèrent la décoloration naturelle des huiles par l'oxigénation à l'air libre ; ils exposent des huiles de lin décolorées et des types fort intéressants de décoloration des diverses espèces d'huile. M. Jal, de Niort, a aussi envoyé des huiles épurées de lin et de colza ; M. Félix Vidie, de Nantes, des huiles cuites siccatives très limpides pour tableaux et peinture.

M Fruneau, pharmacien à Nantes, confectionne des papiers nitro-vitreux qui ont un effet merveilleux pour apaiser la toux, l'oppression, les douleurs de l'asthme, par la combustion et l'aspiration. Ces papiers sont préparés par un habile mélange de tous les spécifiques reconnus : le stramonium, la belladone, la jusquiame, la digitale et le benjoin.

MM. Pichot et Malapret, de Poitiers, préparent des papiers carbonifères désinfectants, de la charpie ayant les mêmes propriétés, et des papiers-filtres.

M. Bellois-Gomand, de Châlons-sur-Marne, a découvert une matière colorante qui est l'objet de la contrefaçon, ce qui est une preuve de sa bonté. C'est un carmin en pâte que l'on applique avec succès à la coloration des dragées et des bonbons, et qui, en leur donnant l'aspect le plus brillant, reste tout à fait inoffensif au point de vue hygiénique.

La parfumerie a fait aussi des merveilles. M. Sarradin, de Nantes expose toute une collection de savons, de crèmes, de farines, de pommades, d'eau de senteur, d'huiles et d'esprits odoriférants. M. Giraud, de Paris, présente des essences, des extraits doubles obtenus par une distillation perfectionnée. M. Chalmin, de Rouen, des parfums de toilette, des eaux balsamiques et toniques, des savons onctueux et de l'éthéroléine pour détacher les étoffes les plus précieuses. M. Mailly, de Paris, dont le nom a quelque célébrité, a envoyé des savons marbrés et transparents, des opiats et des essences de premier choix.

La céramique est l'art de façonner, de pétrir la terre, de la soumettre à la cuisson pour la durcir. Elle est représentée dans les galeries de l'Exposition nantaise par de très beaux spécimens, au milieu desquels on distingue surtout les produits de M. Auguste Jean, de Paris. M. Jean est un véritable artiste qui sait allier la pureté et l'élégance de la forme à la variété et à l'éclat des couleurs. Ses flacons, ses vases, ses corbeilles, ses coupes sont de charmants chefs d'œuvre qui rappellent les miracles de Bernard Palissy.

M. Signoret, de Nevers, se distingue aussi par des créations de bon goût ; il expose de très belles assiettes, des vases, des plats à fond bleu turquoise servant d'encadrements à des paysages au milieu desquels se jouent des amours.

M. G. Lyons, de Nevers, imite son compatriote et émule ; ses faïences peintes sont très-jolies. Elles prennent la forme de pots, de vases, de bassins, d'assiettes et de plats immenses mesurant plus de 50 cent. de diamètre, et portant sur leur fond des peintures qui représentent le baptême des premiers chrétiens et Josué arrêtant le soleil. Ces tableaux naïfs sont des imitations très-bien réussies des anciennes faïences de Faenza.

Les faïences peintes et les poteries de M. Derivas, de Nantes, ne le cèdent en rien aux produits que nous venons de citer ; ils nous en fournissent la preuve dans ces pots, ces vases, ces corbeilles et ces statuettes qu'ils exposent, objets d'art auprès desquels on voit avec plaisir la faïence usuelle, la poterie à bon marché, et les ustensiles de cuisine de la même maison.

Nous mentionnerons encore parmi les poteries de luxe les beaux grès argentés de M. Lebert, de Langeais ; ce sont des suspensions découpées à jour, des vases, des pots et potiches, des corbeilles en dentelles, des tasses et sous tasses sculptées, des théières, de flacons et deux échantillons d'un beau dallage.

M. Durban jeune, de Bordeaux, a aussi exposé des dallages en carreaux-mosaïque de son usine à vapeur de Casteljaloux. Variété de formes et de couleurs, éclat, beauté, durée éprouvée, telles sont les qualités qui recommandent ces produits que la gelée, l'humidité, ni le salpêtre ne parviennent jamais à altérer.

M. Bossot, de Ciry, a aussi un produit fort distingué : nous voulons parler de grès d'un très beau grain dont il fait des barils à liqueurs, des filtres à eau et des vases pour ornement de portail.

M. Neppel, de Nevers, expose de la faïence blanche et brune, façon sarreguemine, cuite à la houille dans des fours à l'anglaise ; M. Gosse, de Bayeux, de la porcelaine blanche d'une solidité à toute épreuve et d'un bon marché fabuleux ; M. Duveault, de la porcelaine d'excellente qualité provenant de son usine de Grigny (Rhône) ; M. Bara Pallut, de Tours, de la faïence usuelle brune à bon marché.

M. Sentier a envoyé des terres réfractaires en carrelage, en tuyaux, en poteries et en briques ; M. Perderau, de Fontevrault, des terres réfractaires ; M. Rousseau-Lhuillier, de la Briandière, près Nantes, un vase et des briques aussi en terre réfractaire, ainsi que des épreuves de briques ayant, les unes, été exposées sept heures dans une fusion de verre, à l'usine de Couëron ; ayant été maçonnés, les autres, sur le côté d'un grand four à corroyer, à l'endroit où il y avait le plus de chaleur, et où elles ont duré deux mois et demi ; enfin d'autr s (preuves de briques réfractaires ayant été exposées sur l'autel d'un four à réverbère pendant huit jours de corroyage sur un paquet de cinquante centimètres carrés.

M. Deyeux, de Liancourt (Oise), a la spécialité des terres réfractaires pour fourneaux et creusets. No is avons déjà eu occasion d'en parler au chapitre de la métallurgie ; nous n'y revenons en cet endroit que par respect pour l'ordre méthodique des matières et un peu aussi pour avoir une nouvelle occasion de faire l'éloge de cette maison.

M. Danicourt, de Javardon, qui expose des porcelaines et des verreries, nous servira de transition. Nous ne passerons cependant pas devant son exposition sans remarquer ces bocaux, ces capsules en verre, ces crémeuses à robinet et à tampon d'un fini rare.

MM. Richarme, de Rive-de-Gier (Loire), ont envoyé une collection très complète de leurs produits. Nous citerons entr'autres des bouteilles dame-jeannes, bombones et rouleaux ; une série d'échantillons marquant les divers dégrés de la formation de la bouteille, depuis le premier cueillage jusqu'à la bouteille moulée et piquée ; des bouteilles à deux goulots ; des manchons de verre blanc rognés et fendus ; des manchons bruts ; de belles feuilles de verre à glace ; des verres dépolis et des verres de fabrication courante.

La verrerie de Frais-Marais, près de Douai, expose des bouteilles et dames-jeannes ; les verreries de Decize, des bo aux, des bouteilles et flacons, produits qui rivalisent entre eux et méritent un égal suffrage.

9

MM. Deviolaine frères, directeurs des verreries de Vauxrot, près Soissons, ont envoyé des bouteilles à vin mousseux, moulées par des procédés nouveaux, donnant des contenances et des formes très régulières ; des cloches de jardins avec ou sans bouton et percées au besoin ; des bocaux, des flacons de fantaisie, des chopes et des canettes de verre jaune, à moule fermé, à fond plat ; des bouteilles bourguignones, bordelaises, parisiennes et des cruchons à bière et à eau de seltz.

Une des découvertes les plus utiles et les plus intéressantes de notre époque est celle de M. Carteron. Rendre incombustiles les pailles, les papiers, les bois, les goudrons, les peintures et les tissus de toute nature, paraissait un problème insoluble. M. Cartron l'a résolu par des procédés chimiques.

Il serait trop long d'énumérer toutes les tentatives faites avant lui dans ce but. Gay-Lussac, une des plus grandes intelligences de notre temps, s'était occupé de l'incombustibilité avec le zèle qu'il apportait dans toutes ses investigations scientifiques. Mais ses expériences restèrent sans effet pratique.

M. Carteron reprenant ces savantes études, a imaginé de recouvrir d'un sel inaltérable au feu les objets dont il veut assurer l'ini.flammabilité. En réalisant cette idée, il a mis obstacle à la combinaison de l'oxigène et de l'air atmosphérique, et par conséquent à la communication du feu de l'objet enflammé aux objets environnants.

Le succès a couronné ses efforts ; le fait a confirmé de tous points la théorie. Les expériences les plus concluantes ont eu lieu, et les propriétés des agents chimiques employés par M. Carteron sont aujourd'hui hors de doute. Grâce à son système, les édifices publics, les salles de spectacle se trouvent désormais placés dans des conditions de sécurité parfaite.

On peut voir dans les galeries nantaises des échantillons de paille, de papiers, de bois préparés par ce procédé, et même des fragments de décors de la salle de spectacle de Nantes rendus ininflammables par l'application de cette méthode.

Mme Cauzique, représentée à Nantes par M. Lamy, expose un papier, dit papier Alréen, dont la base est le bois. Nous nous rappelons que le docteur Pallas réussit un jour à faire du papier avec la paille du maïs. Le but de ces recherches est d'affranchir la fabrication du papier des drilles et chiffons.

Mme Cauzique a poursuivi aussi ce but ; elle a observé que le bois peut se blanchir comme les plantes marines, les foins, les pailles les joncs, et, de ce point de départ, elle est arrivée à fabriquer des papiers assez résistants pour servir à l'impression, au dessin, à l'écriture, à la lithographie.

M. Piqúe Cadet, d'Erilles (Jura), confectionne de la cartonnerie lustrée et mate ; il expose des cartons pour tous genres d'apprêts et de satinage ; des cartons lissés et sans lustre depuis le plus petit format jusqu'à deux mètres quinze centimètres carrés pour les apprêts de châles sans plis sous presse.

Nous notons encore MM. Bon et C°, de Courtensourt, près Toulouse, pour des papiers d'emballage ; les usines d'Estier, de Cugand (Vendée), pour des papiers ordinaires ; la fabrique de MM. Girard frères, de Tiffauges (Vendée), pour des papiers d'impression et des rouleaux de tenture ; la papeterie de Cusset (Allier), pour des papiers d'algue, et celle de **M.** Bardou fils, de Perpignan, pour des papiers à cigarettes.

Il n'est pas jusqu'aux poudres insecticides qui n'aient réussi à trouver place dans les galeries de l'Exposition ; et qu'on ne rie pas de l'importance qu'elles se donnent, car au résumé elles ont bien leur mérite.

La plus célèbre est l'insecticide Vicat. L'inventeur, frappé des dommages, des maladies, des incommodités de toutes sortes que les insectes parasites occasionnent à l'homme, aux animaux, aux récoltes même, chercha les moyens de les combattre. Il découvrit un mélange de substances qui, d'une innocuité complète pour l'homme, avait des effets foudroyants sur les insectes. Il inventa ensuite un insufflateur qui permit d'atteindre les insectes au fond de leurs retraites les plus cachées.

Les produits de **M.** Vicat sont aujourd'hui répandus sur tout le globe, et nos soldats s'en sont munis pour l'expédition de Chine.

M. Grosset-Grange, de Paris, expose une poudre, sans acide ni mordant, pour nettoyer et polir les métaux, qui trouve son emploi dans l'armée et l'industrie, dans les grandes maisons, les hôtels et les pensionnats.

La tannerie et la corroierie ont une exposition brillante ; Nantes y occupe sans doute un rang très remarquable, mais les industries étrangères y ont envoyé des produits dignes de rivaliser avec ceux de notre ville. Il y a là des échantillons de toutes sortes de cuirs, depuis le cuir fort jusqu'à la chamoiserie.

M. Suser, de la Morinière, près Nantes, expose des croupons blancs pour chaussures de troupe, des veaux en croute obtenus, par un tannage accéléré, en quarante-trois jours, des veaux cirés, des veaux blancs et des veaux de croute d'un tannage ordinaire.

Les cuirs envoyés à Nantes par MM. Coppin, Lejeune et Comp., de la grande tannerie du Nord, à St-Amand-les-Eaux, sont la représentation exacte de leur fabrication de tous les jours. Ce sont des peaux prêtes à être livrées à la corroyerie sans aucune préparation.

La grande tannerie du Nord n'est fondée que depuis 1857 ; deux fois elle a exposé, à Rouen et à Besançon, et deux fois elle a obtenu une médaille d'argent.

On ne se sert dans cette usine que des agents reconnus les meilleurs pour le tannage, c'est à dire l'écorce de chêne et l'eau claire, sans acide, sans le secours d'aucune autre substance accélératrice de l'opération ; mais la fabrication diffère par le mode d'emploi de ces agents, qui parvient à faire absorber au cuir par dégré tout le principe tannant et à le lui faire absorber de telle façon qu'on puisse le livrer au commerce après sept ou huit mois au lieu de douze ou quinze qu'exigeait l'ancien système. La tannerie de MM. Coppin, Lejeune et Comp. fabrique annuellement vingt mille cuirs.

M. Herbert, de Nantes, expose des cuirs forts de pays, de la vache lissée, des cuirs forts de Rio-la Grande et de Buenos-Ayres et des veaux secs d'huile.

M. Desgrès, de Launay, présente un cuir tanné de dimension gigantesque, qui ne mesure pas moins de quatre mètres sur trois.

M. Raux, de Nantes, expose des cuirs noirs en suif pour les colonies, des cuirs doubles pour courroies de mécaniques, des cuirs de Hongrie, des cuirs baudriers pour semelles et des veaux tannés en quatre-vingt-dix jours.

Nous trouvons encore les cuirs vernis et les moutons de Mme veuve Téry, de Lambale, ; les cuirs forts de M. Ch. Verger, de Pont-Audemer (Eure) ; les cuirs lustrés de M. Em. Chevalier, ouvrier corroyeur à Nantes ; ceux de MM. Girard, Merland et Pequin, de Nantes ; de MM. Miniac, Pechot, Pecot, d'Ancenis ; les cuirs vernis, les garnitures de sabots, les cuirs fendus de M. Larroque, de Tarbes ; les corroyages de M. Chalmel, de Rennes ; les veaux cirés à la colle internissable que M. Melu, de Nantes, prépare pour l'exportation.

M. Gallien, de Longjumeau, expose des cuirs forts de pays, des cuirs étrangers et des vaches lissées ; MM. Leroux et Lebastard, de Rennes, des cuirs forts, ainsi que M. Bertonnière, de Saint-Gengoux-le-Royal.

Citons enfin, pour clore cette série, les cuirs forts de MM. Pineau Bizon, de Rennes ; Albert Havart, de La Flèche ; Bossière, de Paimbœuf, et Desbos, de Nantes ; les cuirs en suif pour bourreliers et les cuirs en chair pour selliers de M. Teillais, de Nantes ; les veaux cirés imperméables sur chair et sur fleur de M. Conty, de Pilleux, près Nantes ; les cuirs fendus et imperméables, les vaches lissées de pays non battues exposées par M. J. Vincent, de Nantes ; les veaux cirés de M. Morlant jeune, de Nantes, et les cuirs vernis de M. Nys et Comp., de Paris.

La chamoiserie est représentée par de beaux produits. MM. Douaud et Boutin, de Nantes, ont exposé des veaux et moutons chamoisés d'une grande souplesse ; MM. Pellegrin frères, de Niort, des moutons amadous pour couverture de selles, des peaux pour voitures, des peaux chamoisées et des veaux et moutons bronzés pour chaussures.

M. Audron fils, de Nantes, présente des produits de sa mégisserie ; des cuirs blancs fermes et demi-fermes de mouton ; des chamois à fleur naturelle ; des peaux de moutons pour bonnets et coiffures, des peaux parcheminées et mégissées, des laines lavées de Buenos-Ayres.

SUBSTANCES ALIMENTAIRES.

Si nous avons rencontré jusqu'à présent quelques difficultés dans l'appréciation des objets dont nous avons rendu compte, notre embarras redouble en pénétrant dans la galerie des substances alimentaires. Il ne nous est guère possible de juger à la vue ces produits si variés et notre rôle se bornera à les enregistrer.

Le premier, le plus indispensable aliment de l'homme, c'est le pain. Son importance est telle que certains économistes ont considéré le froment, qui en est la base, comme étalon monétaire, et ont rapporté la valeur de l'or et des métaux précieux à la valeur de l'hectolitre de blé. C'est donc par les farines que notre examen doit commencer.

En première ligne, nous placerons la minoterie de M. Chaloumeau, de Cheffes-sur-Sarthe, qui transforme annuellement 125 mille hectolitres de froment en 41 mille culasses de farines ; celle de M. Rivet, de la Flèche, qui produit par an 31 mille culasses de farines, avec 96 mille hectolitres de froment et cel'e de M. Dupont, de Frossay, qui tire 9 mille culasses de 27 mille hectolitres de blé. Nous trouvons encore dans nos galeries les fleurs et farines de MM. Simoneau frères, de Paulx, près Machecoul.

M. Duclos fils, d'Ecoute-sur-Lot, a aussi envoyé des minots supérieurs; M. Van Camelbeke, de Nantes, des gruaux perlés, des gruaux concassés, du riz décortiqué et des farines de blé-noir; enfin, M. Couteau, de Nantes, des farines de blé-noir gambadées à la Fournillière de Chantenay.

Les échantillons de pain de M. Vilaine, boulanger à Nantes, sont aussi à noter. Nous voyons dans sa vitrine des pains de mie, des pains tartines, du pain de seigle, du Sandwich, du Russe, de l'Anglais, des flûtes au gras et des biscuits au beurre.

Des biscuits de mer sont exposés par MM. Redeuil, Trénis fils et Olibet, de Bordeaux; Dédron et Chauvin, le Chablis (Yonne), et Thébaud frères, de Nantes. M. Lefebvre, de Nantes, confectionne des biscuits, imitation de ceux de Reims, qui ont quelque célébrité.

Les actionnaires des moulins d'Alby exposent des vermicelles à l'instar de Gênes, des semoules, des vermicelles jaunes, des macaronis gros et petits, à côtes de céléri et à sifflet, des nouilles, des espagettes, des taillarines, des tranettas, des pâtes, étoiles et graines de melon.

M. Chazerault, de Rennes, soutient la renommée des pâtes alimentaires, produits bretons.

M. Morel, de Saint-Denis, présente des denrées féculeuses, farines de légumes cuits, gommes indigènes, tapioca indigène de fécule, sagou de l'Inde et crèmes de riz.

M. Caffarelli, de Bastia (Corse), a envoyé des pâtes vermicelles et macaronis; M. Cattois, du Mans, des fécules et une belle feuille de tapioca hygiénique; M. de Renancourt, de Nantes, des macaronis et des pâtes;

M. Paulplet, de Montrouge, des fécules et des semoules.

La série des conserves de légumes, viandes et poissons est très complète. MM. Pellier frères, du Mans, exposent des conserves de petits pois, de bouillon, de sardines et de viandes de bœuf et de veau ; M. Gouey jeune, de Bordeaux, du saumon à l'huile, du civet, des cervelas, des pieds de cochon et des potages ; M. Cormier, du Mans, des haricots, des pois verts et des œufs ; M. Moiset, d'Angers, des asperges, des pois, du potage à la julienne et des fruits.

Nous citons encore MM. Amieux et Carraud, de Nantes, pour leurs asperges, leurs petits pois et leurs cornichons ; M. Mercié, de Bordeaux, pour des conserves identiques, et, de plus, pour des viandes, volailles, gibiers et poissons ; M. Eugène Benoist, de Paris, pour des légumes conservés à l'état frais, des tapiocas, de la julienne et de la chicorée ; M. Laynier et Mme veuve Rozier, de Nantes, pour des fruits, des légumes, du homard, des perdrix et un saumon au bleu.

MM. Louis Levesque et Peneau, de Nantes, offrent des conserves de légumes, de viandes, du sel raffiné, du riz, du porc salé en petits tonneaux, et des sardines en boîtes ; Mme veuve Dinant et MM. Philippe et Canaud, de Nantes, des fruits, des légumes, du beurre, des poissons et des viandes.

MM. Rondenet et C°, de notre ville, exposent aussi des gibiers, des poissons, des fruits et des légumes ; M. Blon, des conserves alimentaires de toute espèce ; M. Quemet, des salaisons et des conserves de viandes et de poissons ; M. Cassegrain, de Nantes, des légumes, des viandes et des marrons ; MM. Boyer, Heyl et C°, de

Gignac (Hérault), des conserves alimentaires et des bocaux de cornichons.

MM. La Noë et Bidard, de Nantes, ont exposé de beaux échantillons de beurre pour l'exportation ; MM. Cornillier et Chauveau, de Nantes, des salaisons de porc, de bœuf, de gras-double, de fraises de veau, du jambon, des langues de bœuf et des beurres et saindoux, à la fabrication desquels ils emploient une machine à vapeur.

M. Aubelle Menneval, de Dijon, a envoyé des jambons et saucissons, et M. Chevallier-Lebois, de Richelieu (Indre-et-Loire), des jambons.

Des sardines à l'huile sont exposées par MM. Duval, d'Etel (Morbihan), Tertrais-Ballereau, de Nantes, et Marquet, de Port Louis (Morbihan).

M. Lemarchand, de Nantes, présente aussi des sardines sans arêtes, et M. Chantonel, de La Rochelle, aussi des sardines, contenues dans des boîtes qui ont l'avantage de s'ouvrir horizontalement.

Nous n'avons remarqué qu'un seul échantillon de fromage, façon gruyère, qui est exposé par M. Bonnemant, de Treulan, près Auray (Morbihan), et aussi un seul échantillon de sel présenté par M. Briscous, de Bayonne, qui l'offre à 16 fr. les 100 kilos rendus à Nantes.

Des miels de belle qualité sont exposés par MM. Foucault-Daguet, de Pithiviers (Loiret) ; Mauget, d'Argences (Calvados) ; Pellegrin frères, d'Orléans, et Malinge, de Bouchemaine, près Angers. Ces deux derniers exposants nous montrent, en outre, des ruches de transvasement et d'observation qui ont leur mérite.

Les chocolats brillent aussi par leur nombre et par

leurs qualités. Nous mentionnerons le chocolat armori-
cain de M. Foucault, de Nantes ; le chocolat de Bayonne
de M. Fagalde, de Gambo ; les chocolats et racahout de
M. Duchesne, de Nantes ; ceux de MM. Letellier, de
Rouen, Lorit, de Bordeaux, Pelletier, gérant de la Compagnie française de Paris ; Gabarret, de Bordeaux,
Douard Chevallier et Dufil, de Nantes, Pourcher, d'Avignon, Richard, Guérin, Leroy, Berthelot, Rincé, de
Nantes, Dubreuil, de Brest, et Delouche, de Nantes.

D'autres ont donné à leurs chocolats des formes artistiques et des perfectionnements qui doivent être cités à
part.

Quelques exposants se distinguent par la supériorité
et la finesse des parfums : ainsi M. Lherminier, de Paris,
expose, parmi ses pâtes et sucreries, des chocolats par-
fumés en rouleaux ; M. Dumas, de Limoges, des chocolats au Porto-Cabello, au Manganèse, au Caraque,
des tablettes et pastilles ; M. Berquet, de Nantes, du
chocolat Caraque et demi Caraque et des chocolats
pralinés ; la Compagnie anglaise, gérée par M. Alglave,
des chocolats perfectionnés et justement renommés.

Ainsi, M. Maynier, de Nantes, présente des chocolats
moulés sous forme de statuettes, de vases et d'animaux,
exemples de difficulté vaincue et témoignage de bon
goût ; M. Landreloup, d'Orléans, des imitations de fruits
en un chocolat pâte dont il est l'inventeur ; M. Poulain, de Blois, de grands vases nuancés, de jolis petits fusils et une quantité d'objets curieux, parmi lesquels
un bloc d'une seule pièce de 1 mètre 20, sur 90 cent.,
portant l'effigie de l'Empereur.

Les confiseurs étalent aussi toutes sortes de merveilles :
M. Frelut, de Clermont, des fruits confits, des pâtes,

des confitures a'imentaires pour les lycées, les hôpitaux et les ménages, des marmelades, gelées et compotes économiques.

M. Epron, de Niort, sculpte l'angélique. Sa carpe est vivante, elle nage bien, elle se ploie réellement dans les roseaux qu'elle bat de sa queue; son melon est inimitable, son artichaud parfait.

M. Auvigne, de Nantes, présente des vases à moulures, des fleurs en sucre d'imitation bien réussie et un chalet en angélique; M. Gaillard, de C'ermont-Ferrand, des fruits confits, des pâtes et de l'angélique; M. Altenfeld, de Nantes, des corbeilles de fleurs faites à la main et se conservant indéfiniment sous globe; M. Sigaut, de Paris, des glaces, des petits fours, des prodiges de patisserie; M. Moreau, de Nantes, des fruits, des confitur·s de ménage et des fleurs en sucre dans une corbeille en suspension; M. Bouchel, de Paris, des vases et des fleurs, et de jo'is groupes représentant des maraudeurs à la chasse et à la pêche

Nous mentionnerons encore les fruits confits de M. Vivant, de Perpignan; les pièces montées de M. Marlet-Rougé, de Nantes; les pâtes et bonbons de M. Auvray, d'Orléans; les statuettes, les fleurs et les bonbons de M. Marset, de Nantes.

Les cafés, glands doux, les chicorées et autres imitations de café sont représentés à l'Exposition par les produits de MM. Stragier et Ghesquière de Dunkerque; par le café des amateurs, les enrobages d'extraits caramélisés de M. Robin, de Nantes; les coques de café torréfiées et les fleurs de café, préparations qui remplacent la chicorée, exposées par M. Warneck, de Nantes; les cafés hygiéniques de M. Lenglet, de Lyon; les chicorées du

Nord, envoyées de Cambrai par MM. Casier et Bourgeois, et d'Haubourdin, par M. Bouzet.

De grands établissements, dont la ville de Nantes est dotée, font le commerce des sucres des Colonies, les prennent bruts et les livrent raffinés à la consommation. Sur les 178 millions de kilogrammes de sucres de cannes de toutes provenances introduits en France, Nantes en a reçu près de 59 millions, c'est-à-dire le tiers des importations directes.

L'élévation de ce chiffre a toujours été croissant dans ces dernières années, et c'est ainsi, dit M. Renoul, dans son rapport au Conseil général de la Loire-Inférieure, que le rang de Nantes comme premier marché français s'établit de mieux en mieux.

Les usines de raffinage de sucre établies dans les murs de Nantes, absorbent la presque totalité de ces énormes quantités. Elles alimentent notre marine en lui fournissant annuellement près de soixante mille tonneaux de transports ; et le développement progressif de nos Colonies est secondé par cette activité, qui, depuis cinq ans seulement a élevé le chiffre de leur consommation de 24 %.

La raffinerie nantaise a pris à l'exposition une place d'honneur. Cinq de ses plus fortes maisons y ont envoyé des produits dont il serait oiseux de faire l'éloge. Il est des noms qu'il suffit de citer.

Que dire en effet des sucres raffinés des colonies exposés par M. Nicolas Cézard, par MM. Gouté et Massion Rozier, par MM. Emile et Gustave Etienne, ou des candis de fabrication courante de MM. Lasnier Larrey et Glatigny, et de M. Cossé Duval ? Rien ne peut ajouter à la réputation de ces maisons modèles ; rien ne peut égaler la perfection de leurs produits.

Cependant, les sucres de M. Lallouette, de Nesle, méritent d'être cités après eux. Cet exposant a envoyé des échantil'ons de sucre brut de betteraves obtenus du premier jet et sans refonte ; des sucres de bas produits cuits à air libre et des sucres à gros cristaux.

M. Lallouette emploie dans son usine les procédés les plus nouveaux et les instruments les plus perfectionnés, tels que générateurs tubulaires ; procédé Rousseau pour saturer les jus par l'acide carbonique ; appareil à triple effet utilisant les vapeurs perdues des jus et des machines ; appareil dans le vide de cuite à grains servant à cristalliser les sirops sans crainte de coloration ; centrifuges et claircages à la vapeur pour purger les sucres immédiatement après la cuite et les rendre susceptibles d'être livrés sans raffinage à la consommation.

Mme la princesse Bacchiocci n'a pas dédaigné d'envoyer à l'Exposition des alcools de cidre, produits de sa distillerie agricole de Treulan. On sait combien les travaux et les encouragements de S. A. honorent l'agriculture ; on sait qu'aucune fête, aucun concours de la région ne se passent sans qu'elle y envoie les produits de son industrie.

M. Gaultier, de la Bottinière, commune de Saffré, exploite depuis quelques années une distillerie agricole, système Champonnois, où il traite la betterave. La fabrication de l'alcool n'est pas pour lui un but, mais un moyen ; ce qu'il veut, en effet, c'est produire des engrais qui lui permettent d'améliorer ses champs. Déjà il y a réussi en partie et ses progrès sont très remarquables. L'industrie réduite aux proportions du système Champonnois a ce mérite particulier qu'elle s'installe dans la ferme même et en devient un accessoire.

M. Gaultier, consacre à la betterave dix hectares par an, qui lui rapportent de 7 à 8 mille francs d'alcool extra-fin. Les efforts persévérants de cet exposant seront couronnés de succès ; depuis 27 ans déjà il fertilise ses propriétés par les méthodes d'amendements adoptées dans le Nord de la France, et les résultats qui sortiront pour lui de sa distillerie, seront un bon exemple pour les cultivateurs de l'Ouest.

Nous ne pouvons nous dispenser de mentionner les esprits de flegmes de M. Georget, de Nantes, et les alcools de mélasses indigènes que M. Prevosté, de Ham (Somme), expose, ainsi que ses pota.ses brutes obtenues par la calcination des mélasses de betteraves. Nous nous hâtons d'arriver à MM. Mariage-Chermiset, de Thiant (arrondissement de Valenciennes).

M. Mariage est de nos amis ; nous le déclarons hautement, mais cette déclaration ne peut faire suspecter le bien que nous allons dire de ses produits, parce que leur supériorité est proclamée par ses rivaux eux-mêmes.

L'usine de Thiant est une des plus importantes de l'arrondissement de Valenciennes, où, comme on le sait, l'industrie est fort en honneur. Ses bâtiments, son matériel et son outillage ont coûté plus de six cent mille francs. On y fait à la fois le sucre et l'alcool.

Les derniers perfectionnements y ont été introduits. C'est ainsi, que les gérants de cette fabrique ont adopté, des premiers, l'appareil d'évaporation dans le vide, dit appareil à triple effet pour la fabrication du sucre. Quoique cuits et évaporés dans le vide, leurs sucres sont tellement estimés dans le pays qu'ils obtiennent souvent la préférence de la raffinerie parisienne.

En pleine saison de fabrication ils consomment par

jour 120 mille kilos de betteraves, et produisent 6,000 kilos de sucre.

Mais la fabrication de l'alcool est la vraie spécialité de cet exposant. Il y fait servir, comme matière première la betterave, la mélasse ou les grains. Il produit par jour 40 à 50 hectolitres de 3/6 très-goûtés sur le carré de l'Entrepôt de Paris, où ils se vendent constamment avec prime. Les premiers en France ils ont eu l'audace de s'attaquer au maïs et l'alcool qu'ils en tirent a la faveur des connaisseurs En un mot, ils ne livrent au commerce que des esprits extra-fins et ils se présentent au jury nantais comme spécialistes.

MM. Mariage et Ce, exposent en outre des potasses brutes qui ont une grande réputation et qui sont en effet des produits très-remarquables.

En tête des liqueurs se place l'eau de mélisse des Carmes, et l'élixir de la Grâce de Dieu, de l'abbaye de la Trappe, dont on vante les propriétés hygiéniques, puis la liqueur Raspail, qui leur fait une rude concurrence.

MM. Buisson Robin, de Tours, exposent du curaçao et des crêmes de cassis ; M. Casserouge, de Bordeaux, des liqueurs variées de la distillerie générale de France ; MM. Huguenin, de Nantes ; Tarbes, de Bordeaux , Gaudais et Jousseaume, de Nantes ; Bullot, de Châlons (Marne), Segrestal et Cosnard, de Bordeaux , Cossé, de Nantes, Gueullin Renaud, de Lyon , Gallifet, de Grenoble , Georget, de Nantes , Quelineau, de Boulogne-sur-Seine , Tesson, de Pantin , Guibert, de Pont-Rousseau , Vrignaud, de Luçon , Rousseau, de Paris , des liqueurs surfines, d'une très bonne fabrication.

MM. Cointreau frères, d'Angers, présentent des fruits à l'eau-de-vie, du guignolet et du cassis ; M. Paradis, de

Nantes, des prunes vertes à l'eau-de-vie et des cerises de premier choix ; M. Senac, de Tarbes, de la liqueur balsamique des Pyrénées ; MM. Luzet, de Luxeuil, Saison, de Fontenay-le-Comte (Vendée), des kirschs de première qualité.

Mentionnons aussi l'eau souveraine, l'anisette, le curaçao dubb-orange et l'eau-de-vie de Dantzic, de M. Marchand, de Paris ; le punch au rhum et au kirsch, et la crème de cassis, de M. Deherpe et C° de la Vilette ; l'huile de kirsch et l'eau de noyau, de M. Hofmann Forty, de Phalsbourg ; les essences de M. Bonfils, de Carpentras, et les élixirs de M. Barabeau, de Barbezieux.

Nous terminerons notre revue de l'exposition des liqueurs par MM. Saintoin frères, d'Orléans, que nous avons éprouvé quelqu'embarras à classer en raison de l'égale excellence de leurs divers produits. MM. Saintoin présentent en effet des chocolats, des bonbons et des liqueurs.

Leur fabrication de chocolat qui en 1844 ne dépassait pas 85 mille kilos, s'est élevée en 1860 à 150 mille ; ils y emploient des instruments perfectionnés, broyeuses, mélangeuses, pétrisseuses, tables mécaniques. Ils ont inventé et appliqué enfin un peseur-mouleur qui remplace la main de l'ouvrier. Ils font les chocolats moulés artistiques, et nous voyons dans leur exposition une statuette de Jeanne d'Arc fort élégante.

Ils livrent à la consommation toute espèce de liqueurs, mais ils excellent surtout dans la fabrication du curaçao, dont ils font par an trois cents hectolitres sur les 1500 qu'ils distillent. La réputation de cette maison est établie sur de larges bases.

Nous ne quitterons pas cette partie des arts chimiques

sans parler des distillations de laboratoire de M. Deses-
pringalle, de Lille. Cet exposant, dont nous avons été à
même plus d'une fois d'apprécier personnellement le
mérite modeste, nous a envoyé des alcools de flegmes
et des alcools de betteraves qui rivalisent avec ce que le
Nord produit de plus parfait. Nous citerons encore ses
autres produits : éther sulfurique brut et anhydre, éther
acétique, goudron, huile légère, benzole, essence de
mirbane, aniline, acide formique, glycérine, acide acétique d'alcool, naphtaline, iodure de cadmium, formiate
de plomb, sulfurinate de potasse, cendres cadmifères,
chlodure, sulfure, bromure, sulfate et carbonate de
cadmium.

En étudiant ces produits, on ne s'étonne plus que
l'industrie chimique de l'Angleterre, dont le principal
siége est dans le Lancashire et le Northumberland, se
croie sérieusement atteinte par la concurrence que les
produits chimiques français vont être appelés à lui faire
en Belgique par suite des nouveaux traités. La Chambre
de commerce de Newcastle s'est émue de cette situation,
et s'est faite l'écho de ces craintes en adressant au gouvernement britannique une pétition dont a parlé le
Moniteur.

Après le pain et la viande, le vin est, sans conteste,
la substance alimentaire la plus utile. Aucun pays n'est
aussi bien doté que la France sous le rapport de la
qualité et de la variété de cette précieuse boisson. Or,
tous ses grands crûs sont représentés à l'Exposition
nationale de Nantes.

Et d'abord, ce sont les vins de l'Ouest, où la viticul-
ture se perfectionne tous les jours ; les vins d'Anjou, de
M. Rocher-Richou, de Rochefort-sur-Loire ; les vins de

Vouvray, de Rouille, de Saint-Avertin et Segré, de M Nicolle ; les vins mousseux de Tours, de M. Fournier ; les vins d'Echalas, de M. Maurin, de l'Habit (Charente) ; les vins de la Vendée, de M. Giraudel, de la Garnache ; les grands mousseux, de MM. Bourdon et Jagot, de Saumur, et les vins nantais, qui comprennent les catégories des vins de Vertou, de M. Prély, de Nantes ; ceux du Loroux-Bottereau, de M. Burat ; ceux de Nantes, exposés par MM. Cailliaud, l'erthuys-Martineau et Ponge, de Nantes, vins pleins de sève et d'une limpidité que rien ne surpasse.

Les Bordeaux sont représentés par les Châteaux-Neuf du Pape de MM. Berton frères, de Condorcet ; les Graves supérieurs, les Sauternes, les Léoville, les Margaux et les Saint-Estèphe de M. Cellerier aîné, de Bordeaux, et les Château-Lamotte, de M. Charpentier.

M. Charrin, du Château de Néty, offre de beaux et bons échantillons de vins du Rhône ; MM. Bonnat et Grancé, de Cette, d'excellents Madères français.

Les Champagnes enfin sont envoyés par M. Ouriet, de Châlons ; les Bouzy mousseux par M. Labouré, les Aïy de M. Vautrin, les grands crémants par M. Gustave Gibert, de Reims ; les Sillery mousseux viennent des caves de M. le comte de Monerville, et sont exposés par M. Dessert-Pichard, de Richelieu (Indre-et-Loire). Les mousseux de M. de Cazanove, d'Avize ; les Epernay de MM. Gustave Lessens et Comp., de Paris, et les Saint-Peroy de M. Vivarès, complètent cette série.

Tous ces produits des vignobles français rivalisent entr'eux de limpidité, d'arôme, de corps, de mordant, de moelleux et de finesse.

Notons encore les cidres bretons exposés par M. Nicou,

de Stang en Fouessant (Finistère) ; les bières nantaises, brune et blanche de MM. Richer, Bordeau et Peloque, et la bière façon Bavière de M. Fritsch, d'Orléans.

Les spiritueux sont représentés par les Cognacs des récoltes de 1851, 1854 et 1858 de MM. Charrier aîné et Comp. ; les Fins-Bois de 1846 et 1860, les petites Champagnes de 1855 et les fines Champagnes de 1835 de MM. Prunier et Comp. ; les eaux-de-vie de Charente de 1850, 1853, 1856 et 1859 de M. Thibaud de Jaillaquet ; les rhums de M. Charles Rousseau, de St-Pierre (Martinique), et les vermouths et absinthes de MM. Darsy et Martin, de Montrouge.

L'industrie de la vinaigrerie, si inquiète depuis quelques années de la concurrence des acides, contre laquelle elle réclame une sérieuse protection, n'a cependant pas négligé l'occasion que l'Exposition nationale de Nantes lui offrait de faire valoir ses produits. La plupart des échantillons que nous avons trouvés dans les galeries réunissent toutes les qualités désirables de limpidité, d'arôme, de finesse de goût, de force acétique et de bonne fabrication.

Parmi les exposants les plus distingués, M. Pergeline a le droit d'être cité en pemière ligne. Son établissement de Nantes est l'un des mieux montés que nous connaissions, et ses produits sont considérés par les amateurs et par le commerce comme les plus parfaits.

Nous citerons après lui les vinaigres de M. Renaud, de Bordeaux ; ceux de M. Perthuy fils, de Nantes ; de MM. Lacaze et Rigaud, d'Orléans ; de M. Toublanc fils, de Nantes ; de M. Buquau, de la Chapelle-Basse-Mer ; de MM. Dècle et Robin, de Neuville-Poitou (Vendée), et enfin ceux de M. Sarrazin, de Nantes.

Nous ne quitterons pas cette galerie des denrées alimentaires sans signaler l'appareil simple et économique inventé par M. Fleury-Lesuire, de Richelieu (Indre-et-Loire). Cet appareil, connu sous le nom de vinaigrier des ménages, permet à chacun de faire son vinaigre soi-même et en telle quantité que l'on désire.

Grâce à ce meuble commode, le consommateur est sûr de ne pas absorber, sous le nom de vinaigre, de ces acides pyroligneux si dangereux pour la santé.

VII.

AGRICULTURE.

L'agriculture est l'art de fertiliser les champs, d'en obtenir des plantes utiles de la manière la plus économique. Elle comprend sous son terme générique toutes les sciences qui s'occupent des travaux de la terre : la culture de la campagne, la culture des jardins, la culture des forêts.

Elle se lie intimement dans la pratique à l'éducation des bestiaux et des animaux utiles, et elle ouvre ainsi carrière aux études zoologiques.

Comme science, l'agriculture est toute moderne ; comme art, elle remonte au berceau des sociétés. Depuis les Egyptiens qui, au temps d'Abraham, produisaient déjà d'abondantes moissons de blé, depuis Moïse qui introduisit dans ses livres plus d'un précepte agricole, jusqu'aux instructions d'économie rurale des capitulaires de Charlemagne, jusqu'à l'administration de Sully, que de pas ont été faits, que de progrès accomplis pour faire passer l'agriculture du domaine des faits purement physiques dans les classifications scientifiques.

Aujourd'hui l'agriculture est une science ; bien plus, c'est une puissance organisée : elle a ses comices, ses conseils généraux, ses représentants légaux, ses fêtes et ses triomphes. L'Exposition nantaise nous donne une idée de ses perfectionnements actuels.

M. Porquet, de Bourbourg (Nord), expose trente-huit variétés de froments, parmi lesquels nous distinguons surtout, des blés d'Essex, de Russie et d'Australie, des Wits-Germann et des Prince Albert. M. Porquet présente aussi des grains nouveaux qu'il a obtenus et auxquels il a donné les noms de blés Napoléon, blés Eugénie, blés Prince-Impérial, blés Canrobert, blés duc de Malakoff. Son exposition se complète d'une collection remarquable de pamelles, d'avoines, de seigles, de lins rouis par les divers procédés connus, enfin des échantillons de lin de mai récolté après avoine et des chanvres gigantesques. Si, comme on le prétend, M. Porquet n'est pas le producteur de cette magnifique exhibition, il est du moins un collectionneur très intelligent et très habile.

Les élèves du pensionnat Faucher, d'Aubigny (Cher), cultivent un champ perdu dans le fond de la Sologne. Ce sont les récoltes de ce champ qu'ils ont envoyées à Nantes. Nous y trouvons quarante variétés de froment, des épeautres, des seigles et des avoines de premier choix.

M. Duval, de Rennes, présente une collection de beaux lins bruts et teillés ; M. Besnard, de Janzé (Ille-et-Vilaine), et MM. Massez, de Saint-Amand (Nord), des chanvres bruts et peignés. Nous connaissons la fabrication de ces derniers exposants et nous en dirons deux mots. MM. Massez sont d'infatigables travailleurs ; la fortune patrimoniale qu'ils possèdent leur permettrait de prendre du repos, mais on ne rompt pas tout d'un coup les habitudes d'une vie laborieuse. L'exploitation à la tête de laquelle ils sont placés fait vivre, pendant l'hiver, de nombreux ouvriers employés au teillage du chanvre ; ils y emploient des capitaux considérables, et leurs produits, répandus dans tout le nord de la France et dans la Belgique, sont placés au-dessus de tous autres similaires pour les travaux de mines de charbon du bassin de Valenciennes et du Borinage.

M. Dupé, de Sainte-Luce, expose des froments de première qualité, des betteraves à sucre, du chanvre, du lin et des graines.

M. Galland, de Ruffec, a envoyé quarante-deux échantillons différents de froment, au milieu desquels se fait remarquer un beau grain du gain de l'exposant, qui a rapporté quarante hectolitres à l'hectare.

L'exposition de M. Douville, de Frasu, nous montre trente deux variétés de blés, de belles avoines, des pamelles, des seigles de choix, et trente espèces de pommes de terre qui lui ont servi d'expériences comparatives pour étudier et combattre la funeste maladie dont ce tubercule est affecté depuis dix ans.

Que dire de l'exhibition de M. Liazard, de Tréguel, de cet agronome émérite qui, au concours régional de Nantes, en 1859, obtenait la coupe d'honneur en argent massif, qui brille aujourd'hui au milieu de ses produits dans les galeries nantaises.

M. Liazard a exécuté dans l'Ouest de la France, c'est-à-dire dans des conditions d'infériorité palpables, des travaux dignes des agriculteurs si renommés de l'Angleterre et du Nord de la France. Nous n'avons vu nulle part une série plus complète et plus intéressante, que ces études comparatives de céréales des récoltes de 1856, 1858, 1859 et 1860; nous ne connaissons rien de supérieur à cette collection de cent deux variétés de froment, à cet ensemble de vingt-cinq variétés de pommes de terre et de dix variétés de maïs qui permettent de se rendre un compte raisonné des qualités et des rendements respectifs de ces végétaux.

M. Liszard prouve encore une fois qu'il était digne de la haute distinction dont il a été l'objet, il y a deux ans; il nous montre ainsi que ce succès, qui eût satisfait d'autres ambitions plus vulgaires, ne l'a pas fait s'arrêter dans la voie des études et des perfectionnements qu'il poursuit avec un zèle si éclairé.

Son exposition qui, pour mériter tous les suffrages, pourrait se borner aux produits que nous venons d'énumérer, acquiert un intérêt de plus des autres productions de sa culture. Ce sont des graines de camelines, de navettes, de colza, de chanvre, de moutarde blanche et noire; des lins bruts, des orties fourragères et textiles, du millet et des betteraves; des drèches et des pulpes pour la nourriture des bestiaux; du miel, de la cire, du beurre et du saindoux; des alcools de betterave, de grains, de mélasse; des eaux-de-vie de cidre; du vin; des farines; des œufs de poules, d'oies, de pintades, et enfin des toisons de moutons croisés, mérinos, Dishley et South-down.

Et puisque cette énumération nous amène à parler des toisons, n'oublions pas de mentionner les laines de mérinos brutes exposées par M. Ceuré, de l'Aigle (Orne), et celles de M. Ceineray de Bois Rignoux, en Vigneux.

Terminons la nomenclature des produits agricoles par l'exposition de M. Maupas, de Morn, près Pont-Sainte-Maxence, qui participe à la fois de l'agriculture et de l'horticulture.

M. Maupas a envoyé de beaux blés en gerbes et en grains; des graines de luzerne, de chicorée, de seigle, de sarrazin, d'orge, de millet, d'avoine, de minette, de betteraves, de carottes, de vesces, de trèfle, de sainfoin, de sorgho et de ray-grass. Ses graines potagères se composent de pois, de fèves, de haricots, de persil, de cresson, d'asperges, de pimpernelle, de cerfeuil, de laitues, de choux, de rutabagas, de navets et de radis.

C'est au milieu d'un riant jardin paysager, dessiné avec art, sillonné d'eaux vives serpentant en ruisseaux sous les herbes ou tombant en cascades du haut de rochers, que s'est installée l Exposition d'Horticulture. Elle est en tout digne de la place d'honneur qui lui a été préparée par les soins intelligents de la Société d'Horticulture Nantaise et de son président.

En pénétrant dans ce jardin, trois expositions attirent particulièrement l'attention des amateurs.

La première est l'ensemble des collections de MM. Biton père et fils, de Nantes, qui ont exposé 63 variétés de verveines, 49 variétés de rosiers, 34 variétés de glayeuls, 48 variétés de phloxs, 55 variétés d'œillets, 10 variétés de lys, 62 variétés de fuschias et un beau massif de giroflées-quarantaines variées.

Viennent ensuite les collections de M. Jules Ménoreau, de Nantes, qui expose 46 variétés de begonias, 28 variétés d'archimènes, 8 de tydœas, 7 de gloxinias,

34 d'erectas, 28 de fougères, 12 de lycopodes, 32 de lantanas, 45 de petunias, 84 de verveines, 13 de caladium, 26 de roseaux, 82 de preschias et 38 de graminées, sans compter des spécimens de plantes rares répandues avec profusion dans tous les parterres.

M. Lalande jeune, de Nantes, présente 30 variétés de lantanas, 23 de pins, 25 d'abiès, 11 de cyprès, 14 de genéviers, 5 de thuias, 7 d'ifs, 8 de podocarpes, 4 d'araucares, 34 de roseaux et quantité de sujets isolés, d'arbustes et de plantes curieuses.

M. David père, de Nantes, offre une belle collection de verveines, 34 variétés de pelargoniums et 55 variétés de fuschias.

M. Hervé fils, 19 variétés de petunias, des phloxs, des pensées de semis et 59 espèces de fuschias.

M. Alexis Brunelière a envoyé divers lots de géraniums, de chrysanthèmes, de verveines et de pétunias de semis, de glayeuls et d'arbrisseaux en pots.

M. Lalande Gergaux expose 59 variétés de glayeuls et des massifs de plantes en fleurs.

M. Louis Cottineau, 58 espèces d'arbres verts, cyprès, sapins, cèdres, genévriers, pins et tuyas.

Nous citerons encore les cactus variés de M. Minié, les massifs de pensées de Mlles Barreau, les cereus de M. Armange, dont les 68 variétés fixent l'attention, les aloës et les bégonias de M. Herbelin, les collections de gloxinias, d'archimènes, de fuschias, gesnarias, do fougères, de bégonias et de caladium de M. Schnell, les lots choisis de M. Berthelot, de M. Vigneron, de la Jousselandière, de M. Pradal, et les arbres offerts par M. André Leroy, d'Angers, pour l'ornementation du jardin.

Nous ajouterons enfin la collection de 112 roses coupées de MM. Rousseau père et fils, de Gresy-sur-Seine (Seine-et-Marne) ; celle de 154 roses coupées de Lalande aîné ; les balsamines de MM. Biton père et fils et Cottineau ; les glayeuls coupés, 50 variétés, et les phloxs de M. Loise, de Paris, les bouquets de Mme Milas, de Mme Lalande jeune et de M. Soulard.

Les fruits et légumes ont aussi été représentés par de beaux lots.

En tête, se place le comice horticole d'Angers avec ses 621 variétés de poires et de pommes qui forment la plus remarquable exposition.

M. Van Iseghem, de la Caillère, a obtenu de simples boutures de coings d'une nouvelle espèce, qui sont d'une dimension énorme.

M. Monnier, de Nantes, et M. Aubert, du château de Menars, à Blois, ont exposé de beaux lots d'ananas. M. Rousseau père, de Gresy, des cerises, groseilles rouges, blanches et noires et des légumes de la saison, persil bulbeux, ignames du Japon, pommes de terre régénérées.

Nous remarquons les collections de fruits, raisin, pommes et poires de MM. Deluen, de Nantes ; Vigneron, de la Jousselandière ; Perthuis, de Vertou ; Bonneau, Lizé, David et Pessé, de Nantes ; Amouroux, de Saint-Aignan ; Schoos, de la Basse-Indre ; Grelier, de Machecoul, et Vignais, d'Angers.

MM. Robert et Moreau, d'Angers, ont envoyé de superbes variétés de raisins ; M. Piffeteau, de Pont-Rousseau, et M. Landais, de Haute-Goulaine, des poires énormes ; M. Turpin, de Bois-Brancard, des raisins magnifiques.

MM. Douillard, Robin, Branger, de Nantes ; Letierce,

de Saint Sébastien; Dupas, de Saint-Aignan, se sont distingués par des légumes de toute beauté; M. Dupont, de Saint-Julien-de-Concelles, par ses artichauts de choix.

Parmi les nouveautés, enfin, nous avons à enregistrer le po'ygonum sisboldii, plante introduite par M. Ollivier de Laleu, et propre à l'alimentation, et le thé du Japon, présenté par Mme Jenteville, du château de la Gothière, près la Ferté-Macé (Orne).

Nous avons parlé, au chapitre du matériel agricole et domestique des instruments d'horticulture, nous n'avons pas à y revenir; leur exposition, sauf les exceptions que nous en avons citées, est, du reste peu importante. Il n'en est pas de même des poteries, meubles et ornements de jardins, qui présentent des spécimens fort remarquables.

Nous examinons d'abord les jardinières de M. Gillard, de Nantes; celles de MM. Boulanger, de Paris, et Toucher, d'Angers; les bancs de jardin en sarment de M. Bineau jeune, de Tours; ceux de MM. Armand, Jalabert, Lautru et Bayon-Nicolleau, de Nantes; les corbeilles de MM. Lalbin et Raynaly, d'Angers, et de M. Hourdin-Perro, de Nantes,

Nous admirons ensuite la coupe heureuse, la forme élégante du vase de M. Guillorit, de Nantes, les sculptures des vasques de M. J. Debay, de Paris; les caisses ornementées de M. Jeannes, de Cosnes, près Nevers; les statuettes et les vases de Chine de M. Boissier, de Nantes; les lanternes vénitiennes de M. Thierry, et les boules panoramiques de M. Leune, de Paris.

Nous ne fermerons pas cette revue trop rapide sans parler des serres exposées par MM Jusseaume et Rigola, de Nantes, Herbeaumont et Isambert, de Paris, et Guillot, d'Orléans ; des charmants chalets de MM. Angebaud Justeau, d'Ancenis, Margot et Blais, de Nantes, et du pavillon élégant de M. Boisset, de Paris.

Le pont monolythe en béton à base de chaux de MM. Coignet frères, de Paris, est aussi un travail digne d'une mention spéciale.

Autour de ces objets principaux, se groupent une quantité d'instruments, outils, échelles, pompes, étiquettes, treillages, claies, tuteurs, chassis, paillassons, dont l'énumération nous entraînerait trop loin, mais qui, pris en détail, méritent presque tous un examen attentif.

VIII.

INDUSTRIE DES TISSUS.

Nous avons successivement étudié les différentes applications des forces mécaniques et physiques, et des actions chimiques que les exposants de notre exhibition nationale ont mises en œuvre, les produits qu'ils tirent de la matière inorganique et végétale à l'état brut ou manufacturé; il ne nous reste plus, pour clore la série des appropriations des règnes végétal et animal aux besoins de l'homme, qu'à examiner les transformations qu'il fait subir aux substances textiles, soit comme objets de première nécessité, soit comme objets de luxe.

Les substances textiles subissent d'abord, comme le lin, le chanvre, le coton et la soie, des préparations particulières qui les amènent au filage. Vient ensuite l'opération du tissage, qui comprend plusieurs catégories, représentées dans les galeries nantaises.

Et d'abord en ce qui concerne le filage, nous remarquons les lins et étoupes ouvrés de M. Henri Gavelle d'Abbeville, et les types de la fabrication courante de M. Detraux Bouquillon, de Dunkerque, consistant en fils de lin secs et mouillés et en fils d'étoupes secs ; les fils de lin dont M. Duchemin, de Dinan, fait des toiles fines ; les lins et chanvres peignés et filés que M. Leuzy, de Nantes, emploie à la fabrication de filets pour la pêche, de cordages et de ficelles et les fils de phormium de chanvre et de lin de MM. Richard et Retailleau.

MM. Leoni et Coblenz, de Vaugenbier (Oise), ont un procédé pour le teillage mécanique du chanvre sans rouissage qui donne de bons résultats. M. Cherot, de Nantes, confectionne des fils de chanvre très estimés pour la cordonnerie, les toiles à voiles et les filets de pêche. MM. Péan frères, de Nantes, exhibent une collection complète de fil de toute nature : fil à voiles, fils de phormium, de lin, de chanvre et d'étoupes, fils à seine, fils de fouet, lignes, ficelles à emballer et à sucre, licols tressés, septins, lignerolles et dreux à pêcheur.

MM. Gay frères, de Limoges, effilent les tissus de laines, les tricots, les couvertures, les châles, et en font des laines qu'ils rendent à la fabrication ; MM. Perraud et Martin, de Nantes, produisent de belles teintures de laines et ont un peignage mécanique et une filature dont les produits sont estimés ; MM. Justin, Vulliamy et Blazy frères, de Paris, Philippe Schumberger, de Mulhouse, et Leduc, de Nantes, exposent des laines filées de qualité supérieure.

M. Humbert, de Gamaches (Somme), enfin, le seul que nous ayons remarqué dans cette catégorie, a envoyé des cotons filés provenant de son usine, où trente-deux mille broches automates et continues sont en activité.

En tête des exposants pour les tissus, nous devons placer la fabrique de Cholet, représentée par MM. Turpault, Fonteneau, Nogarède, Montel, Benoist, Lambert, Grasset-Baron pour les mouchoirs, les toiles et le linge de table ; par M. Chavatte pour les blancs et apprêts ; par M. Fourré pour les cotons blanchis ; par M. Piou pour les cotons teints ; par M. Grasset pour les futaines, et par M. Ricou pour les flanelles.

Les tissus simples sont les toiles, la batiste, la mousseline ; M. Auguste Bleriot, de Cambrai, en offre de beaux types dans ses linons, ses batistes écrues, rayées et imprimées.

M. Cornilleau, du Mans, produit par le tissage mécanique de belles toiles fines écrues et blanches pour chemises, des serviettes de table et d'office à liteaux bleus, des cordats pur chanvre, des sacs à subsistances pour fourniture de l'Etat, des toiles gros-grains, des toiles-bâches, et des filtres purs chanvre pour distilleries.

M. Lasbats de Saillas, fabricant à Cholet, expose en particulier des toiles fines, des toiles à mouchoirs, et du beau linge de table ; M. Fradin-Godais fils, de Nantes, des coutils pour literies, des mouchoirs et des futaines ; MM. Bernier frères, de la Ferté-Macé, des toiles coutils à bas prix, de 50 c. à 2 fr. 70 le mètre ; MM. Forge et Quentin, de Flers (Orne), des articles de même catégorie, de 1 fr. 75 à 3 fr. 80 le mètre.

M. Victor Pouchain, d'Armentières, a envoyé des serviettes et des toiles en fil de lin tissées à la mécanique et à la main ; M. Fourmet, des toiles de Lisieux ; M. Bertin, de Nantes, des toiles et étamines ; M. Benoît, de Luneray, des toiles à sacs sans couture, dont il a la spécialité ; M. Cl. Van Troyen, de Nantes, des toiles à nappes en filature sèche, des toiles à sacs, à voiles, à prélarts et des toiles dites rurales, d'une solidité parfaite ; M. Ad. Porteu, de Rennes, des toiles de lin et de chanvre, pour voiles, et des brins pour cordonnerie et pour tissage.

Le tissage mécanique de M. Joubert-Bonnaire, d'Angers, produit des toiles à voiles en fil de chanvre ; l'usine de M. Caillard-Besneux, de Château-Giron, des toiles de chanvre, et la fabrique de Sainte-Marie-aux-Mines (Haut-Rhin), dirigée par M. Alexandre Ancel, de magnifiques Madras, des mouchoirs Bombay, Irlandais, Guadeloupe et Pignas.

M. Colombier, de Saint-Quentin, a exposé des blancs de premier choix et des courte-pointes superbes.

MM. Bureau et Geslin, de Nantes, se distinguent par les molletons, futaines et finettes que produisent leurs ateliers.

Les tissus croisés, mérinos et cachemires ont pour représentants M. Lacambre, de Reims, et M. Delamotte-Faille, de Châlons-sur-Marne ; les flanelles M. Gendron, d'Angers, qui expose des coutils de laine nouveautés et des tissus chaîne de coton, ouvragés et sans envers ; M. Belveaux-Tenain, d'Asnière (Yonne), qui offre des lainages et cotonnades de bonne durée et d'une grande modicité de prix ; M. Petinau-Dubos et M. Reynier, qui ont envoyé les articles de Limoges ; M. Bazin-Catteau, ceux de Tourcoing ; et enfin Mme veuve Laporte, qui confectionne la flanelle nouveauté et le droguet.

Les tissus à peluche nous montrent les velours de coton rayés, côtelés et épinglés de M. Brelan et C°, d'Amiens; les velours brodés à la mécanique de M. Leseure, de Belleville, et les articles de St-Etienne, velours en pièces et rubans de M. Coudon.

M. Hermann aîné, de Thoonin (Haut-Rhin), expose des soies maréchines, des taffetas cuits, des satins chine et des velours magnifiques. M. Jules Gasse, de Tours, envoie des types de sa manufacture de soie, cordonnets pour tailleurs et cordonniers, soies floches, soies écrues d'origine perse et soies torses à coudre.

Dans la catégorie des tissus foulés ou demi-foulés, nous distinguons les couvertures de voyage et de chevaux de M. Bourreau aîné, d'Amboise; les produits de la manufacture de M. Ville-Chavanon, de Cours (Rhône), couvertures de lit et de cheval, tissus en bourre de soie, en poils de cabri gris, en poils de veaux, en mi-laine, en laine et coton; les couvertures de lit en laine blanche et verte de MM. Dumont et Daniel, de Nantes; et les tissus en poils de toute espèce utilisés et filés par le procédé nouveau de M. Em. Forgeot, de Paris.

La fabrication des draps rentre dans la catégorie des tissus foulés ou demi-foulés; nous y remarquons les fantaisies et nouveautés de MM. Guhet-Desmares et Adrien Lenormand, de Vire; les draps-édredons noirs de MM. Méry-Samson et Fleuriol, de Lisieux, leurs draps diagonales, articulés, façonnés, frisés, leurs draps lisses et leurs draps velours; les draps et castorines de M. Honoré Gobin, de Vire, et les produits de l'usine de Mme veuve Bordeaux, qui expose des draps chinchilla gris-hémione, des reps noirs, des velours, des édredons, des castors, des draps Norwège, otterskings ratinés, des draps ras peaux de taupe et gris Napoléon.

MM. Fournet et Duchesne, de Lisieux, ont envoyé des draps cachemiriennes bronzés à 5 fr. 60 le mètre, des draps ciselés ratinés ourika à 10 fr., des cachemiriennes mastic à 5 fr. 60, des castors bleus à 9 fr., des draps marine bleu de France à 2 fr. 40, et des cachemiriennes bronzées à 4 fr. 25.

M. Garrisson, de Montauban, offre les mêmes avantages de bon marché ; il expose des draps algérienne fine à 2 fr. 10, des bergopzoom à 1 fr. 90, et des pilotes à 5 fr. 15.

MM. Morisson frères, de Chef-Boutonne (Deux-Sèvres), soumet à l'appréciation du jury deux belles pièces de drap noir ; M. Grenier, d'Angers, des tissus économiques ; M. Delhaie, des draps-flanelles, et M. Ferbeyre-Noël, de Montauban, des cadis, des ratines et des sorias bien conditionnés.

Les machines à coudre sont nombreuses à l'Exposition de Nantes ; elles fonctionnent sous les yeux du public, et elles ont soulevé entre les divers exposants de très vives rivalités, des récriminations, des accusations de contrefaçon.

La plupart présentent des avantages réels ; mais nous n'entreprendrons pas d'énumérer leurs qualités ni de les comparer entr'elles. Constatons seulement que les machines d'origine américaine ont reçu en France des perfectionnements qui permettent de dire que l'industrie se les est assimilées et appropriées.

Les vêtements confectionnés se font remarquer par leur bon goût, leur coupe élégante, le soin de leur exécution et la richesse de leurs étoffes. Ainsi, M. Lévy, du Bon-Pasteur, de Nantes, expose une robe de chambre impériale, riche vêtement coté 700 fr. des par-dessus demi-saison, des dorsay modifiés, des gilets de ville et de soirée, et un touriste, composé d'un paletot, d'un gilet et d'un pantalon, au prix minime de 24 fr.

M. Francis Albert, de Nantes, se fait remarquer par ses hautes nouveautés en habits et pantalons.

MM. Lévy et Royer, de la Ville de Paris, à Nantes, exposent des uniformes, des robes de chambre, des livrées et des confections soignées pour hommes et pour enfants. M. Emile Lévy, des habillements complets, des gilets, des robes de chambre, des gondolières, des redingotes de sortie et des macferlanes au prix réduit de 45 fr.

M. Benzard, de Nantes, présente des habits, des ratines d'hiver et des paletots de coutils de Lille, qu'il vend 15 fr. seulement.

M. Feron aîné, de Dinan (Côtes-du-Nord), a envoyé des blouses armoricaines et dinannaises à cols élastiques, à manches et à poches-paletots ; Mme Gueil et Chaumet des blouses bretonnes et nantaises ; M. Albaret, d'Angers, des vêtements imperméables ; M. Maurel, des vêtements en caoutchouc de la Compagnie anglaise, dont le siége est à Paris.

La bonneterie de laine et de coton n'est représentée que par les tricots de cotons et laines à la main de Mme Singaraud et de M. Leduc, et par les tricots de baréges de M. Costallat Laforge.

Les broderies sont exposées par MM. Stezle et Gandouin, de Nancy, qui confectionnent les cols et les mouchoirs à bas prix ; par Mme veuve Granger, de Vesoul ; MM. Hérissé, de Plombières ; Baulnoix et Lecorné, H. Proust, de Paris, et Lebidois, de Nantes, qui offrent des mouchoirs et des broderies de toute nature.

Mme Valentin, de Nantes, se distingue par des robes brodées, des bonnets de baptême, riches de dessin comme d'exécution; M. Husson-Hemmerlé, de Paris, par sa spécialité de broderies de Nancy et des Vosges, et M. Hubert, de Nantes, par ses vêtements d'enfant, ses cols, ses camisoles, ses parures et ses bonnets de femme à bon marché.

Parmi les tissus à mailles, n'omettons pas les dentelles dont nous admirons les merveilles dans nos galeries. MM. Dorain et Chaumette, de Nantes, en garnissent les coiffes vendéennes, les bonnets alréens et guérandais, les coiffes pornicaises et nantaises; M. Elie, de Nancy, en orne les mouchoirs brodés.

M. Bacouël-Troussel expose de la belle dentelle d'Arras; M. Ferguson, de la magnifique dentelle de Cambrai. Mmes Camproger et Lemaître en confectionnent d'élégantes coiffures pour soirées; M. Frangeul-Hirvoix les ajoute à ses riches broderies ombrées; M. Pougeol, de Caen, en fait des voilettes, des châles, des cols, des volants et des pélerines.

Les corsets et ceintures hypogastriques et hygiéniques sont présentés par Mmes Daulé, de Versailles, Jeulin, de Nantes, Beaufort, d'Angers, Rousseau-Prevost et Leneveu, de Nantes; les gants par MM. Puyrabaud frères et Em. Manière, de Nantes; les cravates élastiques et les cache-nez russes par MM. Weil frères, de Paris.

M. Milliat, de Nantes, expose des coiffures, toupets postiches et diaphanes, ingraissables et imitant le cuir chevelu; MM. Moreau et Thibierge, des perruques perfectionnées; M. Dupuy, des coiffures sur tulle-cheveux inaltérables à la transpiration et à tout contact de corps

gras , des coiffures sur gaze végétale et sur gaze de soie ;
M. Goizet enfin, une coiffure de femme en beaux che_
veux noirs d'un mètre de long.

La chapellerie est aussi digne de quelque attention.
Ainsi nous distinguons les chapeaux établis sur liége de
M. Peltier, de Nantes ; les chapeaux de soie de MM. Duval et Nicolon, de Nantes ; les chapeaux vernis pour
canotiers, matelots, mineurs, douaniers, planteurs et
cochers de M. Lecoq ; les chapeaux en tissus croisés,
façon caoutchouc, sans couture, de M. Victor Güé ; les
chapeaux-étoffes de M. Dandurand, de Fontenay-le-
Comte (Vendée), et les chapeaux en cuir de M. Henri
Riverain, de Bazouge-de-Chéméré (Mayenne).

Signalons en passant les belles fourures exposées
dans deux vitrines. La première, garnie par M. Larivière-
Renouard, nous montre de l'astrakan, du rat musqué,
de la martre du Canada, du putois, du linx, de la fouine,
du petit-gris et des manteaux de velours garnis dont le
prix varie de 190 fr. à 1,150 fr. La seconde est remplie
par M. J.-J. Rahm, de vison du Canada, de martre
Suisse et du Canada, d'hermine de Russie, de cygne de
Norwége et de tigre de Sumatra.

Les derniers objets que nous ayons à examiner dans
cette galerie sont les chaussures. Commençons par les
galoches : dans cette catégorie, nous signalons les sabots
sculptés et garnis de satin exposés par MM. Peltier,
Grandchamp, Conradin, de Nantes, et Boismé, des
Ponts-de-Cé ; les galoches de M. Cogné-Gergaud, et les
talonnettes-socques moulées de MM. Sabattier et Mous-
tier, de Bordeaux, confectionnées d'après un système
nouveau que l'on dit bien supérieur aux anciens.

La cordonnerie de Nantes est magnifique ; elle présente comme types parfaits les souliers vernis et les bottes de chasse de **M.** Fauvé-Gaillard ; les souliers, bottes-écuyères et bottes pour la marine de **M.** Sécher ; les souliers et bottines auxquels **M.** Lecor adapte des talons à ressort se plaçant et se déplaçant à volonté ; les chaussures dites nantaises de **M.** Fauvert, soudées, rivées et cousues à double couture, ce qui leur assure une solidité éprouvée ; les chaussures chevillées et imperméables de **M.** Proust ; les souliers de satin et vernis que **M.** Pigé confectionne pour l'exportation ; les chaussures d'étoffe imperméable de **M.** Schneider ; les chaussures fortes de **M.** Poirier, de Châteaubriant, qui s'est vu médailler dans de nombreux concours, et qui reçut un jour une belle coupe d'argent en témoignage de satisfaction de **M.** le duc d'Aumale ; enfin les souliers en veau ciré et vernis de **M.** Locurzio, et les chaussures à talons tournants de **M.** Bouvais.

IX.

INDUSTRIES ARTISTIQUES.

AMEUBLEMENTS.

C'est un des signes du progrès de la civilisation que le développement du goût que l'homme apporte dans ses vêtements et dans son logement.

Qu'il y a loin des vastes appartements, hauts d'étage, ventilés, aérés, chauffés, éclairés et élégamment décorés, où se résume le confort du XIX⁰ siècle, à ces chambres obscures, basses, humides et glaciales qui étaient, il y a deux cents ans encore, l'habitation des plus fortunés.

Aujourd'hui, les salons des financiers sont tout étincelants de dorures, de marbres, de tentures, d'étoffes les plus riches ; le toit de l'artisan, la chambre modeste de l'ouvrière ont eux-mêmes leur luxe, et nos pères, chez qui le sentiment des arts, appliqués aux décorations des intérieurs, était si peu développé, seraient émerveillés des trésors que la science moderne vulgarise et met au service de toutes les bourses pour réjouir les yeux et charmer la pensée.

Mais que diraient-ils s'ils se trouvaient tout à coup transportés en présence des admirables échantillons exposés dans nos galeries, et surtout devant cette suite d'appartements luxueux composés par M. Leglas-Maurice, de Nantes.

Parcourons-les. Traversons d'abord cette antichambre d'un style sévère, dont les parois sont garnies de cuir repoussé, gauffré, historié et rattaché de baguettes de chêne.

A gauche se trouve la salle à manger, à droite le salon.

La salle à manger est tendue de soie et de velours verts; elle est garnie d'un buffet-vaissellier sculpté d'une valeur de 2,700 fr. Le salon est de toute magnificence ; son ameublement est estimé 17,324 fr. Il a des lambris blancs et or, des bronzes de cheminée de la maison Charpentier de Paris, et une table mosaïque de la maison Cremer.

A la suite de la salle à manger, un boudoir donne accès à la chambre de dame. Ce boudoir, tendu de perse, avec glace et console dorée, style Louis XV, est une merveille de goût, de fraicheur et d'élégance.

La chambre de dame est un bijou : garniture de damas de soie jaune, meubles en bois de violette, lambris or et blanc, le tout évalué 9,395 fr. La chambre de jeune fille qui suit est tendue de mousseline brodée sur fond de soie rose; on y admire une armoire-psychée d'une composition toute nouvelle. La chambre de campagne se trouve à l'extrémité de ce côté ; ses tentures sont de perse, ses meubles de noyer; on y respire comme un parfum de la vie champêtre.

Le salon qui suit l'antichambre à l'opposite de la

salle à manger précède le cabinet-bibliothèque, dont les tentures sont rouge-foncé et qui contient, entre autres meubles, un porte-armes de noyer teinté évalué 4,600 fr., une table bureau de 1,450 fr., et une bibliothèque en noyer sculpté estimé 1,800 fr. L'ensemble des meubles de cette pièce atteint le chiffre de 11,290 fr.

La chambre de maître s'ouvre sur la bibliothèque; elle a des lambris de chêne encadrant des tentures de damas cerise; les meubles sont de palissandre et thuya; la pendule, dont le sujet représente Phidias, est d'acier bruni, comme les candélabres; le tout s'élève au prix de 9,249 fr.

La chambre de jeune homme et la chambre d'ami se succèdent ensuite, l'une tendue de damas brun foncé, l'autre de perse à fond gai.

Récapitulation faite de la valeur de ces splendides ameublements, nous avons trouvé que ces onze chambres coûteraient à l'amateur qui voudrait s'en passer la fantaisie la somme de 70,630 fr. C'est tout une fortune.

Et cependant, même après l'exposition de M. Leglas, il y a encore bien des choses remarquables à citer en ameublement. D'abord les tapis magnifiques de la maison Requillard Roussel et Chocqueel, de Paris, où l'éclat de couleurs ne le cède en rien à l'heureuse disposition du dessin ni à la qualité des laines employées à leur confection.

Les tapis et étoffes pour ameublement de M. Arnaud Gaidan, de Paris, dénotent une maison sûre de ses produits et qui possède un dessinateur habile et expérimenté. M Planchon, de Neuilly, en digne rival, expose,

non loin de là, des tapisseries riches pour meubles, dont
on peut juger l'effet par les fauteuils montés qui figurent
dans sa vitrine.

M. Pillet-Meauze, de Tours, étale des soieries éblouissantes pour meubles; M. Mourceau, de Paris, des étoffes
très riches et très élégantes pour garnitures ; MM. Dager,
Ménager et Walmey, MM. Daumezon et Deschamps, de
Nîmes, des échantillons merveilleux de taffetas et satins
pour ameublements, tentures et décors ; MM. Delacourt
et Poulet, des tissus de crin imitant la soie pour l'éclat et
la souplesse.

Les cuirs en relief de M. Dulud, de Paris, sont très
remarqués ; les perses et lastings de MM. Schwart et
Huguenin, et Thierry Miey, de Mulhouse, de MM. Japins
Kastaer, et Carteron, de Claye, attirent aussi l'attention
des connaisseurs.

Les mousselines brodées, pour rideaux, de la Compagnie parisienne, sont des nouveautés très distinguées,
qui ont de dignes émules dans les produits similaires
exposées par les maisons Saulnier, de Paris, Estragnat
aîné, et Lehoult, de Saint-Quentin.

Les couchers perfectionnés abondent. Nous remarquons d'abord le sommier élastique de M. Fillion-Mallet,
de Nantes. Cette couchette économique se plie en deux
par le milieu, sans solution par le dessus, ce qui donne
la facilité de nettoyer l'intérieur des lits et rend les
matelats plus maniables et moins encombrants.

MM. Yon et Evette, de Paris, et Coulhon fils, de
Nantes, ont aussi exposé des literies excellentes et très
économiques ; M. Richard, un matelas en liége préparé
pouvant servir d'appareil de sauvetage ; M. Tucker,

de Paris, des sommiers élastiques de son invention qui, par leur souplesse et leur bon marché, se sont emparé d'une vogue méritée.

M. Texier jeune, si renommé à Nantes pour ses glaces, ses dorures et ses encadrements, présente des échantillons très bien choisis de boiseries, ornées de pates, des papiers veloutés imitant l'étoffe, des decorations d'appartement imitant la peinture, les boiseries et les cuirs, et une très belle console dorée.

M. Poiraud, de Nantes, nous montre un joli berceau de fer doré, garni de mousseline à dentelles sur satin bleu, et un délicieux bureau de dame en bois de palissandre et de thuya. M. Gallais, de Paris, a envoyé des meubles en laque, parmi lesquels on remarque surtout une table de salon d'un goût et d'un fini dont rien n'approche. M. Martin Gallais, de Briard, a exposé une table à jouer contenant trictrac, damier, échiquier, cartes, dominos et nécessaire de voyage ; M. Pihouet, de Paris, des chaises dorées style Louis XVI, carrées et médaillons.

Les glaces gigantesques de Saint-Gobain, dont nous admirons plusieurs beaux spécimens, ne déparent pas par leur voisinage les remarquables produits de même nature qui nous viennent de la fabrique d'Aniche, dirigée par MM. Drion et C°. Dans la même série brillent encore les glaces style Louis XV et Louis XVI, de M. Husson, de Nantes.

Mais revenons à la céramique, dont nous avons étudié quelques échantillons comme produits chimiques et dont nous allons examiner des exhibitions au point de vue artistique.

M. le comte de Dampierre a envoyé de ses verreries

de Bligny (Aube) des cristaux de luxe et des imitations de bohême très bien réussies. M. Marquet, de Limoges, expose des porcelaines fines et un service oriental complet ; M. Ardant, des porcelaines de pâte tendre, décorées de charmantes peintures ; M. Léon Hémery, de Paris, des flacons, des vases, des cassolettes, des coffrets, de ces mille riens d'étagères, cristaux étincelants ornés d'or ciselé, guilloché, et rehaussés de médaillons de porcelaine peinte.

Elles ont leur place marquée dans les salles où figureront avec honneur les beaux billards de palissandre et de chêne sculpté, exposés par M. Perthuy, de Nantes ; ceux en bois des îles de M. Lagarde, d'Angers, et ceux en palissandre, à garnitures de cuivre doré et à blouses dissimulées, de M. Leguay, de Nantes.

M. Gambette fils aîné confectionne, dans ses ateliers de Paris, des ornements pour appartements, en acier et dorure, des candélabres, des lustres, des frises pour rideaux et tentures ; M. Rouillard, de Paris, fabrique dans le même genre de riches crémones ; MM. Charliman et Corbière, des lampes modérateurs de luxe.

Nous notons encore, pour leur perfection, les coffres-forts de MM. Delarue et Grangoir, de Paris, honorés de 21 médailles, et remarqués surtout pour l'ajustement de leur serrure à combinaison s'ouvrant sans clé ; les caisses perfectionnées de M. Boisseau, de Nantes ; le coffre-secrétaire, joli meuble de M. Petitjean, de Paris, et les coffres-forts de M. Burot, de Nantes, qui y a appliqué un système de fermeture à secret, sans clé ni repoussoir, et une boîte intérieure préservant les billets de banque des atteintes du feu et de l'eau dans les incendies.

M. Cornu jeune, de Paris, a un nouveau modèle dessiné par lui et nommé style Napoléon III. Nous avouons que ce dessin sévère, mais un peu raide et guindé, ne nous plaît pas. Cependant l'inventeur cherche à sauver ces défauts par une ornementation en cuivre doré riche et heureuse, quoique un peu lourde.

La série des chênes sculptés s'ouvre par l'armoire-buffet de M. Mathieu, de Nantes. L'œil n'est pas moins attiré par le buffet chêne et marbre de M. Sauwrezy, de Paris, et par les sculptures du buffet chêne et ébène, et les pendules et encadrements que M. Lecuire envoie de Paris.

Il ne nous faut pas oublier les banquettes d'antichambre et les gradins en fer garni d'étoffes pour soirées et fêtes, exécutés par M. Barujeau, de Poitiers; ces meubles réduits donnent toute facilité pour le placement et l'emmagasinage, et offrent l'avantage d'une grande solidité unie à un confortable parfait.

Les décors sur porcelaine de M. Boissier, de Nantes, imitent bien le Sèvres; ses cristaux fantaisie sont de la plus belle eau. Il y a dans cette exposition un vase Japon, monté sur un socle en chêne sculpté, du goût le plus heureux, de belles coupes à socle, des services de table, des lampes de luxe et surtout deux tables en porcelaine peinte, montées avec élégance et ajustées avec un soin parfait.

M. Gille jeune, de Paris, sculpte la pâte tendre et le biscuit; ses groupes d'animaux sont charmants, surtout ce renard qui rampe et s'élance sur sa proie. Nous trouvons encore sur ses rayons des vases à peintures riches, un médaillon à relief donnant le profil de l'Empereur et de l'Impératrice, et enfin un beau buste de l'Empereur que l'on croirait taillé dans le plus pur Carrare.

Nous terminerons cette rapide nomenclature par les porcelaines peintes exposées par MM. Sazerat, de Limoges, Rabu, de Nantes, et Letu et Mauger, qui se distinguent par leurs sculptures de groupes et de statuettes.

Parmi les exhibitions d'horlogerie, nous citerons M. Adler, de Besançon, qui expose des montres de précision ; M. Goillandeau, de Nantes, qui offre un nouveau système d'échappement se réglant parfaitement et pouvant s'adapter aux pendules de voyage ; M. Racapé, de Rennes, qui a envoyé un modèle de montre, régulateur à cylindre renforcé avec arrêtage perfectionné ; M. Richard, de Nantes, inventeur d'un échappement dit libre et universel, et M. Calland qui applique l'électricité au mouvement des pendules.

Les coucous de MM. Farderer Jaegler, de Strasbourg, sont des petits chefs-d'œuvres de mécanique et des prodiges de bon marché. La foule, toujours avide de ces curiosités, se presse devant cette exhibition qui, à chaque instant, retentit du chant de l'oiseau ouvrant sa cage et battant des ailes.

Les pendules artistiques sont des plus remarquables. Rien n'égale en effet la magnificence des produits de M. Detouche, de Paris, de ce chronomètre rocaille doré, orné de génies en bronze, d'une valeur de 5,000 fr., de ce régulateur à balancier compensateur à secondes, à quantième et à équation, coté 8,000 fr., et de cet autre régulateur électrique à secondes, estimé 1,000 fr.

M. Desnoue, de Nantes, est un habile mécanicien ; ses produits ne craignent aucune comparaison. Il est aussi très heureux dans le choix des bronzes qui surmontent les pendules. Nous y voyons en effet le premier secret de Moreau, premier prix de Rome, les trois grâces et l'enfance de Moïse, l'amour maternel de Lemoine, le penseur de Michel-Ange, qui sont des sujets traités avec art et avec goût. M Desnoue a aussi exposé un vase cratère qui rappelle ce que l'antiquité nous a laissé de plus pur et deux statuettes de Samson représentant une femme égyptienne et un Arabe que nous rangeous parmi les meilleurs travaux de l'écolo moderne.

MÉTAUX PRÉCIEUX.

Les bronzes d'art sont la gloire de l'industrie parisienne et l'objet de l'envie de l'étranger.

Le bronze est le *métal sacré* des Anciens ; ils en avaient porté la perfection jusqu'à un degré qui n'a plus été atteint depuis ; ils en faisaient des portes de temples, des statues de leurs Dieux et jusqu'aux tables de leurs lois.

Perdu pendant le Moyen-Age, l'art de couler le bronze fut retrouvé par les artistes de la Renaissance, Ghiberti, Donatella, Cellini. Sous Louis XIV, cette industrie brillait en France d'un vif éclat. Boule eut le premier l'idée d'appliquer l'airain aux décorations d'intérieur ; il le mêla à ses mosaïques, à ses bois sculptés, à ses meubles célèbres qui sont encore l'ornement des palais.

Les bonnes traditions artistiques se maintinrent intactes jusqu'en 1840, époque où la concurrence appela à son aide les procédés industriels qui amoindrissent les prix de revient en avilissant l'art.

Depuis quelques années cependant le niveau de cet art semble se relever. D'honorables maisons ont résisté à cet entraînement fatal. Les procédés de la fonte à la cire perdue ont été retrouvés par Honoré Gonon, et il en est fait à Nantes même, dans les ateliers de **M.** Voruz, une application intelligente.

La fonte à la cire a l'avantage sur la fonte au sable de reproduire fidèlement l'œuvre du statuaire. Mais la fonte au sable, moins exacte, est plus facile à mettre en œuvre et donne toujours des résultats. On coupe, on cisaille les parties mal réussies, on les rajuste, et il en résulte de ces œuvres malheureuses, limées, polies, nettoyées de bavures, qui n'appartiennent plus à l'art, mais à la boutique.

M. Em. Gonon, héritier de la science et du goût d'Honoré, le dernier fondeur à la cire, a exposé un sujet charmant; c'est une fauvette inquiétée par un rat et une vipère. Ce bloc moulé et fondu à cire perdue, a été coulé d'un seul jet dans l'usine de **M.** Voruz.

L'enlèvement de Déjanire et l'enlèvement des Sabines sortent des mêmes ateliers et sont dûs à l'application de la même méthode. Leur exécution remarquable rappellent les beaux jours de l'antique. Ils sont en quelque sorte un défi jeté par l'industrie nantaise aux fondeurs de Paris, qui avaient nié la possibilité de la réussite.

Cette lutte est d'autant plus méritoire que l'industrie parisienne est aussi représentée par des bronzes de premier choix. Nous avons déjà signalé quelques-unes de ces œuvres d'un mérite supérieur, nous devons y ajouter quelques éloges à l'adresse de **M.** Gelot.

Cet exposant est habitué aux succès. Au salon de 1861, il a obtenu un rappel de médaille de première classe pour son beau groupe de la Méditation. Nous devons signaler comme des objets d'art tout à fait hors ligne, sa statuette de Platon, ses deux grecques jouant aux dés, sa figurine de la Poésie, sa Baigneuse, et quantité de bustes qui méritent les suffrages des connaisseurs et des artistes. M. Peyrol a aussi dans son exposition de jolis groupes d'animaux, des coupes et des vases d'un style pur et d'un effet charmant.

L'orfèvrerie, ce grand art de Ghirlandajo, l'illustre maître de Michel-Ange, ce triomphe du Moyen-Age et de la Renaissance, l'orfèvrerie est encore en honneur et nous pouvons dire en progrès. Odiot, Froment-Meurice, Wagner et tant d'autres l'ont élevé aux hauteurs les plus sublimes.

Les produits exposés par M. Lambert, de Paris, donnent une idée des ressources d'un esprit inventif servi par un juste sentiment du beau. Ses plaqués sont d'un goût sans reproche, et les meilleurs modèles ont été appliqués dans ses ateliers aux vases, aux candélabres, aux surtouts et aux autres échantillons qu'il nous a expédiés.

Mais rien n'est comparable aux œuvres d'art de M. Christofle. Par la simplification des procédés, par leurs heureuses applications, M. Christofle a généralisé, et popularisé pour ainsi dire l'art dont il est l'adepte habile et convaincu. Son nom s'est attaché à l'une des découvertes les plus remarquables des temps modernes : l'argenture galvanique, qui a donné un si large développement à l'orfèvrerie de table.

Qui ne se souvient de ce service de cent couverts commandé par l'Empereur et exposé par **M.** Christofle en 1855 dans la rotonde du Panorama, toutes pièces exécutées par la fonte et la ciselure, avec quelques parties en galvanoplastie.

Les œuvres envoyées par cet exposant à l'exhibition nantaise, sans atteindre à cette valeur artistique, sont cependant si riches, si bien fouillées, si savamment ordonnées, qu'elles arrachent des cris d'admiration. Ce sont des candélabres, des plateaux, des réchauds, des services, des thés, des coupes en ciselures, en repoussé, d'argent brillant ou oxidulé. La pièce principale est un surtout riche que surmonte un groupe d'enfants.

En dehors de ces produits, dont le prix artistique l'emporte de beaucoup sur la valeur du métal, nous pouvons signaler encore une foule d'articles de la fabrication courante de cet exposant, qui occupe dans ses ateliers plus de douze cents ouvriers. Cet établissement est le plus important qui existe en Europe.

M. Turquet a aussi de beaux modèles de vaisselle plate ; ses candélabres d'argent massif, ses cafetières, ses réchauds, tous les échantillons de sa vitrine enfin, attestent un goût sûr et un sentiment parfait des nuances infinies de l'art.

M. Coffignon, de Paris, applique l'argent et le platine à la bijouterie, et il en a tiré le meilleur parti dans les cachets, les coffrets et les bénitiers qu'il étale dans nos galeries.

M. Bonnet, de Bourg (Ain), présente un nouveau genre de bijoux, broches, boucles d'oreilles, colliers, parures émaillées dans le goût oriental, qui séduisent les regards par l'harmonie de leur composition et la richessse de leurs couleurs.

Mentionnons aussi les bijoux riches et élégants de MM. Petit et Cabrol, de Bordeaux, qui prouvent une fois de plus combien l'art peut donner de prix aux matières les plus précieuses.

Nous aurions pu classer parmi les tissus les produits exposés par MM. Lemoine et Lebidois, de Nantes. Mais l'or et les pierreries dont ils sont couverts marquent bien plus leur place parmi les spécimens artistiques : c'est presque encore de l'orfévrerie.

On ne peut se faire, qu'en les voyant, une idée de la richesse des vêtements sacerdotaux de MM. Lemoine. Il y a dans leur vitrine un dais splendide et un ornement aux armes de Françoise d'Amboise, qui est de toute magnificence.

Les habits pontificaux des évêques de Nantes et d'Angers, les étoles, les chasubles, les mitres étincelantes de perles, de rubis, de diamants sont bien dignes des pompes de l'Eglise romaine.

M. Lebidois ne perd rien au parallèle ; ses broderies, ses bannières prouvent qu'après MM. Lémoine on peut encore créer des merveilles.

IX.

INDUSTRIES ARTISTIQUES.

INSTRUMENTS DE MUSIQUE.

Le piano ne date guère que d'un siècle. Avant lui, on avait imaginé le harpsicorde, grande caisse de bois à peu près de la forme du piano à queue, avec clavier, mais dont le mécanisme différait complètement de celui du piano perfectionné d'Erard.

Le clavecin, inventé en 1716 par le facteur Charius, succéda au harpsicorde. Mais il ne fut pas accueilli favorablement au début, et il lui fallut cinquante ans et les soixante sonates de Haydn pour acquérir quelque notoriété.

Telle est l'origine du piano, de cet instrument des compositions concertantes ou d'orchestre, qui, après avoir passé par la main d'Erard, est devenu l'instrument le plus populaire. Erard fut, en effet, le fondateur en France d'une industrie qui occupe aujourd'hui l'un des premiers rangs, et pour laquelle nous étions, avant lui, tributaires de l'Allemagne et de l'Angleterre.

Ce qui frappa surtout Erard et les illustres facteurs qui marchèrent sur ses traces, c'est le parti que l'on pouvait tirer du piano dans l'accompagnement et ses ressources immenses comme instrument d'exécution.

A ce double point de vue, il y avait deux perfectionnements à atteindre : d'une part la puissance et la pureté des sons, de l'autre la bonne tenue de l'accord.

La difficulté fut résolue par le développement de la table d'harmonie, les barrages métalliques dans le sens du tirage des cordes, et les sillets qui supportent la corde au-dessous du coup de marteau. Ainsi se trouvaient assurées la consolidation de la caisse et la fermeté de la corde.

Longtemps pourtant une partie importante resta défectueuse ; le mécanisme anglais, plus sûr pour le frappé du marteau, luttait contre le mécanisme allemand, plus léger dans la touche et plus apte aux délicatesses d'un jeu d'expression.

L'un comme l'autre avait ses qualités et ses défauts ; l'un était vacillant et faisait rebondir le marteau, l'autre, au contraire, était lourd et trop lent aux répétitions des coups. Il fallait combiner les qualités de ces deux systèmes, et éviter leurs défauts ; c'est ce que tenta Erard, et c'est ce qu'il accomplit après trente ans de recherches et d'expériences.

Du jour où ces perfectionnements furent acquis, le piano devint un meuble dont la place fut marquée dans toutes les maisons, un instrument d'éducation, qui propagea le goût et l'étude de la musique.

Son influence, au point de vue artistique, est frappante ; son importance commerciale n'est pas moins évidente, et il suffira, pour en donner une idée, de rappeler que les produits de cette industrie peuvent être évalués, en France, à près de vingt millions par an.

En tête de l'industrie des pianos, se placent certaines maisons dont les produits figurent dans les galeries de Nantes. Il y a là des noms européens.

M. Henri Herz a exposé deux pianos à queue, grand et petit format, un piano demi-oblique, grand format, un autre à bronzes dorés, un piano vertical, à moulures sculptées.

M. Herz n'est plus un facteur, c'est une réputation arrivée au plus haut dégré de célébrité. Ses instruments sont d'une fabrication soignée, quoique une critique méticuleuse puisse trouver à redire dans certains détails. Leur sonorité a de la rondeur et de la puissance, surtout dans les grands formats et dans la partie des basses.

La fabrication de M. Herz mérite les plus grands éloges, car, comme le disait le rapport officiel du jury de l'Exposition de 1855 : « Il est parvenu à produire dans toute l'étendue du piano un son à la fois nourri, large et plein, moelleux et clair, qui, dans quelque condition que ce soit, de près comme de loin, dans un salon comme dans une vaste salle, ait de la puissance sans bourdonnement, de la douceur sans mollesse, et de l'éclat sans sécheresse. »

La maison Pleyel n'est pas moins renommée et ses produits moins recherchés. Elle expose un piano à queue grand format, avec incrustation de filets de cuivre et sculptures, et deux pianos obliques ordinaires, grand et petit format.

Fondée en 1817, par Ignace Pleyel, compositeur d'un rare mérite, cette maison s'est associée M. Aug. Wolf, artiste distingué, qui la dirige aujourd'hui, et qui la maintient au rang des premiers établissements de l'Europe, par une fabrication moyenne de deux mille pianos par an.

Les instruments que cette maison expose à Nantes sont de bonne fabrication. On pourrait peut-être leur reprocher de pécher un peu par la sécheresse de la sonorité, qui devrait avoir plus d'ampleur dans les grands formats. Peut-être aussi devrait-on critiquer le peu de progrès qu'elle a tentés du jour où elle a cru atteindre la perfection. Il y a toujours à améliorer, même dans le bien, quand on ne veut pas se laisser distancer.

Après ces deux grands noms, il ne faut pas croire qu'il ne reste plus rien à citer. Huit autres exposants de Paris méritent aussi des éloges à divers degrés et à différents points de-vue.

Ainsi M. Gaveau, qui expose deux pianos demi obliques, un oblique et un vertical, a des qualités de fabrication, quoique la sonorité qu'il obtient soit trop peu expansive.

M. Bucher offre deux pianos ordinaires, un oblique et un vertical, dont la sonorité satisfaisante manque cependant de portée.

M. Levêque est un élève d'Evrard ; il a été à bonne école. Aussi retrouve-t-on dans son piano vertical la fabrication soignée, la sonorité agréable des instruments-modèles de son illustre professeur.

MM. Aucher frères ont envoyé deux pianos demi-obliques, l'un en bois teint, à moulures dorées, l'autre en palissandre avec frises en bois de rose. Ils ont appliqué à leurs instruments un nouveau système d'agraffe sur le chevalet qui doit donner beaucoup plus de sonorité. Cependant ce résultat n'est pas encore complétement atteint, et l'on pouvait espérer mieux de cette innovation dans de grands formats.

Mme veuve Ege et M. Perrichon présentent des pianos en bois teint, avec ornements dorés, dont la fabrication et la sonorité méritent une mention distinguée.

M. Meyer expose deux pianos demi-obliques, de bonne fabrication, quoique un peu négligée dans les détails, mais d'une sonorité relativement satisfaisante.

M. Heinrich a un piano acajou vertical, spécimen intéressant d'une fabrication à bon marché. Ce ne peut être cependant considéré que comme un essai à perfectionner, car la fabrication à bon marché n'a, selon nous, de mérite et d'avantage que quand elle livre des instruments d'un mérite réel.

Les fabricants de province sont dignes d'entrer en lutte contre les facteurs parisiens. Aussi M. Martin, de Toulouse, mérite des éloges pour ses trois pianos, oblique, demi-oblique et vertical. Il obtient une sonorité agréable, peut-être un peu sourde dans les basses. Ce défaut proviendrait-il d'une négligence de fabrication ? Ce serait à regretter, car arrivé au point de renommée où il se trouve, M. Martin ne doit pas déchoir.

M. Bresseau, d'Angers, expose deux pianos demi-obliques, en bois de rose et palissandre, dont la caisse ne plaît pas à tous les goûts. Il emploie un nouveau système de couvercle qui montre une partie du mécanisme, et offre un certain avantage pour le développement de la sonorité. Cela serait bien si la sonorité était parfaite ; mais on reconnaît qu'elle est un peu trop métallique et manque de moelleux.

Il a aussi eu recours à l'application d'un système de pédale, inventée par Pape, qui rapproche les marteaux des cordes et diminue l'enfoncement du clavier.

M. Wiart, de Châteauroux, présente, dans son piano vertical, un nouveau système de double échappement dont le fonctionnement n'est pas encore arrivé à la perfection, mais qui n'est pas sans valeur.

Trois facteurs de Nantes ont aussi exposé :

M. Roux offre deux pianos demi-obliques, à bronzes dorés. C'est une fabrication qui débute, mais qui mérite des encouragements.

M. Bressler fils présente six spécimens de sa fabrication, un piano vertical en acajou massif, un autre en palissandre, moulures unies avec incrustations de doubles filets en cuivre ; un piano demi-oblique petit format en acajou, un autre grand format en palissandre à cylindre, un piano oblique petit format en palissandre, à pans coupés, à consoles sculptées ; un autre grand format oblique à sculptures et sujets en chêne imitant le bronze.

M. Bressler est élève d'Erard ; il se destinait à l'Ecole polytechnique lorsque sa vocation l'entraîna. C'est dire qu'il apporte dans sa profession toute la maturité d'études solides.

Tous les plans de sa fabrication sont originaux. Ses connaissances techniques lui permettent de les réviser selon les besoins de ses ateliers. Il en résulte un soin particulier dans la fabrication.

C'est un industriel consciencieux qui cherche les perfectionnements, les applique quand il est assez heureux pour les rencontrer. C'est un artiste de progrès et d'initiative.

M. Lélé est un rival qui a l'avantage d'une vieille

expérience et d'un savoir réel. Il s'est surtout attaché à réunir dans ses instruments les qualités de la fabrication de M. Pleyel.

On lui reproche le défaut d'initiative ; mais s'il est sobre d'innovation, il s'attache à donner à ses tables d'harmonie et aux autres parties intérieures des qualités qui sont appréciées.

Il a placé dans les galeries des pianos qui prouvent jusqu'à quel dégré de luxe on peut pousser en province l'ornementation extérieure de ces instruments. Il expose, en effet, deux pianos demi-obliques richement ornés, l'un en palissandre à console sculptée, l'autre en bois teint avec incrustations de filets de cuivre et moulures dorées ; mais le plus luxueux de ces instruments, celui qui attire les regards de la foule, c'est un piano demi-oblique en érable gris et amaranthe, marqueterie losan-gée, avec moulures et ciselures dorées mat.

Examinons maintenant la série des orgues et des instruments mécaniques.

M. Debain est un facteur renommé, émule d'Alexandre ; il expose un piano mécanique, sur lequel on peut jouer au clavier ou à la manivelle, avec l'aide de musique pointée sur des planchettes.

Ce curieux instrument, qui peut surtout trouver son emploi dans les contredanses de salon, a un son qui manque de souplesse et de moëlleux. On peut craindre qu'il ne soit sujet à de fréquents dérangements.

Cet instrument a cependant fait sensation à son apparition, en 1855. S'il ne s'adresse pas précisément au public artiste, il a du moins conquis les suffrages d'une foule d'amateurs, qui savent apprécier les inno-vations heureuses.

M. Debain expose aussi deux orgues, un à quatre jeux, en palissandre, un autre à deux jeux, en chêne, et un harmonicorde. La réputation de ce facteur est bien établie à ce sujet ; il produit des instruments d'un son clair et bien timbré. Seulement il faut être bon exécutant pour se risquer à toucher de l'harmonicorde.

L'orgue à quatre jeux, de M. Alexandre, son orgue acajou à cinq octaves, son orgue en chêne à bon marché, et son annexe-piano en palissandre sont des instruments bien construits, capables de soutenir l'excellente réputation de cette maison.

M. Baudet expose un orgue de chœur d'une bonne fabrication et d'une sonorité satisfaisante.

M. Lelogeais, de Nantes, a installé dans la grande nef un orgue à tuyaux pour église, qui produit de bons résultats comme puissance et sonorité, et qui cependant, en raison peut-être de certaines conditions d'acoustique fâcheuses, ne produit pas l'effet qu'on attendait de son volume.

Le guide-accord de M. Testé, de Nantes, est destiné aux personnes qui ont déjà un commencement d'éducation musicale. Son solfège-géant peut aussi offrir de bons résultats dans les maisons d'éducation où les classes sont nombreuses.

Le cartonium qu'il expose est un nouvel instrument ; c'est une sorte d'orgue à tuyaux dont la sonorité n'a pas de grands développements. Il est vrai que ce n'est là qu'un essai qui demande à être transformé en grand pour être mieux apprécié.

Le piano mécanique à cylindre de M. Lacape, de Paris, joue seul. Si la sonorité de cet instrument égalait les soins apportés à sa fabrication, il serait parfait. Le mécanisme du cylindre offre du reste des chances d'usure et de détérioration qu'il importe de faire disparaître.

Le solidoigté de M. Delcamp, de Paris, est un instrument bizarre, à clavier ; faute de renseignements, personne n'a pu trouver l'explication du système de l'exposant, ni le mettre en pratique, ni le juger.

Pour clore enfin cette revue des instruments de musique, nous devons signaler les vitrines où MM. Gautrot et Halary, de Paris, ont groupé toutes sortes d'instruments : cors, cornets, clarinettes, trompettes, clairons, flûtes, timbales, grosse caisse en métal, confectionnés d'après la méthode Sax. Ce sont deux maisons connues et dont les produits sont estimés.

X.

INDUSTRIES DIVERSES.

Les produits de l'Algérie et des Colonies forment une collection variée et intéressante envoyée par le ministre de la marine. Elle se compose des produits naturels du sol, et des objets ouvrés et fabriqués, soit avec les beaux bois de ces contrées, soit avec la soie, la laine, les matières textiles et les métaux.

On y distingue des variétés de bois de différentes essences : olivier, pin d'Alep, grenadier, pistachier, chêne-vert et chêne liége, caroubier, thuya, citronnier, myrthe, oranger, tous préparés pour l'ébénisterie;

L'aloès, les palmiers nains, l'alfa, le diss nous fournissent leur crin végétal dont l'industrie tire aujourd'hui un si bon parti.

Le lin, le chanvre géant de la Chine et le coton qui s'acclimate et promet d'abondantes récoltes, gages de la prospérité d'un avenir prochain ;

Les fruits, la cire, les céréales, les graines oléagineuses, le vin, les alcools, le tabac, les épices, la soie se groupent sur ces rayons et font comprendre l'importance des ressources agricoles et industrielles de nos colonies.

Les modèles de marine que renferment les galeries de Nantes sont de très-beaux spécimens des meilleurs constructeurs.

M. J. Jannesse, de Bordeaux, présente un système de fermeture facultative de la cage de l'hélice, quand on veut se dispenser de s'en servir dans la navigation mixte.

M. Derycke, de Dunkerque, expose un élégant modèle de goëlette-yacth, coté mille francs.

MM. Dubigeon frères, de Nantes, un beau modèle de steamer.

MM. Faivre, un système d'hélice amovible, à pas variables.

MM. E. Gouin et Cᵉ soutiennent leur renommée, par la perfection de la construction de leurs trois-mâts-goëlettes *Tage* et *Lisbonne*, steamers en fer de 500 tonneaux, dont la machine a la force de 100 chevaux, exécutés pour la maison d'armements maritimes J.-T. Barbey et Cᵉ, de Paris, dans les chantiers de M. Guibert, de Nantes.

Ils exposent aussi des modèles de porteurs maritimes, navires en fer, à hélice, jaugeant 300 tonneaux et munis de 55 chevaux de vapeur, et le modèle de l'arrière de l'*Allier*, transport à vapeur de la marine impériale, de la force de 500 chevaux, actuellement sur les chantiers.

Ils offrent enfin un projet très curieux de canonnière de débarquement à vapeur, toute bardée et cuirassée de fer, espèce de batterie flottante imposante et formidable.

Mentionnons aussi les bouées de sauvetage de M. Serres, de Bayonne, celles de M. Riallaud-Baudinot, de Nantes, qui emploie à leur préparation une colle hydrofuge de M. Cormerais, chimiste.

Les instruments de précision de physique et d'optique, quoique peu nombreux dans nos galeries, sont cependant très intéressants.

Nous signalons d'abord les boussoles, sextants et jumelles de M. Dubas, de Nantes ; les boussoles à variations diurnes et les appareils électro-médicaux (volta-faradiques) de M. Gaiffe, de Paris ; son électro-aimant ; son couple au sulfate de mercure ; sa pile thermo-électrique dans le modèle des appareils de Melloni.

Nous citerons encore du même exposant un galvanomètre très sensible à fil court et gros, une boussole des sinus et un moteur électro-magnétique à pompe.

M. Aug. Lefièvre, de Nantes, expose un baromètre à bascule d'un nouveau système ; un grand compas de mer pour les navires en fer ; une boussole à division fixe et à pinules mobiles ; une boussole d'observation à ligne de foi mobile ; des jumelles à double oculaire et à grossissement variable.

M. Moussier, de Nantes, est renommé pour ses instruments de précision et d'optique ; il donne la preuve de son habileté dans les différents produits qu'il expose : longue-vue de quatre pouces avec chercheur à quatre jeux d'oculaire, deux terrestres et deux célestes, montée sur pied en acajou, armée d'une manivelle à engrenage et tête à mouvement à baguettes pour la direction

verticale ou horizontale ; longue vue marine impériale ;
lunette céleste et terrestre ; niveau à lunettes d'Egault ;
microscopes, sextants, graphomètre à boussole, panto-
mètre ; enfin, verres de lunettes à double foyer qui permettent de voir de loin et de près, heureuse application
d'une idée qui était venue à Franklin.

M. Loiseau, de Paris, a exposé des instruments de
précision pour les sciences exactes : un régulateur pour
la lumière électrique, un électromètre de Peltier en alu-
minium, un appareil pour démontrer les lois de la
réflexion et de la réfraction de la lumière, un appareil
de Newton pour les anneaux colorés, un condensateur
électro-chimique de M. de la Rive et une machine pneumatique système Babinet.

M Trinquier, officier au 32e de ligne, a imaginé une
équerre d'arpenteur pour l'exécution pratique des levées
irrégulières, ou échelle rapporteur à boussole éclimètre.

M. Masure, d'Orléans, ancien élève de l'Ecole Nor-
male, professeur agrégé des sciences, propose une
méthode et un appareil nouveau pour l'analyse physique
des terres arables. Selon lui, l'ancienne méthode de
lévigation est sujette à erreur. Les opérations de lavage
qu'elle nécessite sont trop multipliées pour que l'expé-
rimentateur ait la patience et le courage de les pousser
à bout.

Par sa méthode nouvelle, M. Masure affirme que les
chances d'erreur sont réduites à un centième près,
approximation très suffisante pour les besoins de l'agriculture pratique. En suivant exactement ses préceptes,
en employant avec soin l'appareil fort ingénieux qu'il
expose, on parvient à connaître non seulement la proportion totale du calcaire, mais encore sa subdivision en

calcaire sableux inerte et en calcaire pulvérulent immédiatement actif. Cette distinction est de la plus haute importance, et ce qui le prouve c'est que M. de Gasparin l'a prise pour base de ses raisonnements du dosage des parties actives des marnes.

Parmi les appareils électriques, nous remarquons, uotre ceux dont nous avons vu l'application à l'horlogerie, les sonneries électriques pour appartements exposés par MM. Prudhomme et André Hermann, de Paris.

La coutellerie est représentée par MM. Beneteau et Planiol, de Nantes, et par l'abbaye de Notre-Dame-de-Grâce, de Briquebec (Manche). Ces trois exposants nous montrent l'assortiment le plus complet et le mieux choisi de coutelleries fines et ordinaires, de fantaisie, de poche, de table, des rasoirs, des ciseaux, des instruments de chirurgie et de précision les plus compliqués.

Les armes de MM. L. Chaumier et Brichet, de Nantes, rivalisent de perfection et de fini. Ces deux maisons présentent des fusils de chasse, des coutelas et poignards de luxe qui font le plus grand honneur à leur fabrication.

MM. Sauvage et Filliol, de Tulle, exposent des armes de guerre de bonne fabrication : mousquetons de gendarme et d'artilleur, carabines fusils d'infanterie.

M. Porcheron, de Rouillac (Charente), présente aussi des armes de guerre, parmi lesquelles figurent un fusil à percussion se chargeant sans déchirer la cartouche.

M. Delâche, préparateur au musée d'Angers, exposé des trophées de chasse composés de têtes de biche et de cerf, servant de ratelier d'armes.

M. Leroy, de Paris, est l'inventeur d'un appareil qui a pour but d'éviter les malheurs, trop fréquents dans les grandes agglomérations de piétons et de voitures. Il est disposé de manière à ce qu'il soit invariablement fixé devant chaque roue de voiture descendant de 3 à 4 centimètres de la surface du sol. Il résulte de cette disposition qu'une personne terrassée serait repoussée devant la roue.

L'idée de M. Leroy peut être bonne et utile ; mais elle a besoin d'être étudiée encore avant d'être bien comprise, et surtout avant d'entrer dans la pratique.

Nous pénétrons dans la galerie de la carrosserie. Cette exposition présente un ensemble très remarquable, au milieu duquel on distingue cependant les produits de trois exposants. Nous les examinerons tout d'abord.

M. Bras, de Nantes, a exposé une Victoria, qui est une magnifique voiture d'une coupe élégante, montée sur huit ressorts. C'est ce qu'on peut imaginer de plus parfait.

Près de cette voiture parfaite figure une araignée, voiture de chasse, bizarre de forme, mais très remarquable par sa légèreté et par l'heureuse solution des difficultés de la carrosserie. Rien de plus léger, de plus mignon que ce véhicule.

La calèche du même exposant est très jolie, très bien faite, mais elle porte trop le cachet de la fantaisie. Nous soupçonnons que M. Bras ne l'a établie qu'à titre d'essai. Quoique le travail en soit excessivement soigné, il ne serait pas étonnant que cette voiture ne fut sujette à une oscillation de droite et de gauche qui en compromette l'équilibre et la solidité. Quoi qu'il en soit, cette conception de fantaisie est exécutée avec une habileté de main qu'on est heureux de rencontrer en province et qu'on ne trouvait autrefois qu'à Paris.

Elle sort du reste des éléments de la confection ordinaire , et nous remarquons que M. Bras y a introduit une innovation qui n'est pas sans mérite, nous voulons parler du ressort à soupente qui se trouve être la continuation du ressort à pincette, tandis que dans les anciens systèmes ces deux parties sont distinctes et séparées.

M. Brunellière aîné, de Nantes, a confectionné une très belle calèche de grand luxe, montée aussi sur huit ressorts, l'une des plus parfaites qui aient été jusqu'à ce jour produites par la carosserie française.

M. Brunellière est l'un de nos plus habiles fabricants. Son araignée est d'un fini, d'une légèreté qui en font une véritable merveille.

M. Dodin, de Nantes, est un excellent faiseur. Il expose un vis-à-vis confectionné avec le plus grand soin ; il est agréable de forme et d'un travail supérieur. C'est ce que l'on appelle de la belle confection, sans recherche.

Sa calèche est d'une élégance rare , d'une coupe gracieuse, irréprochable, d'une simplicité et d'une solidité parfaites.

Le même exposant a confectionné un coupé d'une parfaite distinction, et dont la facture est aussi complète que possible.

Mme veuve Bretonnière, de Nantes, expose une calèche de famille, voiture fort belle quoique de confection ordinaire, plus solide peut-être qu'élégante, mais qui fera certainement un bon usage.

Son phaéton est bien fait, mais n'a pas un cachet suffisant de distinction. Sa Victoria est une bonne voiture de ville.

M. Pellat a quatre bonnes voitures : un coupé à rotonde, à qui nous reprocherons un peu de lourdeur, un poney-chaise très joli, un tilbury très simple et très bien conditionné et une calèche de famille.

M. Pavageau, de Tours, a exposé un milord fort joli de coupe et fort bien fait ; M. Brunellière fils, de Nantes, une voiture bourgeoise et un breeck dans de bonnes conditions ; M. Cholet, un landeau fort distingué ; M. Guihot fils, un poney-chaise dont l'avant-train est remarqué pour sa légèreté, un milord d'une très jolie coupe, mais dont la courbe de caisse est peut-être un peu courte, et un breeck de jeune homme à six places très léger.

M. Tessier n'a pas eu le temps d'achever sa calèche, qui sera très élégante quand elle sera garnie.

MM. Dufour frères, de Périgueux, ont un grand renom ; leur omnibus de famille, à douze places, est de la belle carrosserie ; leur chaise de parc est une fantaisie très attrayante, mais leur poney-chaise manque d'élégance.

M. Landrin expose une calèche belle et bonne et un phaéton ordinaire, dont le siége de devant nous a paru trop bas et mal disposé, comme agencement et comme coupe.

La sellerie de MM. Jacqzet et Brunel, de Paris, est de bonne confection. MM. Capelle et Brunellière fils se montrent aussi très habiles dans cet art. Mais les harnais les plus riches et les plus remarquables ont été exposés par M. Landrin, qui emploie un système de soudure du cuir qui ne laisse rien à désirer comme solidité, puisque l'essai en a réussi sur des courroies de l'usine de M. Voruz. M. Landrin expose un très riche harnais double fabriqué d'après ce système, et un autre harnais de cabriolet du plus bel effet et de la meilleure fabrication.

L'autel exposé par M. Debay est en pierre sculptée ; il est d'un effet imposant, et peut passer, à tous égards, pour une œuvre de mérite.

On remarque encore, dans ces derniers jours, un autel en pierre blanche sculptée, exposé tardivement par M. Polet, de Nantes. C'est un morceau des plus remarquables, d'un dessin charmant, et d'une exécution parfaite.

MM. Lanfrey et Baud, de Lyon, fondeurs de la statue de Notre-Dame-de-Fourvières exposent des chaires et un autel en fonte de fer et en bronze, d'un beau style et d'une belle exécution,

M. Baranger, de Nantes, produit aussi des chaires et autels, mais il les sculpte en chêne, et chacun reconnaît la sûreté de son goût, la richesse de ses dessins et l'élégance de son travail.

M. Lejeune, de Paris, expose de belles boules panoramiques ; M. Le Gâvre, des objets en écaille fondue ou naturelle, blonde, translucide, avec riches ciselures, incrustations en relief, travaillés et sculptés avec un art remarquable.

Deux mots enfin de quelques produits divers, que nous trouvons disséminés dans les galeries.

Les appareils pour la production économique de la chaleur présentent une série des plus remarquables comme perfectionnement et soin de fabrication.

MM. Minich et Becuve, de Paris, exposent des foyers Milords, des calorifères pour intérieur de cheminée, des foyers à cylindre fixe ; on distingue surtout, parmi ces produits, une cheminée-buffet à sujets, un calorifère rocaille, orné de cuivre doré et de porcelaine peinte, un foyer chinois, et des fourneaux complets.

Leurs fourneaux économiques de ménage et de voyage, ou de campement, fonctionnent indistinctement au bois ou au charbon, ou au coke, et comportent une cuisson égale sur toute la surface du dessus; ils ont un four à rôtissoir et à pâtisserie, grillade sans fumée, etc., et réunissent ainsi, sous un petit volume, tous les moyens de préparer un confortable de cinq à six personnes.

MM. Biabaud et Gauché, de Paris, ont la spécialité des fours de boulangerie, fours de pâtissier à bouche moderne perfectionnée.

M. Jusseaume, de Nantes, déjà honoré de onze médailles dans différentes expositions, est un habile constructeur d'appareils de chauffage. Ses produits sont d'une richesse, d'une perfection dont rien n'approche.

Il rend les plus heureux effets par le contraste de la tôle, de la fonte et du zinc dans sa belle et riche cheminée de salle à manger. Son calorifère bronzé et doré, avec ses panneaux où l'on se mire, est un morceau de choix. Il expose aussi un four de campagne avec chauffe-assiettes et bain-marie, une baignoire en zinc à foyer; un calorifère à quatre faces mobiles à plaques perfectionnées; un cuvier de lessive à fourneau; des cuisinières à bassines de cuivre, à rôtissoir et à grillades.

Il a aussi mis à exécution une excellente idée dans sa cuisine complète pour fermes ou grande maison, avec bouilleur, rôtissoir, four et système d'ascension de l'eau chaude pour les salles de bains au premier et même au second étage.

M. Jusseaume nous présente enfin un excellent appareil pour la lessive, un fourneau rôtissoir et un fourneau cuit-légume pour basse-cour, construits dans les meilleures conditions.

M. J. Perreaudeau, de Nantes, a aussi des produits fort intéressants entr'autres un four économique en fonte et carreaux de faïence des fours platrés, et des foyers d'appartement en marbre et faïence peinte.

M. Bourbon, expose des fourneaux de cuisine avec appareil bouilleur procurant une économie de combustible et de temps, par un moyen qui permet de faire bouillir un grand volume d'eau sans augmentation de combustible. Cet appareil qui peut s'adapter à tous les fourneaux, utilise la chaleur perdue des fourneaux ordinaires, chauffe jusqu'à 15 hectolitres d'eau et conserve l'eau chaude à 70°, 15 heures après l'extinction du feu.

Ce système, applicable surtout dans les grands établissements, est déjà expérimenté dans un grand nombre d'hôpitaux, de communautés et de pensionnats. Il a l'avantage de supprimer les parties du foyer que l'on est obligé de remplacer le plus souvent, c'est-à-dire les barreaux servant de grille, ou au moins la moitié du creuset, et la chaudière encastrée sous les plaques, et dont les réparations sont si coûteuses.

Le spécimen exposé est vendu au collége des Couëts. Un semblable fonctionne depuis deux ans au petit séminaire d'Angers.

M. Godin-Lemaire, de Guise (Ain), dont la réputation est européenne, nous a envoyé ses plus beaux articles.

Ce qui distingue cette maison, c'est la grande variété des modèles et l'extrême modicité des prix. Tous les objets qu'elle expose sont de commerce usuel, et de grande consommation en France , en Belgique et en Hollande ; elle en fait une exportation considérable sur tous les points de l'Europe et de l'Amérique.

Quoique la fonte de fer entre seule dans cette fabrication, l'élégance des formes n'en est pas exclue. On constate le fini d'exécution de ses cuisinières, d'un poli et d'un ajustage irréprochables.

Il y a même un côté artistique dans les modèles de ses calorifères, foyers et cheminées d'appartement ; la richesse et le bon goût des dessins, et l'application d'un verni vitrifié, inaltérable à l'action de la chaleur, préservant la fonte de l'oxidation, donnent à ces meubles l'aspect et le brillant du marbre noir, sans masquer la délicatesse des sculptures.

M. Chemet-Lamotte, d'Auxonne (Côte-d'Or), expose son lucifoïde ou cuisinière économique, petit appareil fort ingénieux et qui fonctionne bien.

M. Gervais, de Paris, a la spécialité des thermosiphons ; il présente des chauffe-serres sur le modèle de ceux qu'il a exposés au Luxembourg.

M. S. Charles, de Paris, envoie un laveur-mécanique, essoreuse de ménage, une calandre de débrayage, un appareil à triple usage pour la lessive, la cuisson des légumes et les bains, un appareil pour faire de la bière et une cuisine complète dite cordon-bleu.

M. Bouillon-Muller, de Paris, des lessiveuses et baigneuses en zinc et cuivre, des blanchisseuses mécaniques, des calandres et une baignoire à foyer.

MM. Boutier et Comp., de Paris, se distinguent par de bons fourneaux économiques, des rotissoirs, des calorifères ; le grand fourneau économique de cette maison est surtout très beau.

M. Lecoco présente des calorifères riches à ornements de cuivre garnis de fumivores portatifs.

M. Rocher, de Nantes, un excellent appareil de cuisine distillatoire pour rendre l'eau de mer potable. Cet appareil a valu à son auteur l'un des prix Montyon.

M. Markey, de Dunkerque, expose aussi une cusisinière pour navire, avec un appareil de distillation de l'eau de mer.

M. Godin, d'Etreux (Ain); fabrique de bonnes prussiennes et des fourneaux économiques en fonte; M. Paris-Corroyer, d'Amiens, des calorifères en tôle, garnis d'ornements, qui produisent un effet charmant par l'heureuse opposition métallique du fer et de l'argent.

M. Joniaux, de Laval, des grands calorifères, poëles et cheminées; un fourneau garni de magnifiques bassines de cuivre, avec robinets à col de cygne pivotants.

M. Corneau, de Charleville (Ardennes), des fourneaux en fonte ornementés et de très jolis calorifères marchant de 14 à 16 heures, avec une seule charge de houille.

La Compagnie européenne de chauffage et éclairage au gaz expose une série d'élégants et utiles appareils, dont l'usage se répand de plus en plus.

La serrurerie de M. Hubert, de Nantes, est très belle; il a fait preuve de bon goût, d'élégance, de style vraiment monumental dans ses grilles de portes cochères, de balcons et fenêtres.

M. Besnard Lemoine, d'Angers, ne montre pas moins d'habileté dans la confection de son comble en charpente de fer, d'une très grande légèreté, et M. Talon, de Nantes, dans ses serrures perfectionnées à deux clés et à bec de canne incrochetable.

Les moulures en bois cintrées et autres obtenues par

les procédés mécaniques de **M.** Massartic, de Tour, sont dignes d'attirer l'attention ; cet industriel y applique un système de découpage et de poussage de moulures gothiques qui donne de bons résultats ; il obtient ainsi économiquement des garnitures de buffets avec consoles, des frontons d'armoires, de fort belles rosaces, en un mot toutes sortes d'ornements qui deviendraient très coûteux par les procédés ordinaires.

M. Guillay, de Tours, découpe aussi le bois à la mécanique ; **MM.** Maybon et Baptiste, de Toulouse, et **M.** Marchand, de Versailles, l'emploient à la confection de parquets massifs unis et variés et de menuiserie en tous genres.

On ne peut enfin passer sous silence les bouquets de fleurs artificielles de **M.** Hourdin-Perro, de Nantes, qui est parvenu à imiter la nature à s'y tromper ; ses couronnes de bal et de mariée, ses fleurs dorées, pour ornements d'églises, sont confectionnées avec un goût délicat, qui mérite des éloges.

Les rouets de **M.** Dupland, de Nantes, ses quenouilles en bois de palissandre et d'oranger sont des petits chefs-d'œuvre de tourneur, qui auraient fait pâmer d'aise nos bonnes aïeules.

Il n'est pas jusqu'à ces aiguilles si parfaites, de **M.** Taillefer, de l'Aigle (Orne), jusqu'à ces épingles à étamage direct par voie humide, ingénieuse application du système Rouleur et Boucher, qui ne méritent l'estime de nos ménagères ; jusqu'à ces brosses et balais de cheminée, de **MM.** Menniel-Garreau, de Niort, et Payement, de Bordeaux, et ces décrottoirs de cuir, de **M.** Layat, de Paris, qui n'aient leur place marquée dans nos appartements.

XI.

TYPOGRAPHIE

ET ARTS QUI S'Y RATTACHENT.

Nous n'entreprendrons pas de faire l'historique de la typographie ; de retracer les efforts, les luttes de ses inventeurs, leurs vicissitudes, leurs revers et leur triomphe définitif. Du jour où fut découvert l'art du xylographe ou graveur sur bois, du jour où les caractères fixes furent inventés, il ne s'agissait plus que de songer à les rendre mobiles et le grand secret était trouvé.

Cette gloire appartient à Gutemberg et à ses associés Faust et Schœffer.

Ce sont ces hommes immortels qui créèrent ce grand moyen de communication de la pensée qui fait vivre les nations d'une vie commune et qui est la grande arme de la civilisation.

Les procédés typographiques une fois découverts restèrent longtemps stationnaires. Ce n'est que vers la fin du siècle dernier qu'une amélioration notable s'introduisit dans l'imprimerie. La mécanique a subi une transformation complète ; les presses en bois ont été remplacées par des presses en fonte ; et les machines à cylindre, mues par la vapeur, se sont elles-mêmes substituées dans ces derniers temps aux vieux systèmes.

Autrefois la typographie était un art sérieux ; il fallait pour obtenir la faveur de l'exercer faire preuve de connaissances étendues et de véritable érudition. Elle avait ses prérogatives, ses priviléges. Mais son éclat que rappellent les noms des Etienne, des Aldes, des Elzevir et des Didot, s'est affaibli devant les changements apportés à la législation qui la régissait autrefois.

Cependant en l'état actuel, la typographie, dans des mains habiles, produit encore des œuvres très remarquables ; l'Exposition de Nantes en fournit la preuve.

La librairie Curmer marche depuis vingt ans en tête de la typographie française. Elle a donné une impulsion extraordinaire au débit des livres d'heures et des paroissiens, illustrés de gravures chromo-lithographiées, qu'elle établit à des prix abordables pour toutes les fortunes.

Des productions remarquables, sorties des mains de cet éditeur, nous avons été admis à admirer le *Livre d'Heures de la reine Anne de Bretagne*, d'après l'original déposé au Musée des souverains. Cet ouvrage est la reproduction fidèle de ce précieux manuscrit, imprimé sur parchemin, avec tous ses détails, son coloris brillant, et l'exactitude mathématique d'un fac-simile.

L'*Imitation de Jésus-Christ* est aussi une édition rare, œuvre d'intelligence et de progrès.

La littérature contemporaine a déjà procuré plus d'un triomphe à M. Curmer ; il a, dans ces derniers temps, livré au public une belle édition in-folio du lac de

Lamartine, où chaque strophe de cette belle élégie sert de sujet de composition à une eau forte d'Alexandre de Bar, et est illustrée d'ornements gracieux dessinés par M. Catenacci.

M. Charpentier, de Nantes , s'est fait un nom par la création du format qu'il a adopté. Cet éditeur érudit et consciencieux a publié les meilleurs auteurs anciens et modernes.

Il a abordé les ouvrages illustrés, *Nice et Savoie, Paris dans sa Splendeur, Types et Caractères bretons, Galerie Armoricaine, Imitation de la Sainte Vierge,* la *Normandie Illustrée,* toutes éditions de luxe où tout est digne d'être cité : texte, gravures, papier, encre.

Au-dessus de cette Exposition plane le buste de M. Charpentier père, terminé le 25 octobre 1861 , par M. Ch. Barré, statuaire de Nantes ; cette vénérable figure sourit sous un air calme et méditatif aux succès de la maison qu'il a rendue célèbre par tant de remarquables travaux.

Un autre éditeur de Nantes , M. Vincent Forest , présente des ouvrages non moins dignes d'éloges. Ceux qui fixent l'attention des amateurs de beaux livres sont surtout l'*Histoire d'Ancenis,* la *Revue de Bretagne et de Vendée;* le *Maine et l'Anjou,* en deux volumes , édité sur le texte et les dessins de M. le baron de Wismes ; l'*Armorial Nobiliaire de Bretagne,* par M. Pol Potier de Courcy.

Fidèle à sa devise, *Dieu la conduise,* M. Forest n'est soucieux que de conserver cette haute réputation de consciencieux savoir qu'il s'est justement acquise dans l'art typographique.

M. Guéraud , imprimeur-libraire à Nantes, que la

mort a enlevé trop jeune à la science archéologique, a aussi exposé des ouvrages sortis de ses presses, et un plan géométral de la ville de Nantes, qui fournissent la preuve des soins scrupuleux qu'il mettait à tout ce qui devait porter son nom.

Les classiques de la librairie Hachette, de Paris, sont très-recherchés ; ses *OEuvres de Goethe et de Schiller* forment une collection de bonne bibliothèque ; il nous montre aussi un dictionnaire en deux volumes, de Bouillet, traitant dans sa première partie des sciences et des arts, et dans sa seconde de l'histoire et de la géographie.

Nous citerons enfin, de cette même librairie, les *Grandes inventions anciennes et modernes*, par M. L. Figuier, volume grand in-8°, qui suffirait pour asseoir une réputation.

MM. Monroc frères, de Paris, ont envoyé des études de dessin et lavis, sujets de gravure, vues, plans, modèles d'architecture, dessins industriels, tous traités avec une correction qui est appréciée des hommes spéciaux qui y ont souvent recours.

M. Robuchon a édité un *Recueil de Monnaies féodales*, une *Statistique générale de la Vendée*, le *Pouillé de l'Evêché de Luçon*, par M. l'abbé Aillery, et un autre ouvrage précieux ayant pour titre : *Considérations sur les Monnaies de France*, par M. B. Fillon.

M. Oberthur, de Rennes, est un des maîtres de la chromo-lithographie. On n'a pas oublié ses superbes blasons de l'*Armorial de Bretagne*, travail des plus rares et des plus distingués. Les produits qu'il expose sont dignes de sa réputation.

M. Berthiault, de Tours, se montre aussi digne de la

faveur du public par la perfection qu'il apporte dans l'exécution de la gravure en taille-douce.

Les planches murales de M. Achille Comte, directeur de l'École Supérieure des Sciences de Nantes, sont des morceaux capitaux.

M. Achille Comte, convaincu de la nécessité, dans l'enseignement à tous les degrés, de tableaux de démonstration et frappé de l'insuffisance, du peu de fidélité, même de ceux qui jusqu'à ce jour étaient consacrés à cet usage, a créé une collection destinée à combler cette lacune qui laisse au dépourvu les aspirants au baccalauréat ès-sciences.

Cette collection unique se compose de cent feuilles en quatre-vingt-quatorze planches coloriées et accompagnées d'une légende explicative.

L'auteur a adopté une division en trois séries qui comprennent cinquante-quatre planches de zoologie, trente planches de botanique et dix planches de géologie.

Cette galerie de la vie à tous ses degrés, présente dans un ordre méthodique les phénomènes naturels classés dans les théories minéralogiques, les classifications botaniques et les découvertes physiologiques et anatomiques.

Aucun fondeur en caractères n'a exposé à Nantes, et pourtant il eut été intéressant de voir auprès des produits de la typographie française les spécimens de cette autre branche industrielle qui exige tant de savantes opérations et qui livre aux combinaisons de l'imprimeur les cadrats, les vignettes, les réglures et les caractères qu'il assemble pour en former ces éditions que nous avons admirées.

Nous n'avons à citer que la gravure des lettres en bois ; celle de **M. Chopin**, de Paris, et celle de **M. Moreau**, de Bressuire, sont de très remarquables échantillons.

Les presses typographiques offrent trois spécimens qui méritent qu'on s'y arrête. Ce sont d'abord deux grandes presses mécaniques d'une simplification sans égale, dont l'une est destinée à l'imprimerie impériale. **M. Alauzé**, de Paris, qui les a établies, a fait preuve d'une parfaite entente des conditions essentielles de ces machines.

Une autre petite presse à bras, pour travaux de ville, confectionnée par **M. Boré**, de Napoléon-Vendée, n'est pas exempte de critique, mais doit produire des impressions correctes.

L'antiquité ne connaissait pas les livres plats à feuillets superposés ; elle traçait des caractères sur des feuilles en rouleau.

Du jour où le livre proprement dit fut créé, l'art de la reliure prit naissance comme une conséquence nécessaire. Les feuillets, d'abord cousus et collés sur des dos mobiles, se revêtirent de bois, d'ivoire, de métal ou de cuir. La reliure, au moyen âge, était souvent un travail de sculpture ou d'orfévrerie, poussé au plus haut degré de l'art, au fond des abbayes.

La multiplication et l'abaissement du prix des livres entraînèrent nécessairement la décadence de la reliure. La toile, le carton, le papier, ont remplacé les matières précieuses.

Cependant la reliure moderne n'est pas une œuvre sans valeur. D'abord elle donne plus de légèreté au livre ; en second lieu elle supporte encore des enjolivements et un certain degré de luxe qui n'est pas sans mérite, et qui est plus en rapport avec la valeur intrinsèque du volume qu'elle recouvre.

Nous n'entrerons pas dans les détails techniques ; nous constaterons seulement que les relieurs de France comparés à ceux d'Angleterre, lors de l'exposition de Londres, ont été placés de beaucoup au-dessus comme artistes. Les Anglais recherchent exclusivement le solide et le bon marché ; ils y arrivent par la division du travail. En France, le relieur exécute de ses propres mains tous les détails, et c'est ce qui fait sa supériorité.

Les reliures exposées par MM. Renaud, de Nantes ; Jean Seinier, de Paris, et Greleau, de Nantes, se distinguent par une élégance et une fraîcheur parfaites.

M. Montagne expose aussi des reliures de premier choix, auxquelles il joint des cartonnages de luxe et des registres de bureau solides et commodes.

M. Baiwir, de Rouen, a envoyé des reliures à dos brisé et à articulations élastiques, fabriquées suivant une invention qui lui est propre et qu'il nomme olanaptique. Au moyen des perfectionnements adoptés par cet habile artisan, le registre s'ouvre et se ferme d'un seul coup sans la moindre difficulté et sans jamais se déformer.

M. Moreau et Mᵐᵉ veuve Blot, de Nantes, ont aussi exposé de très belles reliures pour registres.

M. Garré, de Paris, a envoyé des registres à faux dos s'ouvrant sans résistance, par l'élasticité même du faux dos qui suit le développement du feuillet, nouveau système de reliure adopté par l'imprimerie impériale.

M. Furet, de Nantes, confectionne toutes les boîtes propres à contenir les fruits secs, bonbons et dragées, cartonnages d'art, boîtes à passementeries, cartons pour emballages et pour bureaux.

M. Boilvin, de Paris, expose des presses à copier perfectionnées, et M. Verlinde, de Lille, des régleuses de Baucher établies en parfaite connaissance des nécessités de ce travail.

Nous ne quitterons pas la typographie sans dire encore deux mots de l'industrie papetière. Nous avons cité, à la série des produits chimiques, les papiers de bois de Mme Cauzique. Nous devons rendre aussi justice aux procédés industriels qu'emploient MM. Barré et Blondel, de Nantes, dans une fabrication similaire.

Ces exposants substituent le bois au chiffon ; les pâtes qu'ils obtiennent sont irréprochables ; le papier qu'ils exposent est très-satisfaisant. Mais leur fabrication n'est encore qu'à l'état d'essai ; l'application en grand donnera, on ne peut en douter, les mêmes résultats, et l'on ne saurait trop encourager ces inventeurs dans la persévérance, qui leur permettra d'atteindre un succès complet.

Le cours théorique et pratique de sténographie de M. Tourault, professeur du pensionnat Saint-Louis-de-Gonzague, à Nantes, est d'une simplicité remarquable.

La sténographie, comme le dit le professeur, est une sorte d'écriture électrique qui permet de reproduire le discours à mesure que la voix de l'orateur le prononce.

Les principes de M. Tourault sont excellents et doivent former en peu de temps de bons élèves.

XII.

BEAUX-ARTS.

L'art est-il de nos jours en progrès ou en décadence?

Cette question d'esthétique est vivement controversée. S'il faut en croire les uns, l'école moderne est arrivée à l'apogée de sa splendeur; selon les autres, elle est descendue au dernier échelon.

Il faut l'avouer, parce que c'est l'évidence, les inspirations des peintres actuels prêtent singulièrement au dénigrement et à la critique. Jamais fécondité ne s'est montrée plus stérile. C'est à peine si, au milieu de cette foule de toiles qui encombrent les salons publics, se rencontre parfois une idée, et, ce qui est plus rare encore, c'est de voir cette idée revêtir une forme poétique, vraie et séduisante.

L'exposition ouverte en 1861, au sein de ce glorieux Paris, où le génie vient chercher sa consécration, n'a révélé aucune de ces œuvres grandioses qui émotionnent la foule et qui marquent une époque. Il semble qu'on ne songe plus à la postérité, et qu'on ne travaille plus qu'en vue de cette vogue éphémère, de cette mode capricieuse et changeante qui ne réclame qu'une satisfaction de convention, en dehors des règles éternelles du beau et du vrai.

C'est encore la nature qui prête ses mille faces à l'interprétation du pinceau, mais les manifestations artistiques ont perdu de leur majesté, parce qu'elles sont sans intelligence et sans passion.

Tel est le langage de ceux qui sont, par dessus tout, frappés des dangers du réalisme dans l'art. Ils ne voient que les tendances matérialistes de certaine portion de l'école moderne, et ils concluent de ces tentatives malheureuses et regrettables à la décadence complète.

Il y a du vrai et du faux dans ce jugement, comme dans toutes les opinions extrêmes. Sans doute, le monde de l'art est au dessus de la nature; sans doute la peinture ne doit pas se borner à reproduire les objets par leur côté vulgaire; il faut qu'elle les idéalise, qu'elle les présente sous un aspect poétique, et qu'elle néglige la forme mathématique pour faire prévaloir la pensée. Ou plutôt il faut que la forme ne soit que l'expression de la pensée, un vêtement, un voile transparent qui la couvre sans la cacher.

A quelques exceptions près, au salon de l'Exposition nantaise, comme au salon parisien de 1861, l'idéalité est absente; la forme seule se montre, et parfois, hélas! sous l'aspect du grotesque, du trivial et du laid.

Qu'importe le nombre où la qualité fait défaut. En dépit des métaphores, des exagérations de langage et des admirations de commande, aucun des sept cents tableaux exposés dans nos galeries ne prendra rang parmi les œuvres d'ordre supérieur. Quelques toiles estimables seules resteront dans le souvenir comme le témoignage d'un temps où l'art se cherche et ne peut s'affirmer.

Cette critique paraîtra peut-être sévère devant les toiles de MM. Gérôme et Baudry.

Ce sont là deux talents incontestables ; ils ont l'habileté, la souplesse, et même la délicatesse et le goût.

M. Gérôme est chef d'école, de cette école du savoir-faire qui recherche le succès dans le raffinement des détails. Il est archaïque au degré suprême. La secte artistique à la tête de laquelle un mérite reconnu l'a placé a reçu le nom de Néo-grecque ; elle excelle par la grâce un peu affectée, par la distinction un peu guindée, par un idéal un peu étriqué. Elle apporte une certaine afféterie dans le choix de ses sujets ; elle assigne une sorte de valeur de convention aux tons, aux jeux de la lumière et de l'ombre ; elle affecte une répulsion tout aristocratique pour le commun, le mesquin, le terre-à-terre ; elle montre la nature à travers un voile de gaze rose ; elle s'enivre de parfums et se berce mollement dans les vapeurs du sentiment, éveillant les désirs sans les satisfaire, excitant les sens sans ébranler l'âme.

Et cependant M. Gérôme a les priviléges d'une intelligence d'élite. Il est fécond, habile ; il a du moins le sentiment parfait du goût, le bonheur de l'invention, la vérité des agencements.

L'une des toiles les plus remarquables de M. Gérôme est, sans contredit, son *Rembrandt faisant mordre une planche à l'eau forte* ; il y a là un effet de lumière comme l'artiste ne nous a pas habitué à les lui voir réussir. L'ordonnance du tableau est juste et bien étudiée, et n'étaient ces petits moyens vulgaires dont l'auteur n'a pu se dépouiller entièrement, n'y aurait rien à redire dans l'exécution de cette œuvre.

Nous ne dirons rien de plus des autres toiles de M. Gérôme, qui ont passé par l'exposition de Paris avant d'arriver à celle de Nantes. Nous en viendrons tout de suite au petit cadre qu'il nous a envoyé dans les derniers jours, le *Prisonnier du Bosphore.*

Sur une mer luisante et sans vagues, deux rameurs au dos voûté, aux muscles tendus, conduisent un bateau plat en travers duquel est étendu un vieillard, avec entraves aux pieds et aux mains. A l'arrière est assis, grave et sombre, et dominant cette scène, comme le ministre de quelque vengeance, un Turc dont le profil se détache en silhouette énergique sur un ciel de soleil couchant. Le fond laisse voir, dans une brume noyée de chauds rayons, les monuments lointains d'une ville orientale.

Nous retrouvons, dans ce petit tableau, les qualités et les défauts de M. Gérôme, et cette œuvre est bien à lui. Il y a quelque chose de puissant et de trouble à la fois dans cette pénombre. Il y a un fini précieux dans ces chatouillements du pinceau, qui font dégénérer la touche en caresse et rendent le coloris froid à force de le lécher.

Certes, M. Gérôme n'est pas un artiste à dédaigner. Il n'arrivera peut-être jamais aux hauteurs, mais il ne peut rester confondu avec la foule.

M. Baudry, son émule, procède d'une autre façon. Il a plus d'indépendance, plus de chaleur dans la touche, plus de modelé, plus de séduction, plus de solidité dans le coloris. Mais là, encore, il y a plus de convention que de vérité.

Sa *Charlotte Corday* a passé, elle aussi, par le Palais des Beaux-Arts des Champs-Elysées avant d'arriver à Nantes. Elle a été jugée.

Charlotte vient de frapper Marat ; l'*ami du peuple* a, au milieu de la poitrine, plongé tout entier jusqu'au manche, un effroyable couteau ; elle, *se tient près de la fenêtre, debout, et comme pétrifiée.*

Cette scène terrible se présente aux yeux, comme dans un éblouissement. A notre sens, c'est par là que la critique a beau jeu. Il y a bien du désordre dans cette petite chambre, des meubles renversés, des journaux lacérés, maculés. Marat se débat bien contre la mort, sa main se crispe naturellement, sa tête renversée inspire bien l'épouvante, mais il y a dans l'atmosphère une teinte gaie, lumineuse et réjouissante qui est un contre-sens avec le sujet.

La difficulté s'en est accrue et M. Baudry l'a vaincue parce qu'en vérité M. Baudry est le peintre de la lumière. L'ombre lui obéit ; il sait à merveille le secret du relief dans la demi-teinte. Il y a là un rare mérite. Malgré les défauts qu'une sévérité excessive peut y signaler, cette toile est sans contredit une des plus parfaite de la jeune école.

Mais le plus grand mérite de MM. Baudry et Gérôme, c'est, selon nous, d'avoir réagi contre M. Courbet, c'est d'avoir mis une idée, sinon l'Idée, là où l'on ne voulait plus voir que l'objectif, que la brutalité du réalisme.

M. Courbet et son école ne voient dans la misère que les haillons, dans l'espèce humaine que la guenille. Ils ont appliqué à la peinture cet axiome d'une école célèbre : « Le beau, c'est le laid ! » Ils ont des désolations de brosse, des affectations d'effets poignants, une sorte de sauvage nature, abrupte, raide et triste qui manque d'émouvoir à cause même de son exagération. « Ils donnent, comme l'a dit justement un critique éminent, ils donnent à leurs personnages la stupidité morne et farouche de idoles hindoues. » Ils immobilisent le geste dans une sorte de somnolence. Ils colorient des corps de bois dans des vêtements sordides, fangeux, et ils s'écrient : « Voilà la nature ! »

Est-ce du style que de prétendre que l'ignoble doit être pris pour modèle ? Que penser d'une bouche qui jure ? Le pinceau des réalistes n'a que des jurons. L'art a ses convenances comme la société, les réalistes ne les connaissent point ; ce sont les paysans du Danube de l'atelier.

Isolez leurs toiles, vous aurez toutes les peines du monde à y accoutumer vos yeux et votre esprit. Vous vous en éloignerez par un sentiment instinctif, le cœur serré et l'âme troublée.

Mais rencontrez l'une de ces œuvres brutales au milieu d'une galerie, entourée de toiles pleines des artifices de l'idéalisme, et vous n'y poserez les regards un instant que pour les détourner avec une sorte de dégoût.

Voyez les *Cribleuses* de M. Courbet. Analysez cette scène impossible à force de vulgarité. Que vous en reste-t-il dans le souvenir ? Cette émotion douloureuse qu'on éprouve au récit de quelque monstruosité.

Ce gars « plus charbonné qu'une vieille muraille » comme dit le poète ; ces jeunes maritornes scrofuleuses, phthisiques, répugnantes ; ces attitudes hébétées, ces gestes impossibles, ces contorsions d'estropiés, que dissimulent mal la rectitude du dessin et les subtilités de la couleur, est-ce la nature ? Est-ce la nature aussi que cette atmosphère lourde, où l'air semble n'être composé que d'acide carbonique, où il n'y a ni souffle qui fait vivre, ni soleil qui réchauffe?

M. Courbet tient une des extrémités de l'art; M. Hamon se place à l'extrême opposé. M. Courbet est le peintre des crudités; M. Hamon, le peintre des énigmes.

L'un se traîne sur le sol, l'autre se perd dans les nuages; tout est positivisme ici, tout est vaporeux et incertain là. Le sujet au lieu d'être exploité par son côté trivial, est présenté sous son aspect baroque. C'est encore de la nature contre le bon sens et la vérité. On manque le but en voulant le dépasser.

M. Hamon nous offre celui de ses tableaux qui a fait le plus de bruit; l'*Escamoteur, Quart d'heure de Rabelais.* Chercherons-nous à comprendre? Voyons. De quelle époque est cette scène : *Mort aux rats!* Voilà du français; mais les costumes sont grecs et les types de tous les pays. Les accessoires ne caractérisent pas davantage, par la bonne raison qu'ils font entièrement défaut. Les personnages sont placés sans beaucoup d'art et comme en file, sur une sorte de plate forme, sans premier et sans dernier plan, entre ciel et terre. La scène n'est pas posée, elle est juchée.

Voilà pour la composition; voyons l'exécution. L'*Escamoteur* est la mieux plantée de toutes ces figures; il se démène bien, il a bien le diable au corps, le feu sacré de son métier. Il n'est pas tout-à-fait gazé dans le nébuleux qui enveloppe les autres personnages; il parle, il vit, il remue; les autres sont immobiles, froids, exsangues. Il y a bien un peu de rose sur la joue des jeunes filles et des gamins, mais c'est du vermillon de palette, ce n'est pas du sang. Il est vrai que si les groupes sont muets, la toile est criarde de tons malgré ses brouillards, c'est une malheureuse compensation.

Voilà les princes de l'école ; que dire de leurs suivants ? Qu'il y a peut-être plus de qualités réelles, d'art véritable dans les seconds rangs que dans les premiers. Que les artistes qui ont eu le bon esprit de ne pas vouloir poser devant le public et qui se sont simplement bornés à faire poser leur modèle devant eux, ont mieux réussi à atteindre le côté vrai, naïf et simple de la nature et de la vie.

Ainsi M. Antigna a plus de justesse de tons, d'harmonie et d'ensemble dans ses intérieurs bretons, et dans cette grande scène, si intelligible et si terrible à la fois, où il nous peint un épisode de nos guerres civiles. M. Barrias nous représente avec bonheur cette Malvina ossianesque, qu'une voix sortie du tombeau épouvante et charme tout à la fois.

M. Bouguereau, remontant au principe du bien et du mal, nous montre Eve soucieuse et alarmée, serrant sur son sein le pauvre Abel, que Caïn, enfant encore, menace déjà du geste et du regard.

M. Durand-Brager et M. Gudin soutiennent dignement leur réputation si méritée de peintres des flots et des vents.

La *Pourvoyeuse Misère*, quoiqu'un peu dans le genre énigmatique de M. Hamon, indique, chez M. Glaise, des qualités positives qui se dégageront un jour de toute obscurité, et qui prendront un caractère plus net sous la forme philosophique.

Disons encore que les *Pêcheurs* de M. Le Poittevin sont aussi, si l'on veut, du réalisme, mais au moins du réalisme idéalisé ; que **M.** Luminais, artiste fécond et sérieux, prouve, dans son *Champ de Foire*, des ressources d'imagination et d'exécution qui, ne s'étaient pas révélées à ce degré de puissance dans les autres toiles qu'il a produites jusqu'ici ; que la *Caravane surprise par le Simoun* est traitée par **M.** Portaels avec une largeur qui dénote de fortes études, un goût sûr, une imagination vive et un jeu de palette brillant et solide.

Et puis dans des rangs plus modestes encore, où nous pénétrons en sentant notre indulgence redoubler à mesure que nous nous trouvons en présence d'artistes moins renommés, nous rencontrons encore des qualités estimables, si nous avons l'équité de pardonner des défauts qu'on n'a pas la prétention d'ériger en principes et de transformer en vertus.

M. Clère s'est inspiré du soleil de l'Italie ; il nous transporte au milieu de ces paysans des Abruzzes, famille patriarchale, types splendides de la beauté romaine où tout est imposant et majestueux. Avec un peu plus de chaleur dans les rayons, ce tableau serait des meilleurs.

M. Delaunay a aussi puisé ses inspirations aux sources italiennes. Nous trouvons du bon dans cette *Leçon de flûte* qu'il a envoyée de Rome en 1858 et qui est bien préférable à son *Christ chassant les marchands du temple.*

La *Récréation au couvent* de **M.** Gide est chaude de tons, trop chaude peut-être ; mais ce défaut peut devenir chez lui une qualité éminente. Il y a plus de ressource avec l'excès qu'avec l'insuffisance.

Les *Paysages* de **M.** Nazon ont de l'air et de l'espace ;

ceux de M. Auticq, quoique moins remarqués, ont des qualités qui ne le cèdent guère aux études les mieux traitées.

La *Garde à Magenta* de M. Bellangé est une grande toile bien pleine, bien animée, mais trop uniformément éclairée. Le *Simoun* de M. Berchère, qui perd par la comparaison avec le tableau de M. Portaels, produit cependant un effet saisissant.

Le *Roi d'Yvetot* de M. Boniface est joyeusement enluminée et spirituellement traduit ; les *Bergeries* de M. Brendel sont du réalisme appliqué aux bêtes ; nous aimons mieux celui-là, il est dans son rôle.

Combien de toiles encore d'un mérite relatif, devraient obtenir ici une mention particulière. Mais nous atteindrions, en étendant trop notre coup d'œil, l'extrême limite de l'indulgence. Nous ne citerons donc plus pour terminer cette revue, que la *Fellah* de la princesse Mathilde, une altesse artiste et véritablement artiste.

Un autre artiste encore avec lequel il nous faut compter, c'est le soleil. Le soleil qui, il y a deux siècles, servait d'emblème au roi de France, le soleil ne dédaigne pas de nos jours de peindre d'admirables tableaux.

Il a débuté modestement, timidement. Il n'était pas sûr de lui, il hésitait, tâtonnait et se trompait souvent aux premiers jours où il fréquentait les ateliers. Mais il a été persévérant et il est parvenu. Aujourd'hui, ses tableaux sont reçus dans nos musées et dans nos expositions, et il y brigue les médailles qu'on lui décerne et dont il est fier.

L'héliographie a-t-elle dit son dernier mot ? Nous ne le croyons pas. Merveilleuse découverte de notre époque si féconde en merveilles, elle est à peine sortie de ses débuts, et quoiqu'elle donne déjà des résultats surprenants, nous pensons qu'elle nous prépare, dans l'avenir, bien d'autres surprises. Elle n'est encore aujourd'hui qu'un art; elle deviendra, il n'en faut pas douter, une science, auxiliaire indispensable de toutes les autres; elle arrivera à fixer les images les plus fugitives, le trait le plus mobile, les phénomènes physiques les plus insaisissables, qui sait? peut-être à nous révéler les mystères que la nature cache dans l'abîme des mers ou dans l'immensité du firmament.

Les phothographes de nos jours marquent à chaque pas les progrès de l'art nouveau. Disdéri, en tête, étonne et ravit par ses tableaux vivants, où l'image humaine se reproduit sous les dimensions les plus microscopiques sans perdre de sa vigueur, ou sous son aspect naturel sans se dépouiller de sa grâce et de sa majesté.

Sur les traces de cet habile praticien s'avance toute une phalange de jeunes artistes, faisant à l'envi l'application des procédés nouveaux et suppléant avec une sagacité remarquable aux incertitudes qui règnent encore dans cette branche de la chimie.

Citons-les rapidement. Citons ces belles planches sans retouche de M. Gabriel Blaize de Tours; ces portraits parlants de MM. Baudelaire de Caen, Bazelais de Nantes; ces reproductions parfaites de gravures de MM. Roger de Bourges, Muzet de Grenoble, Sébire de Nantes, Nazac de Paris et par-dessus tout celles M. Maxwel-Lite de Bagnère-de-Bigorre; ces tableaux d'édifices que M. Boland fils obtient en pleine lumière.

Combien la gravure et la lithographie se trouvent distancées par cette chambre noire où s'accomplit l'œuvre de Daguerre. Et pourtant combien sont encore dignes de louange les courageux champions qui s'obstinent à tenir le crayon et le burin. On se sent saisi devant leurs planches d'une sorte de respect mêlé de regrets, de ce sentiment douloureux et triste qui a dû s'emparer de l'âme des enlumineurs de manuscrits, à la vue du premier livre imprimé qui pénétra dans leur cellule.

La statuaire n'a pas à craindre cette terrible concurrence. Jamais, si toutefois il n'est pas téméraire de prononcer ce mot après les découvertes du XIX siècle, jamais la mécanique ne suppléera au jeu du marteau dans les mains du génie.

Le daguerréotype est l'artiste réaliste le plus véridique ; ce qu'il voit, il le reproduit, brutalement, sans fard, sans adoucissement. Il copie, il ne compose pas ; il reflète tout, il n'invente rien.

L'invention c'est le triomphe de l'art ; elle sort du cerveau, elle est l'enfant de la pensée, elle est tout en un mot, puis qu'elle est la séparation de l'homme et de la machine.

Le moule d'où sont sortis ces statues d'Alain, de Gutemberg, n'a pas été façonné dans l'officine d'un physicien ; il sort du sanctuaire où réside l'Idée. Est-ce que cet *enfant au coquillage* vivrait si le souffle de l'artiste ne l'avait animé ? Est-ce que l'image de l'auguste patronne de l'Exposition nantaise accueillerait le visiteur de ce doux et mélancolique sourire si une intuition sympathique n'avait révélé à quelqu'âme rêveuse les soucis des grandeurs et le poids du bandeau impérial.

CONCLUSION.

Le spectacle grandiose qu'a offert l'Exposition Nationale de Nantes et qui vient de se dérouler sous nos yeux, ce concours des arts et de l'industrie auquel une municipalité intelligente a convié la France entière et où le simple artisan, le plus modeste ouvrier a pu montrer aux yeux de tous, à l'égal du fabricant, le fruit de ses veilles, laisseront dans nos souvenirs une trace ineffaçable.

Dans notre siècle positif, où toutes les idées se tournent vers les choses sérieuses, au moment où le gouvernement tente la grande épreuve de l'affranchissement du commerce et où le travail national entre en lice contre la concurrence étrangère, les enseignements qui ressortent de ces exhibitions ne peuvent être perdus. Cette sorte d'inventaire du présent ne peut que mieux assurer l'avenir, et son influence sur les développements de la prospérité publique ne saurait être méconnue.

Rien selon nous, n'est plus propre à exciter l'émulation et les sympathies des hommes qui se préoccupent des grandes questions de l'avenir. Mais le succès de ces entreprises ne peut être complet que si elles sont soumises à une direction sage.

Cet élément n'a pas manqué à l'Exposition Nationale de Nantes. La tâche des organisateurs était difficile ; elle a été dignement remplie. La mission des jurys présentait plus de périls encore ; ils y ont apporté un esprit d'indépendance, de fermeté et de justice que les récriminations des mécontents ne peuvent amoindrir ou dénaturer.

Leurs décisions n'ont pas besoin de justification ; ils en ont puisé les motifs dans un examen consciencieux des produits et après débat contradictoire des Exposants entr'eux. Les amours-propres blessés, les rivalités sacrifiées, les susceptibilités même légitimes surexcitées par des déceptions ne peuvent atteindre des jugements rendus avec calme et intégrité.

A ceux qui se croient en droit de se plaindre, il reste une ressource, une consolation et une noble vengeance à exercer : ils ont une revanche à prendre. Londres, va ouvrir les portes de son palais de cristal ; qu'ils cherchent, sur ce nouveau champ de bataille de l'industrie, des triomphes qu'ils n'ont pas été assez heureux d'obtenir ici, au gré de leur ambition. Qu'ils n'oublient pas que les jurys les plus éclairés et les mieux intentionnés ne sont pas infaillibles et qu'ils ne perdent jamais de vue, dans le succès comme devant les échecs, cette médaille de bronze que le jury parisien délivrait à grand peine, en 1801, à ce métier de Jacquard qui a fait la fortune de Lyon et qui fait l'orgueil de la France et l'envie de l'Angleterre.

ERRATUM.

C'est par erreur qu'à la page 207 nous avons signalé M. Charpentier, de Nantes, comme créateur du format qui porte ce nom. Cet honneur revient à M. Charpentier, de Paris.

Nous avons aussi omis de signaler l'un des plus beaux ouvrages édités par la maison Charpentier, de Nantes, et qui a pour sujet : *Nantes et la Loire-Inférieure.*

TABLE.

	PAGES
Préface	I
Programme	III
Discours de M. le Sénateur-Maire de Nantes à l'ouverture de l'Exposition	VI
Discours de M. le Sénateur-Maire de Nantes au banquet	X
Discours de M. le Conseiller d'État, Préfet du département de la Loire-Inférieure, à la séance de Distribution des Médailles	XIII
Liste des Médailles d'or et d'argent	XXI

I.

| Généralités | 1 |

II.

| Géologie | 2 |

III.

Industrie minérale. — Le fer	16
Le cuivre, l'étain, le plomb et le zinc	30
Les minéraux combustibles et les substances pierreuses.	42
Les granites et les marbres	51

IV.

| Mécanique générale. — Les machines à vapeur fixes. | 60 |
| Les locomobiles | 71 |

V.

MÉCANIQUE SPÉCIALE. — Matériel industriel.......... 75
Matériel d'agriculture et d'économie domestique...... 90

VI.

ARTS CHIMIQUES. — Produits chimiques industriels...... 110
Substances alimentaires........................ 135

VII.

AGRICULTURE............................... 150

VIII.

INDUSTRIE DES TISSUS......................... 159
Ameublements.............................. 169
Métaux précieux............................ 177

IX.

INDUSTRIES ARTISTIQUES. — Instruments de musique... 182

X.

INDUSTRIES DIVERSES.......................... 191

XI.

TYPOGRAPHIE ET ARTS QUI S'Y RATTACHENT............ 205

XII.

BEAUX-ARTS................................ 223
CONCLUSION................................ 226

FIN DE LA TABLE.

Nantes, Imprimerie V. de Courmaceul, rue Santeuil, 8.

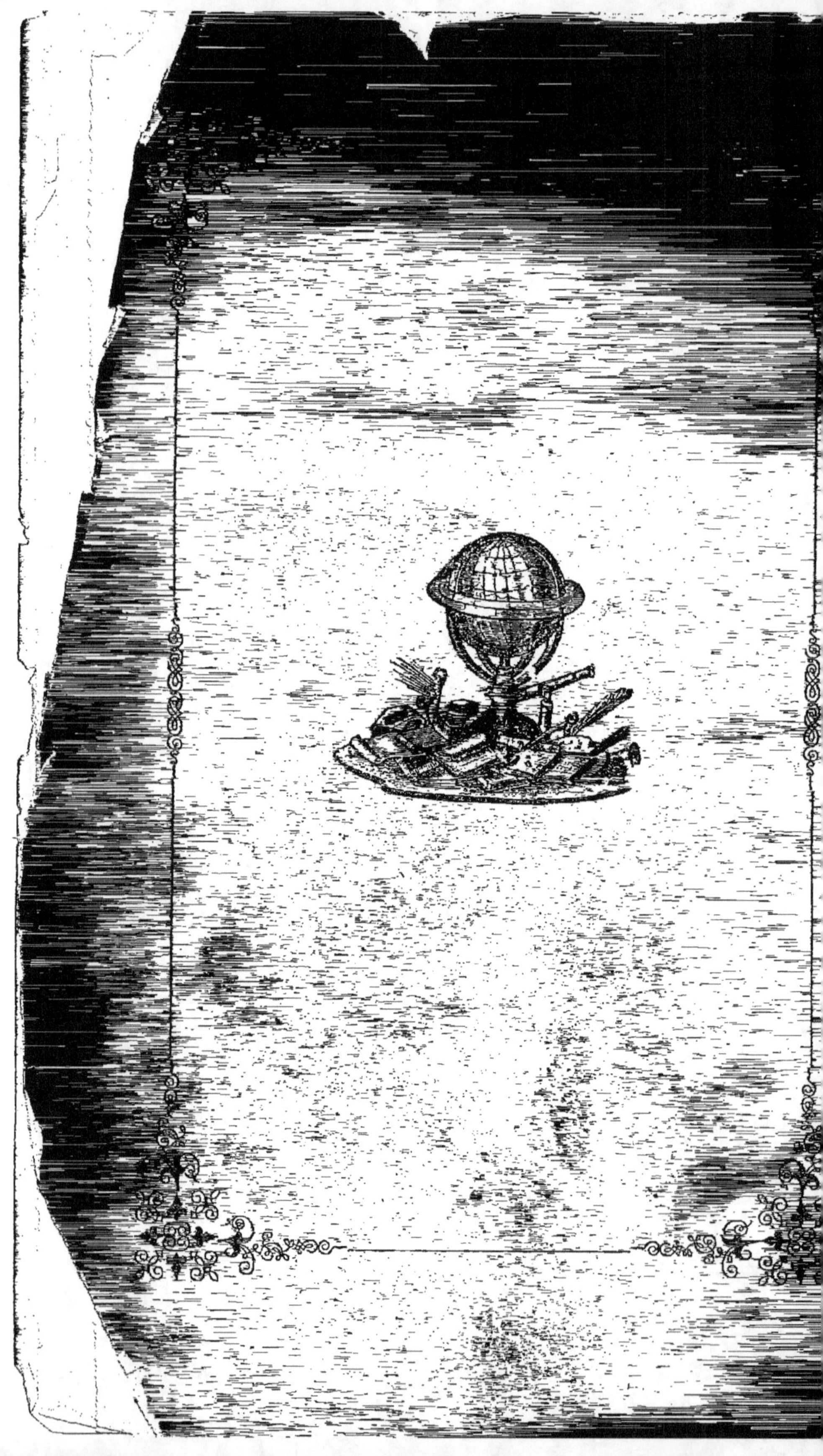